LA VIE QUOTIDIENNE EN
NOUVELLE-FRANCE
LE CANADA, DE CHAMPLAIN
A MONTCALM

RAYMOND DOUVILLE
ET JACQUES-DONAT CASANOVA

LA VIE QUOTIDIENNE
EN
NOUVELLE - FRANCE
LE CANADA, DE CHAMPLAIN
A MONTCALM

DIX-HUITIÈME MILLE

© *Librairie Hachette*, 1964.
Tous droits de traduction, de reproduction
et d'adaptation réservés pour tous pays

© Hachette International Canada Inc. 1982
pour l'édition canadienne.

*A CEUX QUI ONT APPORTÉ, A CEUX
QUI MAINTIENNENT LA CIVILISATION
FRANÇAISE EN AMÉRIQUE.*

INTRODUCTION

JUSQU'À 1760, la France règne sur presque toute l'Amérique du Nord. Cette suprématie commence quand François Ier proteste énergiquement contre la décision du pape Alexandre VI Borgia d'avoir partagé le monde entre les Espagnols et les Portugais : « Je voudrais bien connaître, dit le roi de France, la clause du testament d'Adam qui m'exclut du partage du monde. » À son service, Verrazzano avait déjà exploré par deux fois la côte de l'Amérique du Nord et tracé la carte de la Gallia Nova, la Nouvelle-France. François Ier décide une autre expédition en 1533. L'époque est propice, car il vient de signer la paix des Dames avec Charles Quint.

Jacques Cartier, pilote malouin, propose ses services, qui sont agréés. Il prend la mer avec mission « d'aller à certaines îles et pays où l'on dit qu'il doit se trouver une grande quantité d'or ».

Après une traversée qui dure moins d'un mois, il atteint Terre-Neuve et ses bancs de pêche déjà régulièrement fréquentés par des pêcheurs européens. Cartier, hardiment, dirige son navire dans l'immense golfe du Saint-Laurent, admire les rives boisées et plonge au cœur du Nouveau Monde par son axe de pénétration le plus naturel. Certains de ses matelots le guident sûrement, car ils ont déjà fait la traversée.

Cartier ne découvre pas « réellement » le Canada. Mais au cours de son second voyage, en 1535, il y pénètre profondément. François Ier avait donné ordre de prendre possession de régions en son nom, d'y planter des croix à l'effigie de la fleur de lys.

Les croix de Gaspé, de Québec, de Trois-Rivières, du Mont-Royal à Montréal (Hochelaga) sont les jalons officiels de la pénétration

française *et les symboles de la fondation de la Nouvelle-France.
Elles attestent la volonté royale de posséder cette portion du
nouveau continent.*

*Hélas ! Jacques Cartier rencontre un élément hostile, qui
n'est pas l'habitant indigène, dont l'accueil est plutôt favorable,
ni le manque de ressources du pays, mais l'hiver canadien. Dur,
âpre et surtout long, il emprisonne les bateaux dans les glaces
du fleuve, il réduit aux salaisons la nourriture des hommes.
L'équipage est atteint de scorbut, « mal de terre », et sérieusement
réduit. Cartier veut regagner la France au printemps. Son
enthousiasme a souffert des rigueurs de l'hiver.*

*Le capitaine malouin, au cours de son second voyage, entreprend
la recherche des métaux précieux. Il croit, en fouillant le sable
de la grève, avoir découvert de l'or et des diamants. Cette nouvelle
richesse donnerait au Canada le même attrait qu'au Mexique,
au roi François Ier la même puissance qu'à Charles Quint.
Cartier, enthousiaste, se hâte de revenir en France. Les alchimistes
du roi détruisent ses illusions : le diamant n'est que pyrite, l'or
seulement du mica.*

*La déception est trop forte. Désabusé, le navigateur se retire
en son domaine de Saint-Malo.*

*Avec la retraite de Cartier commence l'oubli officiel de la
Nouvelle-France. Pendant soixante ans, seuls en parlent les
pêcheurs qui continuent à fréquenter les bancs de morues.*

*Alors arrive l'explorateur Samuel de Champlain qui, au
début du XVIIe siècle, jette les bases de la colonisation française
en Amérique.*

CHAPITRE PREMIER

UN RÊVE DE CHAMPLAIN :
FRANCISER L'AMÉRIQUE

QUAND Champlain met à la voile pour son premier voyage vers l'ouest en avril 1603, il sait encore peu de chose du pays où il va débarquer. Animé, selon la hantise de l'époque, du désir de trouver une route plus courte que celle du détroit de Magellan pour atteindre les Indes, c'est en la cherchant qu'il arrive aux postes de Tadoussac, au confluent des fleuves Saint-Laurent et Saguenay. Tadoussac est un rendez-vous de chasseurs de fourrures. Des tribus indiennes, de race algonquine, y séjournent, les mois d'été. Mais Champlain s'intéresse plus à l'exploration du nouveau pays qu'au commerce des fourrures, et cherche à nouer des relations amicales avec les indigènes qu'il rencontre en remontant le Saint-Laurent.

Ces indigènes, appelés « Indiens » depuis Colomb qui croyait, en les apercevant, avoir atteint la terre des Indes, forment dans le territoire du grand fleuve, deux groupes différents : l'algonquin et l'iroquois. Sympathiquement accueilli par le premier, Champlain accepte naïvement de lui porter aide contre le groupe iroquois. Ce dernier, moins nombreux mais plus intelligent et plus vigoureux, vouera une haine mortelle aux Français, qu'il jure d'exterminer, et pour cette raison, s'alliera aux groupements anglais et hollandais de la Nouvelle-Angleterre.

A son troisième voyage, en 1608, Champlain remonte le Saguenay, puis explore les rives du Saint-Laurent jusqu'à

l'île d'Orléans et la rivière Saint-Charles. Il est séduit par le
site et décide de fonder un premier poste permanent : Québec.

Voici les Français sur la grande voie commerciale qui doit
déterminer le développement du pays. Les travaux commencent. Bientôt s'édifie l'« *Abitation* »[1], qui comprend magasins
à vivres, à munitions, logements, et qui se dresse tel un
petit fortin, d'ailleurs défendu par trois canons.

Comme Cartier, Champlain est victime de l'hiver. Le
scorbut impitoyable lui enlève seize de ses compagnons. Le
printemps lui redonne confiance et, guidé par des Indiens
algonquins, il se dirige vers le lac Saint-Pierre, oblique sur
le Richelieu et atteint un magnifique lac, tout en longueur,
qui porte aujourd'hui son nom. En le conduisant là, les Algonquins veulent surtout provoquer une rencontre avec leur
ennemi héréditaire, les Iroquois.

En 1609, Champlain est de retour en France pour convaincre
Sully et Henri IV de la valeur du Canada. Le roi se limite
à lui confier la direction de la nouvelle colonie. Mais un souci
inquiète le découvreur : il a été surpris par la cruauté de ses
alliés au cours des engagements contre les Iroquois. Il faut,
de toute évidence, civiliser ces peuplades, et seule l'Église
peut y parvenir en les convertissant au christianisme.

Une action sur trois fronts.

Pendant son séjour au Canada, qui sera entrecoupé de
nombreux voyages en France, Champlain poursuit son action
sur trois fronts : colonisation, exploration, évangélisation.
Le premier est tout d'abord fort limité, puisque seuls Louis
Hébert et plus tard son gendre Couillard défricheront et
cultiveront. L'exploration conduit Champlain à Hochelaga
(Montréal) « où les prairies sont abondantes, le poisson n'y
manque pas et les animaux sont innombrables qui peuvent
servir de gibier ». Il y fonde un petit fort qu'il appelle « Place
Royale ». Enfin, concernant l'évangélisation, au cours d'un

---

1. Nous respectons ici l'orthographe de Champlain.

voyage à Paris en 1612, Champlain recrute quatre pères récollets qui sont chargés d'entreprendre l'œuvre de christianisation.

De 1613 à 1616, la dévastation de Port-Royal en Acadie par les corsaires virginiens et l'échec de sa propre expédition contre les Iroquois devant la résistance des tribus Tsonnontouans font comprendre à Champlain qu'il est temps de cesser la recherche de l'éventuelle route vers l'ouest et qu'il faut s'établir solidement et définitivement depuis l'Acadie jusqu'à l'Ontario.

Pourquoi courir après une chimère alors que la richesse du Canada est là, dans son sol, dans sa forêt, dans ses eaux ? Établir la Nouvelle-France sera une œuvre longue et épuisante. Cette idée, Champlain parviendra à l'imposer après des efforts surhumains qui, d'ailleurs, le conduiront prématurément au tombeau.

Mesquinerie des sociétés.

Son inlassable dévouement, alors que la misère et la famine sévissaient dans la plupart des régions de France, aurait dû, dès les débuts, provoquer une forte émigration. Mais outre la réputation d'un peuple français casanier, les puissantes compagnies possédant le monopole du négoce en ce lointain pays étouffent tant qu'elles le peuvent tout mouvement en ce sens. La Société des marchands, dans laquelle pourtant Champlain à des intérêts, fait la sourde oreille à ses exhortations. Elle ne veut « ni peupler le pays, ni rendre les Sauvages sédentaires, ni permettre la traite aux habitants du poste ». Son unique intérêt est d'augmenter sans cesse le commerce des pelleteries tout en continuant d'utiliser les méthodes propres à réaliser des profits satisfaisant entièrement les actionnaires. Elle cherche par tous les moyens possibles à enrayer l'essai du premier colon, Louis Hébert.

La politique de Champlain.

Face à une telle mesquinerie, Champlain se dissocie du groupe et adresse à la Chambre de commerce de Paris un mémoire qui, par sa concision et son réalisme, capte l'attention. La Nouvelle-France livrera ses richesses illimitées à condition que soient efficacement coordonnées les ressources qu'elle peut offrir : le commerce des fourrures, celui des pêcheries, les produits d'un sol fertile, l'élevage des bestiaux et les essences diverses de ses forêts. Pour réaliser ce projet, il suffirait d'envoyer chaque année quelques familles (et beaucoup, croit-il, seraient prêtes à émigrer), quelques troupes de soldats de métier et quelques religieux.

Programme rationnel à tous points de vue, et que plus tard l'intendant Talon et Pierre Boucher chercheront à leur tour à faire accepter. La Chambre de commerce y adhère d'emblée. Elle informe la Société des marchands qu'elle devra favoriser i'envoi d'au moins dix familles par année pour que soient maintenus ses privilèges. La Société feint d'accepter. En fait, aucun colon ne traverse l'Atlantique. Les navires partent à vide pour rentrer chargés de fourrures. Les marchands s'obstinent à vouloir continuer seuls leur commerce si profitable. Ils ne veulent pas de témoins de leurs transactions avec les Indiens. Quand, en 1627, se fonde la Compagnie des Cent-Associés, celle-ci s'engage à faire passer, en quinze ans, au moins quatre mille colons choisis au gré des autorités. Or, vingt ans plus tard, la population atteint à peine cinq cents personnes, y compris les missionnaires, les religieuses, les fonctionnaires de l'administration et les soldats. Le recensement ordonné par l'intendant Talon en 1666 ne dénombre que 528 familles et un total de 3 215 personnes de race blanche : 2 034 sont du sexe masculin et 1 181 du sexe féminin, en grande majorité nés au pays, soit aux trois seuls endroits habités de l'époque : Québec et la région immédiate, le bourg de Trois-Rivières et le fort de Ville-Marie. De 1666 à 1700, la population s'accroît un peu plus rapidement : elle passe de 3 200 à près de 10 000, mais, ici encore, les statistiques démontrent que la grande majorité de cette population est native du pays. Grâce surtout à la fécondité exceptionnelle des femmes, la cclonie se développera ensuite pour ainsi dire en champs clos jusqu'à la cession de 1760. On évalue alors la population, troupes exclues, à 60 000 habitants. Pendant cette même période, l'intense émigration anglaise vers sa colonie de la Nouvelle-Angleterre atteindra le million d'habitants.

Le peuplement.

Le peuplement initial s'est accompli de deux façons bien différentes, même si elles ont fourni un résultat identique : l'émigration de familles complètes et les mariages d'émigrés et de soldats avec les « filles du roi ».

Dans les premières années, grâce surtout au prestige que Champlain a donné à ce pays, des familles entières, sous l'impulsion de quelques chefs aventureux et réalistes, se décident à émigrer. Elles partent, les unes isolément, d'autres par groupes de même parenté ou appartenant au même village. Elles s'établissent presque toujours au même endroit, s'y implantent, puis se répandent ailleurs à mesure que la colonisation avance. Le succès inespéré de ce timide essai rend plus déplorable encore l'apathie des autorités de l'époque qui, sous le prétexte de ne pas dépeupler la France, font la sourde oreille aux appels pressants de quelques gouverneurs et intendants prévoyants et des missionnaires. Ces rares familles ont non seulement réussi par leur courage et leur ténacité à maintenir dans la colonie, au cours des années tragiques et désespérées, le prestige de la France, mais elles sont demeurées, grâce à leur remarquable sens familial, les racines du peuple canadien de langue française d'aujourd'hui.

CHAPITRE II

L'ENRACINEMENT DU PEUPLEMENT FRANÇAIS

I. — LES FAMILLES-SOUCHES

Louis Hébert.

LE PREMIER à tenter un établissement familial est Louis Hébert. Il n'y a réussi qu'à demi, mais il demeure tout de même le symbole du colon persévérant. Fils de l'apothicaire de la reine Marie de Médicis, il prend sans goût la profession de son père. A peine âgé de trente ans, il accompagne en 1604 les hardis aventuriers de Pierre de Gast, sieur de Monts, qui vont tenter la colonisation de l'Acadie. Hébert « prend plaisir au labourage », observe Poutrincourt. Champlain l'a aussi remarqué et n'éprouve aucune difficulté à le convaincre de s'établir à Québec avec sa famille. Le futur colon vend ses meubles, met ordre à ses affaires et se rend à Honfleur, lieu du départ, avec sa femme, ses trois enfants et son beau-frère. Une dernière tentative est faite pour l'empêcher de partir. De concert avec le capitaine du navire, les représentants de la Compagnie de Canada, nouvellement formée, lui refusent l'embarquement s'il n'accepte de se mettre par contrat à leur service. Conditions draconiennes : Hébert pourra défricher, labourer, semer, mais le produit des récoltes ira à la Compagnie; en retour cette dernière lui verse trois cents livres tournois. De plus, le colon ne pourra sous aucun prétexte exercer le commerce des fourrures avec les Indiens, sous peine de confiscation de tous ses biens. En désespoir de cause, Hébert signe l'entente et s'embarque le 11 avril 1617. Après deux mois d'une traversée pénible, le *Saint-Etienne* mouille à Tadoussac. En août, la première famille canadienne arrive à Québec. Les tribulations recommencent. Au lieu des dix arpents de terre promis, le colon Hébert ne s'en voit accorder que cinq. Puis les sieurs De Caen le harcèlent sans cesse, craignant qu'il n'intervienne dans leurs transactions douteuses avec les Indiens.

Mais Hébert n'a pas l'âme d'un commerçant. Déçu par la mesquinerie humaine mais non découragé, il bâtit en hâte une cabane, aidé de quelques Indiens, afin d'y loger sa famille pour l'hiver qui vient. Il défriche, possède bientôt un petit lopin de terre et dispense ses quelques notions de médecine aux autres Blancs qui vivent autour de lui et qui, à son exemple, se sont mis à la culture du sol, dont la fertilité donne à Champlain un argument solide pour attirer d'autres colons. « Je visitai les lieux, les labourages des terres que je trouvai ensemencées et chargées de beaux blés; les jardins chargés de toutes sortes d'herbes, comme choux, raves, laitues, pourpiers, oseilles, persil et autres légumes aussi beaux et avancés qu'en France... » Il imagine déjà une nuée de colons français s'établir à Québec et aux environs. L'exemple d'Hébert, croit-il, les convaincra. Hélas ! le rêve de Champlain sera de courte durée. En 1627, l'intrépide colon tombe d'un échafaudage, souffre de douleurs internes pendant quelques jours, puis meurt, faute de soins en cette rude saison d'hiver. Deux ans après sa mort survient l'occupation anglaise. Quelque trente Français, qui ne peuvent ou ne veulent retourner en France, doivent la subir. Ce qui reste de la famille d'Hébert est du nombre : la veuve, Marie Rollet, le fils Guillaume, et une fille Anne qui, en 1621, avait épousé Guillaume Couillard. Il y a aussi un chirurgien, Adrien Duschesne, originaire de Dieppe. Sont aussi restés quelques interprètes qui, pour ne pas subir l'occupation, s'enfoncent dans les bois et adoptent la vie indienne. En 1632, le traité de Saint-Germain-en-Laye remet le Canada à la France. Alors renaît un vieux rêve depuis longtemps caressé par Robert Giffard, un autre aventurier colonisateur : s'établir à demeure dans ce pays neuf qu'il connaît déjà.

Giffard et les colons du Perche.

L'action colonisatrice de Giffard et de ses compatriotes de Mortagne-au-Perche est beaucoup plus féconde que celle de Louis Hébert. Ce groupe est véritablement la pierre d'assise du nouveau peuple. Médecin et apothicaire, Giffard exerce depuis quelques années sa profession sur les navires qui font le commerce en Nouvelle-France. L'historien Sagard observe qu'en 1627 il s'est bâti une cabane où il habite avec un domestique en attendant que les matelots du navire aient terminé le chargement des fourrures arrachées aux Indiens, « de quinze à vingt mille livres de peaux de castor, sans compter les autres sortes de peaux». Dès lors se précise dans l'esprit du jeune chirurgien l'idée de s'établir dans ce pays, d'y fonder une colonie permanente avec des gens de son pauvre terroir, aux faibles ressources. Il sait que depuis toujours ses compatriotes, au temps des semailles et des récoltes, émigrent en masse vers la riche province de Beauce. Les terres de la Nouvelle-France ressemblent à cette dernière, et les ressources y sont illimitées. Giffard revient à Québec l'année suivante, parcourt les rives du Saint-Laurent avec une intention bien précise et fixe son choix. Forcé de retourner en France pendant l'occupation anglaise, il peut, de sa maison de Mortagne, indiquer clairement dans les contrats d'engagement l'endroit de l'établissement qu'il projette.

Giffard cherche à convaincre ses compatriotes que, même si la Compagnie de la Nouvelle-France veut garder pour elle seule le monopole des pelleteries, d'autres commerces sont possibles. A cette fin, il signe un contrat d'association avec Pierre Le Bouyer, sieur de Saint-Gervais, conseiller du roi et son conseiller au bailliage du Perche. Chacun met en commun la somme de dix-huit cents livres « qu'ils emploieront en marchandises, nourriture et gages des hommes qu'ils enverront au premier embarquement en l'Amérique dite Canada ou Nouvelle-France, où led. Giffard conduira les dits hommes et convertira les dites marchandises et labeurs des hommes en autres marchandises et manufactures qu'il enverra en France, que led. Le Bouyer recevra et vendra au profit commun d'eux». La validité du contrat est fixée pour une période de dix ans. S'il se trouve que Giffard vende les marchandises en Nouvelle-France, il sera tenu d'en faire rapport à son associé et la somme recueillie ainsi servira à envoyer « d'autres hommes, victuailles et autres choses pour la continuation dudit commerce».

Ainsi le projet de Giffard s'applique tout autant au commerce qu'à la colonisation. Dans son esprit ces deux objets se complètent. Il espère convaincre par ce moyen les membres des Cent-Associés que, s'ils lui accordent une étendue de terre en Nouvelle-France pour l'établissement de ses colons, ils respecteront l'engagement qu'ils ont pris tout en conservant le monopole du commerce de la fourrure.

Muni du précieux papier qui lui accorde droit de propriété et de colonisation, Giffard retourne à Mortagne. Les deux premiers qui acceptent de répondre à son appel sont des artisans de métier de base : le maître maçon Jean Guyon et le maître charpentier Zacharie Cloutier qui, outre leur épouse, ont respectivement cinq et six enfants en bas âge. Puis c'est Gaspard Boucher, laboureur, et son épouse qui vendent une ferme achetée l'année précédente à Mortagne, en se réservant toutefois les meubles et autres objets domestiques qui « pourraient servir ailleurs» à eux-mêmes ou à leurs cinq enfants. Marin Boucher suit l'exemple de son frère et accepte également d'émigrer avec sa famille.

Le départ de Mortagne a lieu au début d'avril 1634. Les familles s'entassent dans les lourdes charrettes remplies de provisions, de meubles, d'instruments de travail et de souvenirs familiaux et, par la route de Rouen, gagnent Dieppe, lieu d'embarquement. A cet endroit les rejoignent Jean Juchereau, sieur du Maure, son épouse Marie Langlois et leurs quatre enfants dont le dernier a un an à peine. Quelques célibataires qui croient n'avoir rien à perdre à tenter l'aventure complètent le groupe. Après une traversée longue, mais sans incident, le navire dépose en face du roc de Québec des hommes déterminés, des femmes courageuses et des enfants émerveillés. En tout quarante-trois personnes dont six familles complètes,

lesquelles, délibérément, engagent leur destinée qui sera
— elles l'ignorent encore — de fonder un pays infiniment plus
vaste que celui qu'elles viennent de quitter.

Les concessions de terre distribuées, chacun se met à l'œuvre.
Le manoir du seigneur Giffard est bâti, par journées de corvée,
comme c'est l'entente, puis sont construites en hâte quelques
humbles maisons pour loger avant l'hiver les familles des
colons. En même temps s'effectuent les premières trouées du
défrichement de la forêt. Tous sont à la besogne. « Ils sont à
la fois les chevaux ou les bœufs, ils apportent ou traînent les
bois, les arbres, les pierres. » Les missionnaires jésuites sont
émerveillés.

Tant que le blé pousse et que les enfants naissent il y a de
l'espoir pour une nation. Le petit peuple s'accroît. De plus,
chaque année, attirées par l'exemple de parents ou d'amis,
d'autres familles émigrent à leur tour, abandonnent avec
ou sans regret les petites villes de Mortagne, Tourouvre et
les bourgs environnants. Giffard les accueille avec empresse-
ment, et, après moins d'une dizaine d'années, il peut dénombrer
des artisans de toutes les professions et de tous les métiers :
charpentier, notaire, maçon, tailleur de pierre, chirurgien,
tailleur d'habits, tisserand, musicien, charron, chapelier,
juge-prévôt, boucher, corroyeur, tonnelier, jardinier, drapier,
tixier, chandelier, menuisier, charbonnier, meunier, coutelier,
armurier.

Le nom de Robert Giffard ne s'est pas perpétué par ses
fils. Mais ses censitaires ont pris la relève. Son mérite à lui
réside dans ses œuvres et dans l'exemple qu'il n'a cessé de
donner à ses compatriotes, à ces quelque cinquante chefs
de famille qu'il a fait venir de sa terre natale, de 1634 à 1663,
et qui sont les fondateurs de paroisses aux jolis noms des
environs de Québec : Beaupré, Charlesbourg, Boischâtel,
Cap Tourmente, Courville, L'Ange-Gardien, Château-Richer,
Beauport. Toute cette région doit aux colonisateurs percherons
un développement intense et rapide. Le recensement de 1666
y situe presque la moitié de toute la population de la Nouvelle-
France de l'époque : 240 familles groupant 1 439 habitants

sur un total de 3 418. A elle seule, la côte de Beaupré, tant vantée par Talon et aussi par La Hontan, a attiré 87 familles représentant 678 âmes, soit plus que Québec qui en compte 555, y compris les religieux. Ces émigrés forment aussi la souche principale du peuple canadien français d'aujourd'hui. Jean Guyon et son épouse Mathurine Robin étaient du premier groupe des émigrés de 1634 avec leurs six enfants. Ceux-ci se sont mariés à leur tour et ont vécu dans la nouvelle colonie. En 1920, un descendant de cette lignée eut la curiosité de faire le dénombrement des neuf générations qui se sont succédé. Parmi des milliers de citoyens, aux noms les plus divers, la descendance de Jean Guyon et Mathurine Robin compte un cardinal, dix-sept archevêques et évêques, près de cinq cents prêtres et des centaines de religieux et de religieuses. En 1650, Claude Bouchard quitte sa paroisse natale de Saint-Cosme-de-Vair. En 1950, plus de cent mille de ses descendants canadiens célèbrent le troisième centenaire de cet événement. Parmi des centaines d'exemples de ce genre, citons encore les trois frères Gagnon, Mathurin, Jean et Pierre, originaires de Tourouvre, leur sœur Marguerite et leur cousin Robert qui tous ont laissé une nombreuse descendance dans leur pays d'adoption où Robert Giffard les avait entraînés.

Le clan Le Gardeur-Le Neuf et les Normands (1636).

En 1636 débarque un petit groupe qui, tout de suite, s'impose par son énergique activité : quarante-cinq personnes formant « un clan », selon le mot juste de l'historien Sulte, le clan des familles Le Gardeur et Le Neuf, d'ailleurs apparentées, et dont les chefs sont de petits seigneurs normands, chicaniers, autoritaires, actifs et doués d'un sens pratique des affaires. Depuis longtemps ils étouffent et dépérissent dans leurs manoirs délabrés. Ils entendent parler de ce pays neuf, la Nouvelle-France, où les gens entreprenants peuvent faire fortune. Les fourrures précieuses de ce pays sont de plus en plus recherchées en Europe. Plusieurs se sont enrichis; pourquoi pas eux ? Après une étude sérieuse de la situation, ils comprennent qu'ils n'ont rien à perdre, et se décident à émigrer. Quelques-uns ont de jeunes enfants. Qu'importe ! Ils s'acclimateront. L'arrivée de ces familles à Québec, le 11 juin, est saluée par le père Le Jeune comme une bénédiction. Il vient tout juste d'écrire à son supérieur de Paris, à la suite de l'arrivée des émigrés percherons : « Les habitants se sont multipliés au-delà de nos espérances. De très honorables personnes viennent maintenant se jeter dans nos grands bois pour vivre ici avec plus de liberté. » Lorsqu'il accueille le groupe normand, dont les chefs déclinent des noms de bonne lignée, la joie du pétillant jésuite est à son comble : « Ce sont de braves gentilshommes », écrit-il. Mais ces braves gentilshommes sont avant tout des commerçants et n'ont nullement la vocation apostolique. Ils ne sont pas venus coloniser. Ils veulent avant tout s'enrichir et, pour y parvenir, ils utiliseront tous les moyens.

Les principales figures du groupe sont les deux frères Le Gardeur : Pierre, sieur de Repentigny, et Charles, sieur de Tilly, qu'accompagnent leur mère veuve, la femme de Pierre et trois enfants; et les deux frères Le Neuf : Michel, sieur du Hérisson, et Jacques, sieur de la Poterie, ce dernier ayant épousé Marguerite Le Gardeur, sœur des deux précédents. La mère des Le Neuf, Jeanne Le Marchand, est aussi du groupe, ainsi que leur sœur Marie, âgée de vingt-quatre ans. Le groupe est piloté et conseillé par un vieil habitué du Canada, Jean-Paul Godefroy, dont le père, avocat et homme d'affaires de Paris, a été un des membres fondateurs des Cent-Associés. Godefroy a l'esprit aventureux. Jeune encore, il s'est engagé comme matelot sur les vaisseaux de Champlain. Il a vu à l'œuvre les compagnies qui se sont succédé dans le commerce des fourrures. Il en connaît les succès et les faiblesses. Il est sans aucun doute l'instigateur de la venue de ce dernier groupe et il s'y intègre définitivement en épousant la fille de Pierre Le Gardeur de Repentigny.

Un actif pour la colonie.

L'établissement des familles Le Gardeur et Le Neuf a constitué un apport précieux pour le développement de la

colonie. Dans le domaine économique, elles ont apporté le
même élan que Giffard et ses Percherons à la colonisation.
Il est incontestable que ces deux groupes sont les fondements
du nouveau peuple qui, dès ce moment, commence à prendre
forme. Alors qu'auparavant les compagnies intéressées au
commerce des fourrures ne connaissaient rien du pays dont
elles tiraient d'énormes profits, « le clan de famille » a eu
l'heureuse idée de donner à cette industrie un esprit indigène,
en fondant la Compagnie des habitants, dirigée par des gens
du pays. Bien conduite, cette compagnie aurait pu devenir
le pivot de toute la vie économique. Malheureusement celui qui
en était l'âme dirigeante est mort trop tôt. Les Le Neuf, restés
seuls, n'ont pas l'envergure voulue et comptent trop sur un
gain immédiat et sûr pour conduire l'entreprise au succès.
Cependant la compagnie, au cours de ses années d'activité,
de 1645 à 1664, a pu démontrer à tous ceux qui ont fait de la
Nouvelle-France leur patrie définitive que ce pays est une terre
d'avenir.

Ces deux familles ont apporté une richesse plus précieuse
encore : celle de leur sang vigoureux. Elles ont formé cette
classe intermédiaire entre la noblesse inaccessible et transitoire
de la haute administration du pays et le colon. Ces « nobles de
province », que sont les Le Gardeur et les Le Neuf, ont consenti
à échanger leur existence contre une vie aventureuse et libre, et
ne l'ont pas regretté. Ils devaient bientôt former la base de
quelques-unes des plus belles familles du nouveau peuple.
Les descendants de Pierre Le Gardeur de Repentigny, qui eut
quatre enfants, et de Charles Le Gardeur de Tilly, qui en
eut quinze, ont brillé dans la carrière des armes et dans l'administration publique à toutes les générations. Le hasard des
guerres les a conduits partout. Ainsi, en 1784, nous retrouvons
un Louis de Repentigny gouverneur du Sénégal. Il descend
en ligne directe de Pierre dont il a conservé l'esprit aventurier.
Une fille de Pierre nommée Catherine, native de Normandie,
épouse à Québec Charles d'Ailleboust, sieur de Musseaux,
à qui elle donne quatorze enfants, lesquels sont la tige des
familles d'Argenteuil, de Périgny, de Manthet, Daneau de

Muy, etc. Des quinze enfants du sieur de Tilly, onze se marient, la plupart à des officiers canadiens ou à des filles d'officiers. Les uns obtiennent des concessions de seigneuries, d'autres continuent à s'illustrer sur les champs de bataille. Vers 1800, Étienne-Simon de Tilly, natif de Québec, sert dans les armées de Napoléon.

La descendance des Le Neuf est peut-être moins spectaculaire, leurs propres enfants ayant été moins nombreux. Michel est veuf à son arrivée, n'amenant avec lui qu'une fille, Anne, qui épouse un humble colon, Antoine Desrosiers, originaire du Forez. Grâce à ses capacités de travail et à son intelligence, Desrosiers devient bientôt un des principaux citoyens du bourg trifluvien; à sa mort, il est procureur fiscal de la seigneurie de Champlain. Des huit enfants issus de ce mariage, sept ont laissé une nombreuse descendance qui fait aujourd'hui la joie des généalogistes. Jacques Le Neuf de la Poterie eut deux filles, Catherine et Marie, et un fils, Michel. Ce dernier, connu sous le nom de sieur de Beaubassin, est un des fondateurs de l'Acadie. Catherine et Marie sont à l'origine des familles Denys de la Ronde et Robineau de Portneuf.

Ces exemples démontrent, une fois de plus, que la structure de la Nouvelle-France ne s'est pas édifiée sur le panache d'un nom, sur un quartier de noblesse, mais plutôt sur la valeur des groupes et la qualité des individus. Le plus éloquent témoignage est fourni par Pierre Boucher.

Un seigneur modèle : Pierre Boucher.

Deux familles Boucher accompagnaient Robert Giffard en 1634, lors de l'émigration du groupe de Mortagne. Pierre, fils de Gaspard Boucher et de Nicole Lemère, a douze ans à cette époque. Sa destinée sera toute marquée d'un dévouement sans relâche au service de la nouvelle colonie. Par son action sociale intense, son sens chrétien, sa droiture d'esprit, il est la figure la plus admirable de son époque. Aucune ombre, aucune tache dans cette vie féconde et généreuse. Déjà son destin se dessine au cours de la traversée qui le conduit à

Québec avec sa famille. Deux jésuites, Charles Lalemant et Jacques Buteux, remarquent son air enjoué, son esprit vif, sa volonté précoce. Le père Lalemant, qui connaît le pays depuis dix ans, sait que les missionnaires ont besoin de jeunes hommes de cette trempe pour les seconder dans leurs randonnées chez les tribus indiennes. Pour Pierre Boucher, c'est partir tout de suite à l'aventure. Pendant quatre ans il partage la vie des missionnaires et se familiarise avec les dialectes indigènes. Ensuite le gouverneur de Montmagny l'attache à son service. Il prend part à toutes les batailles contre les Iroquois et se fait remarquer par son astuce et son sang-froid. Quand le petit bourg des Trois-Rivières, assiégé, réclame un capitaine, le gouverneur pense immédiatement à Boucher et l'y envoie, malgré son jeune âge. Avec quarante-six hommes, Boucher attaque et met en fuite l'ennemi. Peu après il est nommé gouverneur du bourg qu'il vient de secourir avec tant d'intelligence. Il a trente ans.

Une grande décision.

Il a accompli son devoir de soldat et d'administrateur. Ces fonctions, d'autres peuvent les remplir. Il veut maintenant abandonner la vie publique et se consacrer uniquement au développement d'une seigneurie avec des censitaires judicieusement choisis. L'intendant Talon lui accorde la seigneurie de Boucherville, en pleine « sauvagerie », à trois cents kilomètres de Québec. Même si, à son retour de mission, Boucher est de nouveau nommé gouverneur de Trois-Rivières en même temps qu'il reçoit ses lettres de noblesse; même si on fait encore appel à son expérience pour lutter contre les Iroquois toujours agressifs et dangereux, sa décision est prise. Il se retirera dans sa seigneurie qui sera — tel est du moins son rêve, et il le réalisera — une seigneurie modèle avec des colons modèles, imitant en cela celui à qui il doit la faveur de vivre dans ce pays nouveau : Robert Giffard, son concitoyen. Pour rendre plus ferme sa décision, il prend la peine de rédiger pour sa propre satisfaction un engagement, pièce d'une haute élévation morale, et qu'il intitule : « Raisons qui m'engagent à établir ma seigneurie des Iles-Percées, que j'ai nommée Boucherville » et dont voici un passage : « Deuxième raison : C'est pour vivre plus retiré et débarrassé du tracas du monde, qui ne sert qu'à nous désoccuper de Dieu et nous occuper de la bagatelle; et aussi, pour avoir plus de commodité de travailler à l'affaire de mon salut et à celui de ma famille. »

Un désir réalisé.

Pierre Boucher verra la pleine réalisation de son désir « d'un monde nouveau dans une nouvelle France ». Il y contribuera d'ailleurs lui-même en élevant quinze enfants qui s'allieront, les uns aux plus illustres familles du pays, d'autres à des militaires et à des seigneurs; un de ses fils deviendra prêtre; une fille, religieuse; un gendre, gouverneur. Suivant la coutume du temps, ses fils adopteront différents noms, la plupart inspirés du terroir percheron, et formeront les familles de la Bruère, Boucherville, Montarville, Montbrun, Niverville, Montizambert, Grandpré, La Perrière, etc.

L'organisation de la seigneurie est un modèle du genre et fidèle à la conception que Pierre Boucher a lui-même préconisée dans son mémoire de 1662. Les terres sont concédées « de proche en proche », et chaque colon, aux périodes de danger, a son habitation à l'intérieur de la bourgade. Les colons sont judicieusement choisis parmi les pionniers qui déjà ont fait leurs preuves ailleurs, et sont mêlés à des soldats licenciés du régiment de Carignan « afin que tous puissent s'entr'instruire de la culture de la terre ». Avant de devenir propriétaire de la portion que chacun aura défrichée et commencé à cultiver, tous doivent, à titre d'engagé ou d'apprenti colon, accomplir un noviciat de trois à quatre ans. Tel est l'esprit de discipline du groupe, que, le 4 avril 1673, tous — ils sont trente-sept — sont convoqués à la maison seigneuriale et, par acte notarié, reçoivent leur titre de censitaire, à charge de redevances seigneuriales minimes, de pure forme, pourrait-on dire : un sol de rente par arpent concédé, deux chapons vifs pour chaque arpent cultivé, et six deniers de cens, le tout payable à la Saint-Remi. Les premiers dignitaires de la seigneurie sont choisis par Boucher parmi les membres du groupe possédant une instruction supérieure. René Remy, instructeur de la jeunesse, sera juge seigneurial; Thomas Frérot, sieur de la Chenaye, notaire et tabellion; Joseph Huet dit Dulude, procureur fiscal; Jean de Lafond, sieur de Lafontaine, ancien sergent au régiment de Carignan, capitaine du bourg. Ce dernier ne sait « ni lire ni écrire », mais le seigneur a eu maintes fois l'occasion d'éprouver sa bravoure et sa fidélité.

Ainsi se complète l'organisation civile de la seigneurie. Les actes religieux se passent au manoir seigneurial en attendant l'établissement d'une cure, pour laquelle Boucher a réservé un terrain au centre de la seigneurie.

Les autorités sont émerveillées des résultats obtenus par Pierre Boucher. Le gouverneur Denonville écrit à la cour en 1686 qu'il est le principal artisan du bien-être de la colonie, n'ayant rien négligé de tout ce qui est nécessaire pour l'avancer. Jamais éloge n'a été plus judicieusement décerné. Dix ans plus tard l'intendant Champigny écrira : « La seigneurie de Boucherville est une des plus belles terres et des plus riches de la colonie. » L'ingénieur Gédéon de Catalogne, qui inspecte par odre du roi toutes les seigneuries en 1712, note que les habitants de Boucherville sont les plus à l'aise du gouvernement de Montréal.

Mort édifiante de Boucher.

Pierre Boucher meurt en 1717, à l'âge patriarcal de quatre-vingt-quinze ans. Lucide jusqu'à son dernier souffle, il emploie ses années de vieillesse à rédiger ses dernières volontés, mémoire d'une émouvante et sincère simplicité, où il n'oublie aucun de ses enfants auxquels il donne de sages conseils selon leur tempérament propre, et qui débute ainsi : « Je ne vous laisse pas grand bien, mais le peu que je vous laisse est très bien acquis. J'ai fait ce que j'ai pu pour vous en laisser davantage, je n'ai rien négligé pour cela n'ayant fait aucune folle dépense, vous le savez tous; mais Dieu, qui est le maître, ne m'en a pas voulu donner davantage. Je vous laisse bien des personnes de rang, de distinction et d'honnêtes gens pour amis. Je ne vous laisse aucun ennemi de ma part, que je sache. J'ai fait ce que j'ai pu pour vivre sans reproche; tâchez de faire de même. Obligez autant que vous le pourrez tout le monde et ne désobligez personne pourvu que Dieu n'y soit point offensé.» Ces réflexions rejoignent, le sens pratique en plus, l'idéal spirituel des missionnaires et des fondateurs de la colonie. La tradition veut que, pendant des générations, les curés de la paroisse aient lu au prône du premier de l'an le texte des dernières volontés du fondateur de Boucherville.

Ce pionnier de la colonie française du Nouveau Monde a vécu vingt ans sous Louis XIII, soixante-treize ans sous Louis XIV, deux ans sous Louis XV, et a connu les treize premiers gouverneurs et les sept premiers intendants de la Nouvelle-France.

II. — L'ÉMIGRATION DES ÉPOUSEUSES

L'autre source de peuplement se révélera aussi efficace, bien qu'elle semble plus hasardeuse et plus étrange. Les engagés célibataires des premières années, puis les officiers et les soldats, principalement ceux du régiment de Carignan, accepteraient bien de demeurer en Nouvelle-France à leur licenciement s'ils pouvaient trouver à se marier. Or les Canadiennes de race blanche sont rares. Il y a bien les sauvagesses, mais elles sont peu nombreuses et surtout jalousement gardées pour les chefs de leur tribu. De plus, en dépit des légendes, elles n'offrent guère d'attraits après vingt ans et sont paresseuses et d'une malpropreté repoussante. Seules quelques-unes de celles que les religieuses et les missionnaires sont parvenus à instruire et à civiliser un peu trouvent mari chez les Blancs au lieu de retourner dans leur village. Aussi commence, volontairement d'abord, puis encouragée par les autorités religieuses et civiles l'émigration de jeunes filles et de veuves qui sont assurées, dès leur arrivée, de trouver un mari selon leur condition. Il en est venu de cette façon près d'un millier de 1636 à 1673.

Pour qui cherche des éléments de scandale, l'occasion est belle de suspecter la réputation de ces jouvencelles qui se lancent ainsi, les yeux fermés, dans une aventure matrimoniale. On n'y a pas manqué. Dès 1639 le *Mercure français* note dédaigneusement que « l'on tire tous les ans un assez bon nombre de filles pour peupler ces terres désertes ». Tallemant des Réaux et Bussy-Rabutin s'inspirent de cet état d'esprit pour composer leurs chansonnettes grivoises. Ces auteurs à la mode confondent, par ignorance, la Nouvelle-France avec les îles d'Amérique où sont envoyées de force les filles de joie et les brigandes. Plus tard La Hontan reprendra pour son compte — presque jusqu'à les plagier — les affirmations cyniques du *Mercure*, et c'est une des pages les plus fausses et les plus perfides de son œuvre. Car La Hontan a connu personnellement ces émigrées; il a été reçu à leur foyer après qu'elles furent devenues les épouses de marchands, de bourgeois, d'officiers, de soldats et de colons.

Leur réputation.

En réalité n'étaient envoyées en Nouvelle-France que des jeunes filles, orphelines pour la plupart, et des veuves triées sur le volet et de réputation intacte. Les personnes les plus dignes de foi de l'époque, Marie de l'Incarnation, l'intendant Talon, Pierre Boucher, tous les jésuites qui ont collaboré à la rédaction des *Relations*, l'affirment, et leur témoignage vaut bien celui de La Hontan. Le fait pour ces jeunes filles de choisir l'exil dans un pays inconnu et d'accepter un mari dont elles ne savent rien suffirait peut-être à les faire suspecter de légèreté de mœurs. Mais si elles acceptent le risque, c'est qu'elles connaissent la destinée peu reluisante de quelques-unes de leurs compagnes de pensionnat mariées en France, destinée dont Georges Mongrédien dans *La Vie quotidienne sous Louis XIV* brosse un saisissant tableau. Dès l'âge scolaire,

la jeune Française est mise en pension dans une communauté.
« L'heure du mariage sonne bientôt pour elle, souvent peu de
temps après celle de la puberté. On pourrait croire que cet
événement marque l'époque où la jeune fille s'ouvre enfin à
une vie personnelle. Il n'en est rien. Elle prend aussi peu de
part que possible à cet acte décisif, qui décidera de toute sa vie.
Chez les marchands, comme chez les officiers, le mariage est
une affaire qui ne regarde que les parents. C'est une association
de sacs d'écus, minutieusement soupesés, un marchandage
où la grosse dot équilibre parfois un titre de noblesse; la jeune
fille ne doit pas écouter le penchant de son cœur; elle n'a pas
à faire connaître ses aspirations. Soumise à la rude autorité
paternelle, elle se laisse marier, car elle n'a, en cas de refus,
d'autre perspective que de retourner au morne couvent. Et
bientôt elle connaîtra la nouvelle tyrannie d'un mari, qui lui
prêchera l'obéissance et, s'il se trouve, se donnera à lui-même
les plus grandes libertés... Que d'Agnès ainsi mal mariées ! et
comme l'on comprend la campagne généreuse que Molière a
menée toute sa vie en faveur du mariage d'inclination, du libre
choix de la jeune fille et des droits de l'amour!»[1] Ces orphelines
de toutes classes, jeunes veuves sans fortune et désorientées,
artisanes et fermières sans avenir dans leur pays et qui espèrent
l'obtenir sur cette terre inconnue sont un peu filles spirituelles
de Molière. En acceptant l'aventure, elles espèrent obtenir
aussi « le libre choix » au lieu de rester « au morne couvent ».
Un nouvel horizon s'ouvre devant elles. Elles l'ignorent
encore à l'heure de l'embarquement, mais en réalité leur destin
est d'aller contribuer à la création d'un nouveau peuple.

Les émigrées volontaires.

Cette émigration féminine s'effectue en deux périodes.
De 1634 à 1662 et de 1662 à 1673. Tout au long de la première,
des jeunes filles ou des veuves de quinze à vingt-cinq ans
partent individuellement ou par groupes familiaux de trois

---

1. *La Vie quotidienne sous Louis XIV*, G. Mongrédien. Hachette.

ou quatre. La plupart originaires de l'Ouest de la France, elles accompagnent des parents de leur région ou sont attirées par des familles amies. D'autres, déjà servantes chez des familles bourgeoises, acceptent de suivre leurs maîtres envers qui elles s'engagent à rembourser leurs frais de passage en travail ou en argent si elles se marient ou si elles préfèrent retourner en France. Ces jeunes filles ne sont pas toutes orphelines. Souvent elles sont issues de familles pauvres qui ne peuvent ou ne veulent pas émigrer. Quelques-unes, originaires de l'Ile-de-France et particulièrement de Paris, ont été éduquées à l'hôpital général. « Elles sont issues de légitimes mariages, les unes orphelines et les autres appartenant à des familles tombées dans la détresse[1]. » Les sujets acceptés doivent faire preuve de certaines qualités de base. « Il faut qu'ils soient dociles, laborieux, industrieux et avoir beaucoup de religion[2]. » La sélection est certainement sévère puisque, de 1655 à 1662, les autorités ne décèlent dans le groupe qu'une fille indésirable et de mœurs douteuses, laquelle est aussitôt renvoyée en France aux frais du propriétaire du navire. Comme l'écrit avec justesse Gustave Lanctôt, toute la petite colonie s'intéresse de plus en plus à une émigration saine, qu'elle soit masculine ou féminine. « L'arrivée des filles à marier, note-t-il, est devenue une sorte d'événement. Quand elles mettent pied à terre, gentiment vêtues d'un justaucorps de camelot sur jupe de farrandine, portant une coiffe de taffetas et à la main un mouchoir de linons, hauts fonctionnaires et jésuites, bourgeois, artisans et colons font la haie pour accueillir, sourire aux lèvres, ces filles de France, qui ensoleillent le pays neuf en attendant d'être demain les compagnes de nouveaux foyers et plus tard les mères de nombreux enfants. »

1. *Mémoires pour servir à l'histoire de l'Eglise dans l'Amérique du Nord.* Faillon. Paris, 1853.

2. *Jug. et Délib. du Conseil souverain,* I, pp. 29 et 202.

Le choix du mariage.

Quel est l'avenir de ces émigrées volontaires? Quelques-unes — un bien petit nombre — se marient à Québec et retournent en France avec leur mari. Marguerite Banse, arrivée avec son frère Guillaume, épouse Jean Bossier en 1642. Quinze ans plus tard, on ignore pour quelle raison, ce couple retourne au pays natal. Une jeune veuve parisienne, Marie Joly, venue avec un cousin, René Maheu, passe à Québec un contrat de mariage avec Antoine Damiens, de Rouen, puis ils vont s'établir à La Rochelle. Un autre couple, Claude Poulin, de Rouen, et Jeanne Mercier, arrivée avec le groupe de Robert Giffard, se marie à Québec en 1639. Poulin ramène sa femme dans sa ville natale où ils vivent quelques années, puis ils reviennent terminer leurs jours en Nouvelle-France. Ils auront plusieurs enfants et mourront tous deux la même année, en 1687, à trois jours d'intervalle.

Faut-il voir dans ces cas d'indécision l'influence de la nostalgie du pays natal? Les gens du peuple ne nous ont pas laissé de confidences relatives à leur acclimatation. Toutefois une observation recueillie dans les *Annales de l'Hôtel-Dieu* de Québec est assez révélatrice de l'état d'esprit. Des deux sœurs Regnard-Duplessis devenues religieuses, l'une est née en France, l'autre au Canada. Cette dernière écrit : « Ma sœur aînée reste de France par les souvenirs, par le goût, par le cœur. La pensée des amitiés qui lui demeurent si fidèles par-delà l'océan l'enchante. » La Française apprécie en ces termes les sentiments de la Canadienne de naissance : « Elle est toute Française d'inclination. » Ce sont là propos de religieuses pliées à une discipline à la fois rigoureuse, naïve et sincère. La plupart des émigrées qui restent dans le monde sont intégrées, moins de dix ans après leur mariage, à la vie canadienne, et bien peu éprouvent la nostalgie du pays. Elles n'en ont guère le loisir. Le climat, la présence continuelle du danger, les privations, tout cela baigne leur vie dans une atmosphère qui, tout de suite, a trempé leur caractère et marqué leur avenir.

Des exemples.

Marie Marguerie, native de Rouen, arrive en Nouvelle-France en 1639. Elle répond ainsi à l'appel de son frère François, explorateur et compagnon de Champlain, devenu interprète des langues indiennes. François séjourne au bourg de Trois-Rivières; elle s'y rend. Elle y rencontre Jacques Hertel, natif de Fécamp, donc Normand comme elle, et, de plus, « un des premiers et des plus notables habitants de l'endroit ». Le mariage a lieu en 1641. Trois enfants naissent, dont François qui deviendra un des plus illustres héros canadiens, l'égal des Le Moyne en audace et en bravoure. François Hertel eut toujours sur les Le Moyne une supériorité : il est instruit, précieux héritage que lui légua sa mère, englobée pourtant dans l'opinion qu'avait le rédacteur du *Mercure français* des filles qui se rendaient seules en Nouvelle-France. La vie de Marie Marguerie ne s'arrête pas là. Jacques Hertel meurt subitement, le 10 août 1651. Il est inhumé dans une chapelle attenante à l'église paroissiale, et qu'il a fait construire à ses frais, deux ans auparavant, à la suite d'un vœu exaucé : la résistance du poste de Trois-Rivières contre une attaque indienne. Marie Marguerie a vingt-cinq ans à peine, et les jeunes femmes qui ont fait leurs preuves de courage et d'adresse au pays sont plus appréciées que celles qui débarquent de fraîche date. Aussi est-elle recherchée par les célibataires de la colonie. Des officiers supérieurs, dans l'entourage du gouverneur et de l'intendant, la courtisent. Elle hésite à fixer son choix, et avec d'autant plus de raison qu'elle est maintenant seule au pays avec ses trois enfants. Son frère François s'est noyé en traversant le fleuve Saint-Laurent, en face de Trois-Rivières, cinq ans plus tôt. Elle peut retourner en France : des fonctionnaires le lui proposent avec le mariage. Mais elle préfère rester, car ses enfants sont du pays. Deux ans après la mort de Jacques Hertel, elle épouse Quentin Moral de Saint-Quentin, qui n'est encore qu'un humble colon, après avoir été soldat, mais qui deviendra lieutenant du roi puis juge civil et criminel. Choix judicieux et que Marie Marguerie ne regrettera jamais. Quatre

filles naîtront de cette union qui durera trente-cinq ans. Marie
Marguerie n'aura donc jamais quitté son port d'attache en
Nouvelle-France. Quentin Moral meurt en 1686, à Trois-
Rivières. Marie Marguerie s'éteint à son tour le 24 novembre
1700, et, le jour de ses funérailles, le curé de la paroisse de
Trois-Rivières, le récollet Luc Filiastre, lui décerne l'éloge
suivant : « Ce jourd'hui, 26 novembre 1700, a été inhumée
Marie Marguerie, veuve de feu Saint-Quentin, qui est morte
après avoir reçu le saint viatique avec toutes les marques d'une
dévotion singulière, ayant vécu plus de cinquante ans au service
de tous les habitants de cette ville, les assistant dans leurs
besoins avec une charité et un zèle incomparables; singulière-
ment, elle s'est appliquée au service de l'église, faisant les
fonctions de sacristine et ayant un soin incomparable de tous
les meubles de l'église. Elle a été inhumée, selon son désir,
près du corps de M. Hertel, son premier mari. »

Cet exemple d'adaptation n'est pas unique. Il est tout simplement dans la bonne moyenne. Nous l'avons pris au hasard.

La carrière de Barbe Poisson est plus mouvementée. A l'âge
de quinze ans, en 1648, elle épouse un colon de Montréal,
Léonard Lucault, qui est tué par les Iroquois trois ans plus
tard, lui laissant deux enfants. En 1652, elle épouse Gabriel
Celle dit Duclos, juge civil et criminel de la juridiction de
Montréal. Ce poste est à l'avant-garde des attaques indiennes.
L'héroïsme est quotidien, et chacun ignore quand son tour
viendra. Celui de Barbe Poisson arrive un jour de février 1661,
lors d'une attaque surprise de cent cinquante Iroquois. Les
colons travaillent sans méfiance, car les ennemis n'ont pas
l'habitude de paraître si tôt dans la saison. Mais cette année-là
l'hiver est particulièrement doux. Les Indiens vont envahir
le fort, et Barbe perçoit le danger. Elle tente aussitôt une
manœuvre audacieuse, que décrit ainsi Dollier de Casson :
« Comme il n'y avait aucun homme aux alentours, elle prit
elle-même une brassée de fusils, et sans craindre une nuée
d'Iroquois qu'elle voyait inonder de toutes parts jusqu'à sa
maison, elle courut au-devant de nos Français qui étaient
poursuivis, et surtout au-devant de monsieur Le Moyne qui

avait quasi les ennemis sur ses épaules et prêts à le saisir; étant arrivée à lui elle lui remit les armes, ce qui fortifia merveilleusement tous les Français et retint les ennemis.» A l'époque de cette aventure, Barbe Poisson a vingt-sept ans à peine. Ce pays plein de dangers est devenu le sien : elle ne l'abandonnera pas.

Les ramifications.

Voici un des exemples les plus typiques de la richesse imprévisible de cette émigration. Madeleine Couteau, de Saint-Jean-d'Angély, est veuve d'Étienne de Saint-Père. Elle a deux filles, Jeanne et Catherine. Elle est dans une situation voisine de la misère quand elle apprend que des personnes de sa connaissance, entre autres des membres de la famille Guillet, se sont embarquées à La Rochelle vers le pays de la Nouvelle-France. Ces gens s'y plaisent et ont décidé d'y demeurer. Elle suit leur exemple et amène ses filles. Jeanne a vingt ans Catherine en a treize. La veuve convole la première, le 12 octobre 1647. Son époux, un Saintongeois comme elle, Emery Caltaut, la conduit au cap de la Madeleine, où il possède un bien et où se trouvent également les deux fils Guillet, Pierre et Mathurin. Caltaut est tué par les Iroquois en 1653. Quelques mois plus tard la veuve épouse Claude Houssart, natif de Plessis-Grimoire en Anjou. Elle n'a pas d'enfant de ses maris canadiens, mais ses deux filles épousent en même temps, en 1649, les deux frères Guillet. L'époux de Catherine Saint-Père, Mathurin, est tué par les Iroquois en 1652. Elle épouse alors Nicolas Rivard, originaire de Tourouvre, au Perche. Le frère de ce dernier, Robert Rivard, épousera à son tour, en 1664, Madeleine, fille de Pierre Guillet et de Jeanne Saint-Père, et par conséquent petite-fille de Madeleine Couteau. Bref, quand celle-ci meurt, le 9 septembre 1691, à l'âge de quatre-vingt-cinq ans et après quarante-quatre ans de vie canadienne, elle a, de ses deux filles, enrichi la Nouvelle-France de vingt et un petits-enfants et soixante-cinq arrière-petits-enfants. Ces familles se sont subdivisées et ont modifié leur nom originel, suivant la mode à l'époque, pour former les lignées des Lavigne, Laglanderie, Lacoursière, Lanouette, Préville, Beaucour, Dufresne, Loranger, Feuilleverte, Montendre, Bellefeuille, Maisonville, Saint-Marc, Cinq-Mars, Lajeunesse, etc., sans compter les familles-souches des Rivard et des Guillet, et les colons qui épousèrent les filles de Nicolas Rivard et de Pierre Guillet : les Rouillard, Moreau, Macé, Baril, Deshaies, Champoux, Dutaut, Lafond et Marchand. Tel est l'héritage qu'a laissé à son pays d'adoption une jeune veuve de la Saintonge qui eut un jour l'idée d'émigrer en Nouvelle-France avec ses deux filles.

Les « filles du roi ».

On peut ainsi, grâce à la documentation officielle et aux traditions familiales, suivre la destinée de la plupart de ces émigrantes. Les rapports des autorités, tant civiles que religieuses, à leur endroit sont tellement optimistes et consolants que, dès 1662, Colbert étudie la possibilité d'intensifier l'émigration féminine et décide enfin de l'ériger en système. Cette pratique d'ailleurs n'est pas nouvelle. L'Angleterre l'utilise couramment pour peupler ses colonies d'Amérique. Même en France il est d'usage que les jeunes filles pauvres et les orphelines des hôpitaux soient recherchées en mariage par des personnes de condition, des bourgeois et des artisans à l'aise. Elles sont « en demande » parce qu'on sait qu'elles ont été élevées dans une discipline propre à faire d'elles de bonnes ménagères. Généralement elles se marient à la chapelle de l'orphelinat et la direction leur remet en dot un trousseau varié.

Le cadeau royal.

Colbert est au courant de cette coutume et s'en inspire pour organiser l'envoi et sélectionner les contingents de filles à marier vers la Nouvelle-France. Il s'engage à faire donner à chacune une dot, prise dans la cassette du roi, que chaque fiancée recevra le jour de la signature de son contrat de mariage.

Cette dot est ordinairement de cinquante livres. Pour les jeunes filles de condition, destinées aux officiers méritants mais sans fortune, « le cadeau du roi » varie de cent à cinq cents livres. De là vient le nom de « filles du roi » donné à ces petites émigrantes. A cet octroi statutaire s'ajoutent d'autres frais essentiels. La dépense préliminaire est fixée à cent livres : dix pour le choix ou « la levée », trente pour les vêtements et soixante pour la traversée. Outre les vêtements proprement dits, sont fournis : une cassette, une coiffe, un mouchoir de taffetas, un ruban à souliers, cent aiguilles, un peigne, un fil blanc, une paire de bas, une paire de gants, une paire de ciseaux, deux couteaux, un millier d'épingles, un bonnet, quatre lacets et deux livres en argent sonnant. Pour sa part, le Conseil souverain de la Nouvelle-France fournit aux immigrées « quelques vêtements conformes au climat et des provisions tirées des magasins du roi ». Par la suite, l'intendant remet à chacune « la somme de cinquante livres, monnaie du Canada, en denrées propres à leur ménage ».

Ainsi pourvues, près d'un millier de jeunes filles s'en vont en Nouvelle-France au cours des dix années de l'intense émigration de cette nature. Elles ne sont pas toutes Parisiennes car les autorités de la colonie réclament surtout « des filles de santé robuste et habituées aux travaux de la ferme ». Sans nous égarer dans les statistiques que de savants archivistes ont compulsées, voici le tableau que l'un des plus compétents d'entre eux, Gustave Lanctôt, fournit sur la province d'origine de huit cent cinquante-deux d'entre elles :

ILE-DE-FRANCE	314	BRIE	5
NORMANDIE	153	BERRY	5
AUNIS	86	AUVERGNE	5
CHAMPAGNE	43	LIMOUSIN	4
POITOU	38	ANGOUMOIS	3
ANJOU	22	PROVENCE	3
BEAUCE	22	SAVOIE	3
MAINE	19	FRANCHE-COMTÉ	2
ORLÉANAIS	19	GASCOGNE	2

L'avenir de la nation.

Chaque année partent des ports de Dieppe et de La Rochelle des convois qui portent l'avenir d'une nouvelle nation, selon le mot juste de Robert de Roquebrune. Quand les frégates françaises sont signalées aux approches du golfe, le gouverneur fait savoir par toute la colonie que des femmes vont débarquer. Les curés l'annoncent au prône de la messe dominicale, les seigneurs le font savoir dans les concessions. Alors les célibataires affluent vers la capitale. On a longtemps laissé fleurir la légende de ces colons avides qui, à la vue d'un navire, se précipitent vers leurs canots d'écorce, luttant de vitesse, et se lancent à l'abordage pour conquérir les filles les plus robustes ou les plus aguichantes, selon le tempérament de chacun. Belle inspiration pour un roman, mais la réalité en est fort éloignée, les convois étant placés sous l'autorité d'une monitrice déléguée par mandat royal et qui a reçu l'ordre de mettre, dès l'arrivée, les protégées du roi sous la tutelle des religieuses locales.

Les présentations.

Au jour fixé, la cérémonie se déroule solennellement dans le grand salon du château du gouverneur, en présence de ce dernier, de l'intendant, des principaux officiers et des dames de la société. L'honneur de faire les présentations officielles est presque toujours conféré à Mme Bourdon, qui se dévoue particulièrement à l'œuvre de protection des « filles du roi » et des autres émigrées. Elle connaît le nom et les antécédents de chacune, ce qui lui a permis dès l'arrivée d'exercer une orientation discrète. A chaque émigrante est assigné un endroit de séjour : Québec, Trois-Rivières ou Montréal.

Dans les quelques semaines qui suivent l'entente réciproque, a lieu chez le notaire la passation et la signature du contrat de mariage, cérémonie toujours émouvante où se retrouvent parents et amis. Puis les jeunes promises retournent au couvent, à l'hôpital ou chez les familles qui se sont engagées à les héberger jusqu'à la consécration religieuse du mariage. Les fiancés

se fréquentent, apprennent à se mieux connaître. Il arrive
parfois que l'un ou l'autre, ou les deux à la fois, regrettent
ce premier choix dû à l'émotion, à l'énervement ou à tout
autre motif. Alors tous deux retournent chez le notaire et le
contrat est annulé d'un commun accord selon une formule
consacrée : « ...Considérant qu'ils n'ont point d'amitié l'un
pour l'autre et qu'il pourrait en résulter des désagréments,
les parties déclarent l'entente passée comme nulle et de nulle
valeur et comme chose non faite et non avenue; au moyen de
quoi lesdites parties s'entrequittent l'un l'autre sans aucunes
prétentions de part ni d'autre... » Immédiatement après avoir
rédigé un acte de ce genre pour annuler le contrat de mariage
de Jean Bellet avec Madeleine Beaudoin, le notaire Séverin
Ameau épouse lui-même la jeune fille, et leur vie conjugale
durera près d'un demi-siècle. Originaire de Courcival, dans
le Maine, Madeleine Beaudoin avait émigré avec ses deux
frères, Jean et René. Le premier sera victime des Iroquois;
le second devient l'inséparable compagnon du découvreur
Nicolas Perrot dont il a épousé la belle-sœur.

Les hésitations.

Marie Fayet, arrivée à Québec en 1661, fille d'un bourgeois
de la paroisse Saint-Sauveur de Paris, accepte d'épouser le
colon Jean Durand qui possède une concession au Cap Rouge,
en banlieue de Québec. Le contrat est signé le 3 octobre, puis
résilié le 12 janvier suivant. Marie accepte ensuite d'épouser
Charles Pouliot puis, après avoir bien réfléchi, elle y renonce.
Nouvelle résiliation de contrat. Ce n'est que le 24 juillet 1662
qu'elle prend une décision ferme. Elle épousera Nicolas
Huot, et lui donnera onze enfants. Son premier prétendant,
Jean Durand, jugeant sans doute que ces Parisiennes sont bien
frivoles et indécises, préfère épouser une orpheline huronne,
Catherine Annennontak, élevée par les ursulines. Un autre
exemple est celui d'Anne Guitton qui résilie, le 17 août 1669,
un contrat de mariage passé trois jours plus tôt avec Jean

Mouflet dit Champagne. Ce dernier, le même jour et en présence des mêmes témoins, François Trotain, sieur de Saint-Surin et Jean-Baptiste Gosset, et chez le même notaire, Romain Becquet, s'allie à Anne Dodain. Une lecture attentive de ces actes nous apprend ceci : entre la résiliation du contrat avec Anne Guitton et la signature de l'acte notarié avec Anne Dodain, avait pris place la cérémonie religieuse avec cette dernière. Unis pour la vie désormais, Jean Mouflet et Anne Dodain iront vers leur destin. Ils s'établissent à Lachine, ils auront huit enfants et seront faits prisonniers par les Iroquois lors du grand massacre de 1689.

Ces ruptures ne sont pas nombreuses et se règlent toujours à l'amiable. Bien peu de mariages se nouent à la légère, sous l'impulsion du moment. On préfère, de part et d'autre, réfléchir et penser à l'avenir. On s'étonne aujourd'hui encore du succès de ces unions sur lesquelles repose le destin futur de tout un peuple. Des drames surgissent, inévitablement, souvent causés par des bourgeois égoïstes et bornés. Soit par indécision prolongée ou malchance, quelques « filles du roi » tardent à trouver un époux. Alors elles s'engagent comme domestiques en attendant le compagnon de leurs rêves. La veuve Anne Lejonc, qui n'est plus très jeune, accepte de servir Michel Le Neuf pour un an. Quelques mois après cet engagement, elle est courtisée par un colon, Jean Desmarais, veuf lui aussi. Le mariage est fixé au 15 janvier 1656. Mais elle est bonne ménagère, et son maître fait des difficultés pour la laisser partir. Il va même jusqu'à insinuer que Desmarais est marié en France. Une enquête démontre que c'est faux. Alors Le Neuf met sous verrou les vêtements et objets personnels d'Anne Lejonc, avec défense à quiconque de les lui remettre. C'est là toutefois un cas d'exception. En général, les autorités favorisent les unions. Anne Bouyer, native de La Rochelle, est domestique du gouverneur Pierre Boucher lorsqu'elle est courtisée par Pierre Pinot dit la Perle qui désire l'épouser. Le gouverneur convoque chez lui le notaire et sert de témoin à la future, au cours d'une cérémonie où sont présents les notables de l'endroit.

Le courage des « filles du roi».

Toutes ces jeunes filles ont en commun une qualité : le courage. Un courage quotidien, permanent. Bien peu ont failli à la tâche. Pourtant on se demande parfois comment certaines d'entre elles ont pu résister au climat rigoureux et aux conditions de vie qui leur étaient imposées. Quelques-unes, par sentiment ou parce qu'elles sont plus craintives, préfèrent épouser des colons de leur province ou, quand c'est possible, de leur village. Mais c'est le petit nombre. La grande majorité fonce vers l'aventure, et ces femmes s'entraident mutuellement aux moments d'épreuve. D'ailleurs celles qui viennent de la même région cherchent à épouser des colons qui se sont établis au même endroit. Quand on scrute le recensement de 1681, on constate par exemple que, des quinze colons qui se sont établis dans la seigneurie de Lanouguère, treize se sont alliés à des « filles du roi » venues du Maine et du Poitou. Michel Feulion, originaire de Saint-Pierre-le-Vieux en Poitou, épouse même une concitoyenne, Louise Bercier. Les deux sœurs Catherine et Anne Gautier épousent Jean Picart et Pierre Cartier, qui ont des concessions voisines. Une seule vient de Paris : Françoise Hobbé qui épouse le notaire seigneurial Michel Roy. Comme elle est instruite et d'excellentes manières, elle accepte de servir d'institutrice bénévole aux enfants de ses compagnes et sera toujours pour celles-ci un exemple d'intelligente ténacité.

De cette façon s'établit, dans les concessions, une vie de famille basée sur la compréhension mutuelle et l'entraide. Trois émigrées de la recrue de 1668e, Janne-Marie Gaultier, Madeleine Philippe et Marguerite Robineau, passent un contrat de mariage le même jour, devant le même notaire, et les mêmes témoins, avec les colons Gilles Masson, Pierre Tousignan et Michel Gorron, et s'en vont immédiatement demeurer dans une seigneurie presque déserte, Saint-Charles-des-Roches, sur les humbles concessions que leurs époux ont commencé à défricher. Seule une cabane de fortune les abrite les premiers temps. Des enfants naissent. Puis, après quelques années, les colons décident de partir à la conquête de terres nouvelles, de l'autre côté du fleuve Saint-Laurent. Les jeunes épouses suivent héroïquement et recommencent une vie de pionniers. Quand une naissance s'annonce, elles se servent réciproquement de sage-femme et un voisin se hâte d'ondoyer l'enfant.

Les Parisiennes.

On a cru remarquer à certains indices que les Parisiennes éprouvent plus de difficulté que les filles des provinces à s'adapter à cette vie rude du Canada. Il est vrai que trois ou quatre d'entre elles sont renvoyées en France, « l'air du pays étant tout à fait contraire à leur santé». D'autres, qui ont épousé des officiers, y retournent avec leur mari quand ce dernier est rappelé. Mais la plupart, en réalité, s'adaptent bien. Quand Madeleine de Verchères rédige son récit de la défense du fort de Verchères, elle peint dédaigneusement « Mlle Marguerite Antiome, femme du sieur Fontaine, qui, extrêmement peureuse, comme il est naturel à toutes les femmes parisiennes de nation, demande d'être conduite dans un autre fort». Le trait est spontané, caractéristique, mais il est en même temps injuste. Marguerite Anthiaume a une peur instinctive des Indiens, et c'est naturel car son mari vient d'être massacré et elle doit protéger ses sept petits orphelins. Parisienne, elle l'est en effet. Son père, Michel Anthiaume, a été exempt du grand prévôt de l'Hôtel de Ville de Paris et demeurait en la paroisse de Saint-Nicolas-des-Champs. Marguerite fut une des « filles du roi» destinées aux officiers. Le 12 janvier 1676, elle épouse un Dauphinois, André Jarret de Beauregard, qui meurt inopinément en 1690, lui laissant sept enfants en bas âge. Dans l'enceinte du fort de Verchères cerné par les Iroquois, cette Parisienne craint pour ses enfants, même si son second mari, Pierre Fontaine, officier lui aussi, est là pour les défendre.

Les jeunes filles de petite noblesse.

Jetons un coup d'œil sur le destin des jeunes filles issues de la petite noblesse et qui, pour des raisons diverses, ont accepté d'émigrer au Canada. Perrine Picoté de Bellestre est fille d'un conseiller et médecin du roi à Paris. Elle aspire à la vie religieuse et, sur les conseils de Mlle Mance, accepte d'aller à l'Hôtel-Dieu de Ville-Marie. Mais telle n'est pas sa vocation. Elle épouse en 1664 Michel Godefroy de Lintot, le premier enfant de race blanche né à Trois-Rivières. Elle sera la mère de onze enfants; les fils perpétueront les noms de Tonnancourt et Normonville; les filles s'allieront aux Hertel, aux Jutras, aux Le Moyne, familles encore bien vivantes après plus de trois cents ans. Catherine Gauchet de Belleville, compagne de traversée de la précédente, épouse le 26 novembre 1665 un des principaux citoyens de Montréal, le lieutenant général Jean-Baptiste Migeon de Branssat. Devenue veuve en 1693, elle se retire à l'Hôtel-Dieu où elle s'éteint en 1721, après quinze ans de vie religieuse. Une de ses filles devient religieuse ursuline à Québec. Sa descendance s'est perpétuée dans la famille Juchereau de Saint-Denis. Une autre de ces jeunes filles, qualifiées « filles de joie » par La Hontan, est Aimée Chatel, fille d'un notaire apostolique de Troyes, arrivée en même temps que Marguerite Bourgeoys. Elle aussi est recherchée en mariage. Mais elle hésite, et finalement s'engage « pour la vie » à Marie-Barbe de Boullogne, veuve du gouverneur d'Ailleboust, qu'elle accompagne à l'Hôtel-Dieu de Québec, où elle meurt en 1695. Et voici un exemple bien caractéristique : Madeleine Mulloys de la Borde. C'est une orpheline, originaire de Blois. Comme sa compagne Perrine Picoté de Bellestre, elle se croit destinée à la vie religieuse. Mais elle retourne dans le monde, puis bientôt rencontre et épouse un compatriote, Etienne Pezard sieur de la Touche, qui vient d'être nommé gouverneur de Ville-Marie. Peu après, M. de la Touche obtient la seigneurie de Champlain, et s'y retire avec son épouse. Ils en feront une seigneurie modèle de la Nouvelle-France.

Des enfants robustes.

Par quel miracle de persévérance et d'énergie ces frêles émigrées des provinces de France ont-elles pu survivre?

L'événement de l'arrivée, du mariage et de la dispersion dans les campagnes se répète chaque année, pendant quinze ans. Et de cette époque date l'élan d'un nouveau peuple vers son avenir. Car ces alliances sont fécondes dans une proportion de quatre-vingt-dix pour cent. On ne se lasse pas de vanter la vigueur et l'énergie des enfants qui en sont les fruits. La mère Marie de l'Incarnation exulte : « Cela est étonnant, le grand nombre d'enfants très beaux qui naissent chaque année. » L'intendant Hocquart les connaîtra lorsqu'ils seront adolescents : « Les Canadiens sont grands, bien faits, vigoureux », écrit-il dans un rapport officiel. Charlevoix le remarque également : « Tout ici est de belle taille et de la plus grande beauté dans les deux sexes. » Comme, selon le père Le Jeune, « les femmes y portent presque tous les ans », les naissances se chiffrent certaines années à six ou sept cents, pour une population d'à peine six mille habitants. Compte tenu de la qualité morale, on peut conclure avec Lanctôt que la Nouvelle-France a été peuplée « avec des émigrantes de choix qui par leurs qualités, leur labeur et leur dévouement, méritent de porter dans l'histoire, comme un titre de distinction et d'honneur, le nom unique de filles du roi ».

CHAPITRE III

L'ADAPTATION AU PAYS

I. — L'HIVER CANADIEN

LE CLIMAT canadien a longtemps eu en Europe la réputation de celui de la Sibérie. Pays, croit-on, de neiges perpétuelles et de froid insupportable. Le frileux et rhumatisant Voltaire s'est fait lui-même l'apologiste de cette croyance: « Le plus détestable pays du Nord ! s'exclame-t-il, sans l'avoir jamais visité, pays couvert de neiges et de glaces huit mois de l'année, habité par des barbares, des ours et des castors; ces quinze cents lieues, dont les trois quarts sont des déserts glacés... » Le froid insupportable qui décime l'équipage de Jacques Cartier lors de son séjour forcé à Québec au cours de l'hiver 1535-1536, événement que l'explorateur malouin décrit scrupuleusement, en homme de science, dans son *Brief récit et succincte relation*, n'a pas aidé à la réputation de l'hiver canadien; pas plus que la plaisante anecdote racontée par Rabelais dans le *Quart Livre* et que de savants commentateurs croient, avec raison sans doute, inspirée de la lecture des récits de Cartier : le froid est si intense que les paroles gèlent à mesure qu'elles sortent de la bouche des matelots et restent suspendues dans l'air. Quand arrive le soleil du printemps, le navire passe au même endroit et chacun peut entendre, lorsqu'elles se réchauffent et tombent sur le pont, les paroles qu'il a prononcées l'hiver précédent. Cette anecdote, Voltaire l'a certainement lue et retenue, et elle n'est pas de nature à lui faire aimer le froid sec et pur comme du cristal.

Des observateurs de passage continueront à le bouder.
Bougainville, par exemple, se plaint amèrement de la rigueur
et surtout de la longueur des hivers du Canada, qui est, écrit-il,
« un pays extrêmement froid, où les neiges sont abondantes,
où l'hiver dure ordinairement six mois». Le commissaire des
guerres Doreil, dans une lettre au secrétaire d'État responsable
des colonies en 1757, s'apitoie sur le sort des soldats en garnison à Québec et les plaint d'avoir à supporter « les dépenses
excessives, les fatigues extraordinaires et les autres désagréments qu'ils éprouvent dans un pays aussi dur et aussi dénué
de ressources que le Canada».

Les premiers Européens qui ont foulé le sol de ce pays
nouveau ont été plus charitables et plus compréhensifs que
ces observateurs de passage. Ce fut pour eux, à n'en pas douter,
une surprise de constater que l'hiver est plus long et rigoureux
qu'en Europe, qu'il existe une différence notable entre le
climat de l'ancien monde et celui du nouveau sous les mêmes
degrés de latitude. Les découvreurs ont été complètement
désorientés par ce climat imprévu qui paralysait les courses
de leurs navires presque la moitié de l'année.

L'hiver canadien est unique. Les géographes modernes
l'ont remarqué. « Le Canada français, note Pierre Deffontaines,
se présente comme le pays des durs hivers, peut-être les plus
durs du globe.» Qu'il se soit laissé « apprivoiser», selon le joli
mot du rédacteur anonyme d'une des *Relations des Jésuites*,
cela prouve tout de même qu'il est vivable. Les impressions
que nous citerons plus loin d'observateurs qui l'ont connu
et qui ont partagé la rude existence qu'il imposait à l'époque
primitive, le démontreront abondamment. Car ces observations
proviennent précisément de cette équipe de Français qui,
patiemment et intelligemment, a réussi à vaincre l'hiver tout en
s'adaptant à la sévérité de son caractère et à la nuance de ses
caprices.

Le climat canadien ne comprend réellement que deux
saisons : l'hiver et l'été, de longueur à peu près égale et dont
les températures sont radicalement opposées. La courte période
appelée par habitude le printemps n'est que la fin de l'hiver et

ne dure que quelques semaines. De même l'automne n'est que le prolongement de l'été, et parfois on ne se rend pas compte qu'il existe. L'hiver arrive brusquement, au début de novembre, et s'installe en maître. Il durera jusqu'à la fin d'avril.

Les difficultés de l'hiver.

La plupart des animaux terrestres supportent l'hiver, et leur adaptation au froid est un des phénomènes les plus curieux de la physiologie. Tapis dans une tanière, quelques-uns, comme l'ours et la marmotte, passent ces longs mois dans un assoupissement complet. D'autres modifient la teinte de leur fourrure. Le lièvre, brun en été, devient en hiver blanc comme la neige.

Quand toute vie animale a pratiquement cessé, soit par la migration, soit par le sommeil, l'hiver s'installe. Seul l'homme se défend péniblement contre le froid. Les Indiens habitants séculaires du rude pays canadien, n'y ont que partiellement réussi. Et les premiers Européens, comme les marins de Jacques Cartier, ont été vaincus par cet inexorable ennemi. Un siècle après eux, en 1635, les compagnons de Laviolette, fondateur de Trois-Rivières, succomberont de la même façon au cours de leur premier hiver. *Ce mal de terre*, comme on l'a nommé, le scorbut, c'est le triomphe du froid sur l'être humain.

Le climat hivernal est d'autant plus difficile à supporter pour le corps humain qu'il est presque toujours précédé, pratiquement sans transition, de quelques mois d'été torride à la température parfois tropicale. Les données des géographes modernes à ce sujet sont intéressantes, encore que le climat d'hiver, il y a trois siècles, fût beaucoup plus rude qu'aujourd'hui, le pays étant encore complètement couvert de forêts. Ces statistiques, extrêmement variables d'une année à l'autre, donnent tout de même une certaine idée du décalage de la température entre l'été et l'hiver. Le géographe Raoul Blanchard a noté, pour une période de cinquante ans, dans la partie basse du Saint-Laurent, une température moyenne d'hiver de $-12\,°C$, et pour l'été $+18\,°C$, soit une différence

de 30 °C. Le maximum de température à Québec noté par
Blanchard est, pour l'hiver —37 °C, et, pour l'été +39 °C,
soit une amplitude presque incroyable de 76 °C. Certains
hivers la température descend jusqu'à —50 °C en quelques
régions éloignées des sources d'humidité et qui, sous le rapport
de la latitude, correspondent à peu près au Midi de la France.
Les villes voisines de Windsor, au Canada, et Détroit, aux
États-Unis, qui se situent à une latitude de 40° environ,
ce qui, en Italie, correspond à la région au sud de Rome,
accusent en février une température moyenne de — 5 °C.

Les périodes de froid intense sont ordinairement suivies de
fortes tempêtes de neige qui durent de trois à cinq jours.
La neige est plus cruelle, plus perfide que le froid. Elle paralyse
toute activité. Elle s'accumule souvent sur trois et quatre
mètres d'épaisseur, enlise les maisons, bloque les routes, rend
toute sortie impossible. Les périodes de tempêtes de neige
sont des jours d'isolement complet. Aucun travail n'est possible.
Il arrive que des voisins, distants l'un de l'autre de cinq cents
mètres à peine, ne puissent se voir pendant des semaines.

Au début d'avril, à certains indices, dont l'allongement du
jour et la percée plus chaude des rayons de soleil, on sent
que l'hiver va desserrer son étreinte. Puis arrive la débâcle
sur les rivières. L'eau qui coule, symbole de la vie qui revient,
charrie rapidement les glaces qui se broient elles-mêmes
dans un tintamarre de résurrection. C'est une subite et gigan-
tesque explosion des forces de la nature. En trois semaines,
l'aspect de la nature a radicalement changé. Un soleil aux
rayons brûlants, des pluies chaudes ont réveillé les racines
des arbres et des plantes. Certaines nuits, en mai, on a l'im-
pression d'entendre éclater les bourgeons et l'herbe pousser
dans les champs. Hommes, bêtes et plantes sortent de l'engour-
dissement d'un cauchemar.

Les drames de l'hiver.

Même si l'hiver, au contact de l'homme, s'est peu à peu
civilisé, il tient quand même à montrer sa force et sa supériorité.

Il entend rester le maître, et chaque année provoque des drames sur son passage. La tragique aventure des marins de Jacques Cartier n'est qu'un épisode parmi des centaines. Le navigateur a pris la peine de détailler le long martyre de ses hommes, leur assujettissement au froid. On se souvient que les petits navires restèrent emprisonnés dans les glaces, à l'embouchure d'une petite rivière étroite, près de Québec. « Au mois de décembre 1535, note Cartier, nous fûmes avertis que la maladie s'était mise au dit peuple de Stadaconé, tellement que déjà en étaient morts plus de cinquante... Commença la maladie parmi nous, d'une merveilleuse sorte et la plus inconnue; les uns perdaient la substance, et leur devenaient les jambes grosses et enflées, les nerfs retirés et noircis comme charbon, et à aucuns toutes semées de gouttes de sang comme pourpre; puis montait la dite maladie aux hanches, cuisses et épaules, aux bras et au col. Et à tous venait la bouche si infecte et pourrie par les gencives, que toute la chair en tombait jusques à la racine des dents lesquelles tombaient presque toutes. Et tellement se prit la dite maladie à nos trois navires, que à la mi-février de cent dix hommes que nous étions, il n'y en avait pas dix sains... »

Le père Anne de Noue, ancien page de la cour d'Henri IV, devenu missionnaire jésuite, est attaché au poste de Trois-Rivières. En janvier 1646, il part avec deux soldats et un sauvage huron vers la mission du fort de Richelieu, à moins de soixante-quinze kilomètres. Une tempête s'élève, les soldats suffoquent et ne peuvent plus avancer. La *poudrerie* paralyse leurs paupières. Le père de Noue part seul chercher du secours. Il s'égare dans la plaine blanche du lac Saint-Pierre. Trois jours plus tard, on le trouve gelé, à genoux dans la neige, statue sculptée par les éléments de la nature. La mort par le froid vif est, dit-on, une mort rapide et relativement douce. La congélation du sang dans les artères provoque la syncope; puis les chairs s'ankylosent et durcissent. Des centaines de coureurs des bois sont morts de cette façon discrète. Leur chair, demeurée fraîche par la congélation, devenait au printemps la pâture de choix des carnassiers.

Les bienfaits de l'hiver.

En dépit de ces drames inévitables, l'hiver canadien a réellement de la grandeur et de la noblesse. Ceux qui l'ont boudé n'ont connu que deux ou trois saisons rigoureuses et n'ont pu s'habituer à son capricieux climat. Mais les chroniqueurs sérieux de l'époque, même ceux de la première période de colonisation, se sont imprégnés de l'esprit de ce pays neuf et plein de contrastes. Et ils en ont spontanément chanté les bienfaits et la salubrité.

Le père Paul Le Jeune a passé à Québec et dans les environs l'hiver de 1631. Il faisait si froid que l'encre gelait pendant qu'il rédigeait à l'intention de ses supérieurs en France sa savoureuse *Briève Relation*. Et pourtant il ne pouvait que vanter les qualités de l'hiver : « Il a été beau et bon et bien long, notait-il sur le papier, dans sa pauvre cabane enfumée. Il a été beau, car il a été blanc comme neige, sans crotte et sans pluie. Je ne sais s'il a plu trois fois en quatre ou cinq mois, mais il a souvent neigé. Il a été bon, car le froid y a été rigoureux. On le tient pour l'un des plus fâcheux qui aient été depuis longtemps. Il y avait partout quatre ou cinq pieds de neige, en quelques endroits plus de dix, devant notre maison, une montagne ; les vents la rassemblant, et nous, d'un autre côté, la relevant pour faire un petit chemin devant notre porte elle faisait comme une muraille toute blanche, plus haute d'un ou deux pieds que le toit de la maison. Le froid était parfois si violent que nous entendions les arbres se fendre dans le bois, et, en se fendant, faire un bruit comme des armes à feu. »

Le père Vimont ne pense pas autrement lorsqu'il écrit que des filles tendres et délicates qui craignent un brin de neige en France, ne s'étonnent pas ici d'en voir des montagnes. « Un frimas les enrhumait en leurs maisons bien fermées, et un gros et grand et bien long hiver armé de neiges et de glaces depuis les pieds jusques à la tête, ne leur fait quasi autre mal que de les tenir en bon appétit. Votre froid humide et attachant est importun; le nôtre est plus piquant, mais il est coi et serein, et à mon avis plus agréable quoique plus rude. »

Ruette d'Auteuil ne cesse de rendre hommage à l'hiver canadien. Il admet qu'il est rude, mais les habitants du pays le supportent bien, surtout ceux qui y sont nés. Il assure que la neige a son utilité économique; elle facilite l'exploitation des bois et la communication en tous lieux; les rivières et les ruisseaux gelés éliminent l'obligation de construire des ponts et des levées; un bœuf ou un cheval peut aisément tirer en hiver une charge pour laquelle il en faudrait quatre attelés à une charrette en été. Emporté par son apologie, Ruette d'Auteuil va même jusqu'à dire que la gelée détruit les mauvaises herbes.

Les hivers ne sont pas tous de température égale. Il en est de rudes, mais il y a aussi des hivers tempérés, « de beaux hivers», comme on dit. Il y a lieu de les prévoir, à certains indices, et les Indiens se trompent rarement dans ce domaine. De façon générale, on se fie aux prédictions des indigènes et on se prépare en conséquence. Une note du *Journal des Jésuites* nous apprend que le 25 décembre 1646 le temps était si doux qu'on n'a pas eu besoin de réchaud à l'église pour la messe de minuit. Marie de l'Incarnation écrit en janvier 1670 que l'hiver est excessivement long et rigoureux, et qu'il n'y a pas eu de plus grand froid depuis trente et un ans. L'année suivante, elle signale que l'hiver ne commença qu'à la mi-janvier et se termina à la mi-mars. Montcalm, dans une lettre de 1756, note que l'hiver a été très doux : « Il n'y a eu que peu de neige et peu de froid. »

Il reste que, de façon générale, l'hiver canadien est dur et long. Comment les habitants du pays s'en tirent-ils, surtout les pauvres et ceux des régions isolées? Il n'est pas accueilli avec grande sympathie, bien sûr, mais on ne le considère pas non plus comme une calamité, même s'il est chaque année la cause de tragédies diverses. On s'en accommode, on lui tient tête le mieux possible, car on possède des armes efficaces pour s'en défendre : une maison, du bois, des fourrures et du gibier.

Un des plus prodigieux exploits des premiers colons, des missionnaires, des coureurs de bois, des découvreurs, est d'avoir vaincu l'hiver. Mieux même, ils s'en sont fait un allié et l'ont discipliné. Ensemble, ils façonneront en moins d'un siècle un peuple nouveau. Parce que l'homme blanc a cherché à le comprendre et à l'aimer, l'hiver canadien lui inspire à son tour la meilleure façon de se loger, de se vêtir et de se nourrir. Et aussi de réfléchir à sa nouvelle destinée, au cours des longs mois qui le retiennent captif.

II. — L'HABITATION

Le Canadien, particulièrement au début de la colonie, a deux ennemis principaux contre lesquels il doit se défendre : l'hiver et l'Iroquois. L'hiver, on est sûr qu'il viendra à son heure, et on se prépare à l'accueillir. Mais l'Iroquois ne connaît pas de saison. L'habitation doit tenir compte de ces deux facteurs.

Les premières habitations.

Aux trois postes de Québec, Trois-Rivières et Montréal, que Champlain, dans sa sagacité, a remarqués comme étant des points stratégiques, est bâti tout d'abord un logement central, pour abriter les premiers arrivés. A Québec, c'est l'« *Abitation* », dont Champlain lui-même dresse les plans. Trois corps de logis, chacun de six mètres de long et de cinq mètres de large, entourés d'une galerie au deuxième étage. L'un d'eux porte sur le toit, avec un cadran solaire, un grand mât portant la bannière de France. Un autre abrite un magasin et un colombier. Un promenoir large de trois mètres encercle l'habitation, que protège un fossé large de cinq mètres et profond de deux, qu'on franchit par un pont-levis. Aux angles, des plates-formes portant des canons défendent la place. A Trois-Rivières, le commandant Laviolette bâtit un fort sensiblement identique mais moins complet que celui de Québec. Les missionnaires qui l'accompagnent élèvent une cabane de fortune, faite de quelques rondins superposés dont les interstices sont colmatés d'herbe mêlée de terre. En tout seize mètres carrés pour la chapelle et pour leur demeure. Le premier hivernage dans ces cabanes de fortune est un désastre. Plusieurs meurent du scorbut. Ravagée par le feu, le 1er décembre

1635, l'habitation trifluvienne est immédiatement rebâtie avec deux corps de logis, un magasin et une plate-forme garnie de canons. A Ville-Marie, poste avancé pour la lutte contre les Iroquois, la civilisation débute aussi par la construction en pieux appointés d'un fort mesurant cent mètres de côté; il renferme une chapelle rudimentaire en bois de bouleau, des logements pour le gouverneur, les missionnaires, les dames bienfaitrices et les colons, un magasin, une caserne et autres bâtiments. L'année suivante, on ajoute des bastions qui offrent une défense plus efficace contre l'ennemi.

La maison du colon.

Logis de fortune, habitations provisoires. Puis les colons s'enhardissent. Ils ne peuvent continuellement être sous la tutelle du gouverneur. Chacun réclame un peu d'indépendance et ainsi naissent, l'une après l'autre, les humbles maisons des pionniers. Elles sont d'abord bâties en bois selon des normes conformes au climat. Ainsi l'abondance des chutes de neige exige un toit en pente ou en croupe assez prononcée et renforcée de chevrons. La maison que les charpentiers de métier Pierre Guillet et Elie Bourbaux s'engagent à bâtir pour le colon Michel Peltier mesure huit mètres de long sur cinq mètres de large. Malgré l'exiguïté de la bâtisse, les menuisiers doivent appliquer « des liens résistants aux angles, bien assembler les solives de l'enchevêtrure, lever la cheminée en quenouille, entourer la maison de pieux de cèdre, couvrir la maison de deux rangs de planches et ensuite de paille, puis faire une croupe au toit du côté nord-est pour éviter l'accumulation de la neige ». La grange, dont l'étable fait partie intégrante, est un bâtiment aussi important et nécessaire que la maison. Comme elle doit contenir la nourriture des animaux pour les six à sept mois d'hiver, elle est de dimensions imposantes. Celle de Michel Peltier a vingt mètres sur sept et elle est construite aussi en fonction du poids de la neige, donc avec un toit en pente. Les liens devront être plus solides encore et il faut placer « deux aiguilles depuis terre jusqu'au faîte, cheviller chaque chevron sur le faîte et la sablière», placer les poutres à vingt ou trente centimètres l'une de l'autre et les bien fixer avec chevilles et liens. La construction de la partie comprenant l'étable exige des soins particuliers. Tous les animaux de la ferme : chevaux, bœufs, vaches, porcs, volailles, moutons doivent y passer les mois d'hiver. Les murs en seront donc épais, soigneusement calfeutrés, mais il faut aussi prévoir une ventilation suffisante pour éviter les épidémies, particulièrement en février et mars, quand les femelles mettent bas.

La construction.

En général, la maison de bois résiste assez bien à l'action du froid, mais elle est un danger constant d'incendie même si le foyer, unique façon de la chauffer, est construit en pierre et obéit à certaines lois élémentaires de protection. Le danger est plus grand dans les villes, et les autorités doivent, à la suite de tragédies, spécifier l'emploi de matériaux déterminés, surtout pour la toiture. Une ordonnance de l'intendant Dupuy, en 1727, stipule que « les citadins qui ont amassé du bardeau dans le dessein d'en couvrir leurs maisons, seront tenus de s'en défaire en faveur de ceux qui bâtissent à la campagne, auxquels seulement nous permettons de couvrir en bardeaux». L'ordonnance stipule aussi que les maisons des citadins devront avoir un coupe-feu à chaque extrémité et être couvertes de tuiles.

Pour parer au danger d'incendie dans les campagnes, on commence, ce qui paraît normal, à édifier la maison sur des fondations de pierre, principalement dans les endroits où la roche existe en abondance. Mais on constate vite que la maison de pierre telle qu'on la construit en France ne convient pas au climat local. La pierre est conductrice du froid, le mortier qui la soude s'effrite sous l'action du gel. De plus, la base de la maison repose directement sur le sol et le dégel du printemps l'ébranle. Menuisiers et maçons en arrivent alors à essayer une charpente de bois qui peut obéir aux oscillations du sol sous l'action du dégel et un mortier

formé d'ingrédients assez souples pour résister à la fois au
froid extérieur et à la chaleur du logis. Mais ce n'est pas assez
pour isoler la maison de la froide humidité qui sourd de la
terre. On imagine alors d'asseoir la maison sur un appui
construit également en pierre, plus large que la base de la bâtisse
et creusé à l'intérieur pour permettre la circulation de l'air.
L'hiver, la base est entourée de paille et de terre battue. Cette
opération a nécessité la création de mots nouveaux, qu'on
ne trouve pas dans le dictionnaire de l'Académie, et c'est bien
dommage car ils sont nés du plus pur terroir. Le mur de pierre
sur lequel s'élève le soubassement de la maison est le *solage*.
Entourer le solage de paille et de terre pour le protéger contre
le froid s'appelle le *renchaussage*. Une autre opération devient
essentielle : il faut garnir l'intérieur de la maison de lattes de
bois sur lesquelles on applique un plâtre ou un crépi à base de
glaise. C'est, semble-t-il, cette opération que les anciens actes
désignent par « finir une maison *à la gasparde* », terme qui
toutefois n'a pas survécu et dont on ignore l'origine exacte.

Les manoirs, collèges et maisons de pierre du XVIIIᵉ siècle,
dont la construction a défié les siècles et dont il reste encore
de nombreux vestiges après plus de deux cents ans, ont été
bâtis selon une même technique que les menuisiers et maçons
se sont transmise de père en fils. Pour une maison de dimensions
normales, soit quinze à dix-huit mètres de longueur sur six à
sept de largeur, le plan prévoit des fondations de un mètre
vingt de profondeur et un mètre de large; les murailles quatre-
vingts centimètres de largeur et trois mètres vingt-cinq de haut
à partir du rez-de-chaussée. Les poutres et chevrons qui
supportent le toit en pente sont de pin ou de cèdre.

Maisons de Québec et de Montréal.

Même si, dans l'ensemble, ce genre de maisons devenu
classique de l'architecture canadienne offre à peu près partout
les mêmes caractéristiques extérieures, les ethnographes
modernes ont discerné deux types différents de construction :
celui de la région de Québec et celui de la région de Montréal.

R.-L. Séguin offre l'explication suivante. De façon générale, la maison de la région de Québec est rectangulaire, de profondeur moyenne, percée de fenêtres à volet, et, sur la toiture, de lucarnes. Les murs, enduits de mortier, sont blanchis à la chaux. Elle possède toutes les caractéristiques du type normand. L'Indien maraude moins aux alentours de Québec. L'habitant s'y sent plus en sécurité qu'ailleurs. Son logis en sera plus accueillant, plus ouvert, plus gai. La situation est différente dans la région de Montréal, avant-poste de la civilisation sur la route de l'ouest. L'Indien y mène une guérilla sans merci. L'habitant est sans cesse aux aguets. Chaque maison de la région montréalaise doit être une petite forteresse domestique. « Carrée, massive, flanquée de lourdes cheminées, elle est construite de gros cailloux des champs, coincés dans le mortier solide. Ses murs sont crevés de carreaux qui se dérobent sous d'épais contrevents. Ce sont autant de meurtrières par où l'habitant canarde l'Agnier en quête d'un *scalp*... La maison montréalaise est surtout d'inspiration bretonne, renfermée sur elle-même, solitaire, toujours aux aguets. »

L'intérieur.

L'intérieur de la maison diffère moins que son aspect extérieur, suivant les régions. Les divisions sont à peu près semblables, puisqu'elles répondent aux mêmes besoins. D'abord elle est construite en prévision d'une famille nombreuse. Voici la description qu'en donne l'historien J.-Edmond Roy : « Dans la pièce d'entrée, qui sert à la fois de cuisine et de chambre à coucher, c'est d'abord la large cheminée, avec l'âtre ouvert et le foyer de pierres plates, la crémaillère et les chenets, la pelle à feu, le grand chaudron et les marmites, des poêlons et des *lèchefrites*, des *tourtières*, un gril, une *bombe*, tout un régiment d'ustensiles, car la batterie de cuisine de la ménagère canadienne a été de tout temps bien garnie. Au-dessus de la corniche sont rangés les fers à repasser, un fanal de fer-blanc, des chandeliers. Au fond de la pièce s'élève le lit du maître et de la maîtresse de la maison, le lit garni de la communauté,

comme on dit solennellement dans les actes des notaires.
C'est un véritable monument, surmonté d'un baldaquin de
près de deux mètres de haut garni d'une paillasse de coutil, d'un
matelas, d'un lit de plume, avec couverture et draps de laine,
des taies d'oreiller et un traversin couvert d'indienne rouge,
puis la courtepointe... Les couchettes des enfants, *beaudets* ou
berceaux, dorment à l'abri de ce meuble monumental. Le reste
du mobilier est des plus sommaires : cinq ou six chaises de
bois avec siège en paille, un rouet à filer avec son dévidoir,
un métier à tisser la toile, une huche, une table, deux ou trois
coffres, une commode, puis, près de la porte, le banc aux seaux.
C'est le véritable foyer où convergent hommes, femmes et
enfants, ustensiles de maison ou de ferme. On y prépare à la
fois la nourriture de la famille et la pâtée des bestiaux, on y
réchauffe les vêtements; on y déglace les instruments
de travail... »

Un des caractères permanents de la maison canadienne est
qu'elle est construite de façon à pouvoir résister à toutes les
intempéries, aux bourrasques, aussi bien à la neige qu'à la
pluie. Habitation solide et spacieuse, construite par de bons
ouvriers et avec des matériaux judicieusement choisis.

III. — LE VÊTEMENT

Les premiers colons français ne se sont pas obstinés, comme
les austères pionniers de la Nouvelle-Angleterre, à vouloir
porter les costumes de leur pays. Ils adopteront rapidement
les vêtements que leur impose le nouveau climat et que les
nouvelles habitudes de vie leur suggèrent. Nulle part, pas
plus dans les *Relations des Jésuites* que dans les autres chroniques de l'époque, on ne trouve mention des costumes
traditionnels des provinces ou des régions françaises, pas même
pour les jours de fête. Le fondateur de Montréal, le sieur de
Maisonneuve, ayant perdu en mer au cours de son voyage
de 1653 une partie de ses habits officiels, « dentelles et linges
fins », se dit bien aise « d'être débarrassé et délivré de tous ces
ornements de vanité». Et son habillement devient, comme

celui des plus simples habitants, « un capot de serge grise, à la mode du pays». Même si l'officier Lambert Closse, arrivé en 1647, porte « un chapeau en feutre de loutre avec cordon d'argent, des casaques, des petites-oies, des bas de soie couleur de feu», et le soldat Dollard des Ormeaux, cette simple culotte qu'est « la rhingrave» et très en vogue dans divers pays d'Europe, il ne semble pas que ces modes importées se soient maintenues longtemps. Le colon apprend vite à se vêtir en partie selon la mode indienne ou à fabriquer lui-même ses habits de travail, ce qui lui permet de se soustraire autant qu'il peut au monopole des tissus, jalousement gardé par les marchands français. Un des premiers coureurs des bois, Thomas Godefroy, porte tout simplement en forêt et en canot un manteau de peau d'orignal et des mitasses (sortes de guêtres de tissu ou de peau). L'inventaire de ses biens après sa mort indique qu'il y a dans son humble demeure « 5 aunes et demie de froc jauni, 16 aunes de petite serge damassée, 2 aunes de soie ou environ», mais ces tissus importés, l'intrépide aventurier normand ne s'en est jamais servi.

Les habits de France.

Une grande partie de la population continue tout de même à acheter les fins tissus des drapiers français, qui maintiennent un peu partout des comptoirs de vente. Autour du gouverneur et de l'intendant, on imite de près les modes de la Cour et on en suit fidèlement les caprices et les modifications. « Les jours de réception, observe Peter Kalm, les femmes de Québec s'habillent avec tant de magnificence qu'on serait porté à croire que leurs parents sont revêtus des plus grandes dignités de l'État.» Un simple officier du régiment de la Sarre, Méritens de Pradals, qui a traversé tout le Canada habité, se dit scandalisé de tant de somptuosité dans une colonie : « On y voit régner le luxe de façon surprenante, écrit-il à son frère. L'on ne voit de fille qu'elle ne soit chaussée en souliers brodés en or ou argent, habillée de damas, velours ou autre étoffe de soie. Les souliers coûtent 12 livres, jusqu'à 36 livres la paire. Les vêtements sont en soie ou de belle étoffe de coton des Indes. Elles ne sortent jamais de chez elles qu'elles n'aient une cape de bon camelot de Bruxelles, les paysannes ; pour les autres, elles sont en soie. » Témoignage un peu naïf et superficiel mais sincère d'un petit officier fraîchement débarqué et qui peut se permettre la comparaison du train de vie en France et au Canada.

Le notaire Barbel a commis l'indiscrétion professionnelle de détailler l'habillement tant officiel que privé d'un des gouverneurs de la Nouvelle-France, le marquis de Vaudreuil, décédé au Château Saint-Louis de Québec en 1726. Outre les habits de cérémonie, la garde-robe du marquis comprend vingt-deux chemises de toile de Rouen garnies de batiste, vingt-trois cravates de mousseline et quelques autres de point d'Angle-terre, des coiffes de toile de Paris, des bonnets et des chaussettes de toile tricotée, des robes de chambre de taffetas, des mantelets de florentine, des gants de peau d'élan et de castor, etc. Il n'y a pas grand-chose, dans ces atours, de spécifi-quement canadien. Les personnages officiels et les gens de leur entourage ne portent que de la lingerie d'importation.

Les vêtements des colons.

Chez les gens du peuple on trouve rarement mention de ces tissus importés. Dès 1660, il y a des gants de cerf et d'orignal avec fourrure à l'intérieur, des sangles de loup marin, des justaucorps de cuir d'ours ou de caribou. Peu à peu le cam-pagnard s'adapte aux produits domestiques, et les caprices du climat lui imposent toute une gamme de vêtements variés. Un mémoire d'un officier français de passage mentionne, non sans une pointe de mépris, que les habitants des campagnes sont presque toujours mal habillés et qu'ils fabriquent eux-mêmes tous leurs habits de travail. C'est que l'habitant ne peut se permettre la vanité dans son habillement. Malgré l'effort de l'intendant Talon, l'élevage du mouton apparaît difficile et précaire, à cause de la proximité de la forêt où pul-lulent les carnassiers. La laine reste rare, et il faut utiliser d'autres produits comme le lin ou le chanvre. Mais les habits de lin et de chanvre ne sont pas des habits chauds. Il faut les doubler de cuir ou de fourrure commune. La laine est réservée au sous-vêtement, au *corps* comme on l'appelle communément, et aux bas. Le travailleur des champs porte des sous-vêtements de laine été comme hiver, car la laine absorbe rapidement la sueur et protège des refroidissements subits.

La fabrication des vêtements et des couvertures d'hiver requiert presque tout le temps de la mère de famille, surtout si les enfants sont nombreux. La femme ne doit pas penser uniquement à son mari. Les enfants exigent des soins particuliers, même si au cours des périodes de grand froid ils ne sortent pas de la maison. Comme les maisons ne sont pas chauffées la nuit, il faut de chaudes couvertures. Ce sont d'abord des fourrures. Puis les ménagères en quête de nouveautés en arrivent à fabriquer des *catalognes*. Elles amassent les vieux vêtements qu'elles découpent en fines lanières ou en carreaux et qu'elles assemblent de façon à former une couverture multicolore. Les pièces qui ne souffrent pas trop d'usure servent à la confection de foulards et de coiffures.

La tenue des habitants contraste, il va sans dire, avec les habits des élégants et des militaires. Lors de l'inventaire de la garde-robe de Marguerite Le Gardeur, épouse du chevalier de la Grois, qui demeure temporairement dans une paroisse rurale, on trouve que madame possède « un habit de damas d'or, un habit de satin, un habit de mousseline des Indes, une robe de chambre et une jupe noire de satin, deux douzaines de chemises garnies et une écharpe de satin ».

Nicolas Rochon mort gelé au cours de l'hiver de 1727, est retrouvé à la fonte des neiges. Son acte de sépulture énumère son habillement : « Sur le dit corps, était un capot de *cinchinas (sic)*, une veste d'étoffe blanche, un gilet de carisé (sur le devant duquel était une pièce d'indienne bleue et rouge), un scapulaire, des guêtres de *malamas (sic)*, des bas blancs, des escarpins, une ceinture d'indienne, un mouchoir de coton, une petite bourse vide, une tasse d'étain, un couteau, un calumet avec deux petites clefs de cassette attachées à la boutonnière de ladite veste. Ses cheveux étaient cadenassés d'un ruban noir. »

La coiffure.

La coiffure est aussi largement influencée par le climat local. Aux débuts de la colonie, on trouve fréquemment, dans toutes les classes de la société, le tapabor, coiffure de feutre pour l'hiver et, l'été, de paille, à larges bords qui garantissent du soleil, et aussi, lorsqu'on le rabat, de la pluie et du vent. Le tapabor est une coiffure d'importation. Il est vite remplacé par le bonnet dont la fabrication facile se prête à toutes les températures et à tous les besoins. Les gentilshommes et les bourgeois portent régulièrement le chapeau de castor, lorsqu'il est de véritable poil de castor, et le « demi-castor », quand on utilise pour sa fabrication la fourrure d'un autre animal des bois. Mais aucun ne croit déchoir de son rang s'il se coiffe du bonnet, qui devient en vogue dans toutes les classes de la société. Le bonnet semble, de par son nom, bien prosaïque et non pas exclusif à la Nouvelle-France. Mais ce qui fait l'originalité du bonnet canadien est sa fantaisie, tant par la qualité et la variété de sa fourrure que par le jeu de ses couleurs s'il est de laine, ou lorsque les deux marient leurs richesses. Chacun s'exerce à varier le genre de son bonnet, et c'est cette particularité qui, peu à peu, le rend exclusif. Il le devient plus encore lorsqu'on s'avise de le baptiser du nom de « tuque », apparemment dérivé du vieux terme français « touche » qui signifie monticule boisé et qu'emploie Rabelais : « Les unes touches de bois haulte, belle et plaisante. » Car le bonnet canadien épouse la forme d'un cône allongé au bout duquel pend un gland de fourrure ou de fils de laine multicolore et savamment agencés.

S'il fallait nous en tenir aux indications des inventaires après décès, les femmes se contenteraient de coiffures moins compliquées et moins voyantes que les hommes. Elles ne porteraient que des coiffes et des bonnets ordinaires, ainsi prosaïquement décrits : bonnets de satin blanc garnis d'argent faux, coiffes de crêpe garnies de gaze, bonnets piqués de taffetas noir doublés de toile blanche, coiffures de Bazin. Mais ces inventaires sont dressés par des hommes, notaires consciencieux mais peu au courant du vocabulaire de la toilette féminine. Peter Kalm, homme raffiné, fournit des observations plus justes et plus précises. Il a constaté que les femmes de la société apportent à leur coiffure « une attention excessive ». Les tabellions ignorent que la fontange, qui s'est prêtée en France au XVII⁰ siècle à tant d'arrangements fantaisistes et excentriques, a fait des ravages également chez les coquettes canadiennes ; mais ce détail n'a pas échappé au perspicace La Hontan.

Le « costume canadien ».

Même s'il n'y eut pas de costume réellement typique du Canadien sous le régime français, les gravures et les dessins le représentent coiffé d'une tuque à gland, le corps entouré d'une ceinture fléchée et chaussé de bottes sauvages. Ce « costume national », comme on l'a appelé, de l'« habitant » canadien doit surtout sa popularité au fait qu'il devient le signe de ralliement des patriotes de la rébellion de 1837-1838, lors de la révolte des Canadiens de langue française contre l'ostracisme des Anglais. On n'a pas eu tort de l'adopter, car il puise son origine aux traditions les plus authentiques des premiers habitants de la Nouvelle-France.

IV. — NOURRITURE ET CUISINE

Les ravages du scorbut, à l'époque des premiers hivernages, dérivaient en grande partie d'une alimentation insuffisante. Beaucoup ont payé de leur vie le manque de prévoyance en face d'un long hiver au cours duquel l'homme ne peut se contenter de pois de conserve et de biscuits. Ces marins dédaignaient même le poisson gelé, salutaire aux Indiens.

L'hiver canadien place au premier rang de ses exigences une nourriture riche et robuste. Peu à peu le colon s'en rend compte. S'il lui faut prévoir le chauffage et l'habillement pour les longs mois d'hiver, il doit aussi recueillir sa nourriture à la manière des animaux indigènes. Cette nourriture appropriée au climat est la viande et ses sous-produits. Le colon s'y habitue vite. Ainsi naquit la cuisine canadienne qu'en certains milieux on tentera de déprécier parce qu'elle manquerait de raffinement. Pourtant, dès le début, elle a trouvé grâce devant un observateur souvent partial des coutumes de ce nouveau peuple.

Au printemps de 1684, La Hontan parcourt la côte de Beaupré. Il visite les fermes, s'entretient avec les habitants, observe leur façon de vivre. Appréciant plus que tout la bonne table et le bon gîte, surtout lorsqu'ils sont gratuits, il accepte les invitations à dîner et à coucher, car ces gens sont hospitaliers. La Hontan observe aussi qu'ils sont fort à l'aise et font bonne chère. Il note sur sa feuille de route : « Je souhaiterais une aussi bonne cuisine à toute notre noblesse délabrée de France. »

Abondance des aliments.

Les premiers colons ont trouvé des sources d'alimentation complètement différentes de celles de leur pays. Différentes, et aussi combien plus abondantes! Les animaux sont nombreux. La viande d'orignal est fort succulente, et elle remplace longtemps le bœuf et l'agneau. On se régale aussi du caribou, de l'élan d'Amérique communément appelé le chevreuil, du porc-épic, du lièvre en abondance, et aussi du castor, précieux surtout pour sa fourrure mais dont la viande est un mets recherché. Les oiseaux sont légions : outardes et canards, surtout, puis les tourtes, les perdrix, les bécassines, les sarcelles font les délices des plus fins gourmets. On trouve également des poissons en quantité et à chair fine, et le fleuve Saint-Laurent mêle agréablement les poissons de mer aux poissons d'eau douce : le saumon, la morue, l'aiglefin, l'esturgeon, le bar, l'alose, et une infinité d'espèces plus communes mais tout aussi délicieuses, qui peuplent les lacs et les rivières. Le poisson le plus commun est l'anguille que l'on consomme surtout fumée et salée; il est aussi le plus en vogue et il s'en fait un commerce considérable.

Malgré cette profusion de gibier et de poisson, il y eut quand même de temps à autre des époques de disette, particulièrement aux premiers temps de la colonie. C'est qu'on manquait de certains éléments de base, comme le pain, le lait, le sel.

Les Canadiens ont toujours été de gros mangeurs de pain, et surtout de pain de froment. « Un ouvrier mange par semaine deux pains de six à sept livres», écrit l'auteur de la *Relation* de 1636. L'intendant Raudot note que « le colon mange deux livres de pain par jour et six onces de lard». S'il arrive que le blé fournisse une mauvaise récolte, les habitants se rabattent sur le pain d'orge ou de seigle.

Les produits nouveaux.

Peu à peu, à mesure que le défrichement s'étend, les colons peuvent semer et récolter suffisamment de produits essentiels : blé, avoine, orge, pois, lentilles, fèves, asperges. D'autres légumes font leur apparition, au cours des ans et au hasard des importations. On commence à récolter des choux vers 1675. Ce n'est qu'au début du XVIIIe siècle qu'on mentionne le céleri, l'échalote, l'oignon, la carotte. La citrouille, qui pourtant est un produit indigène, n'apparaît comme mets comestible que vers la même époque. Le concombre et le melon sont parmi les desserts les plus recherchés, même de la haute société. Aussi font-ils l'objet d'une note spéciale de Peter Kalm : « Le concombre coupé en tranches et mangé avec de la crème est un mets excellent. Quelquefois on le sert au naturel; chaque convive s'empare d'un de ces rafraîchissants cucumis, le pèle, le coupe en morceaux et le mange à la croque-au-sel comme on fait des raves. Le melon est en abondance ici et on l'offre toujours avec du sucre, mais non avec le vin ou l'eau-de-vie. » Chez les paysans qui travaillent dans les champs loin des ruisseaux, le concombre a une autre utilité : il aide à calmer la soif. Quant à la pomme de terre, ou patate, ou « racine» comme on l'appelle dédaigneusement, les Canadiens la boudent tout au long du régime français. Elle n'est utilisée qu'en période de disette. « Cette racine, observe Champlain, a un goût d'artichaut. » Même les missionnaires en pays indien n'acceptaient d'y goûter qu'en cas d'extrême nécessité. La supérieure de l'Hôtel-Dieu de Québec, mère Marie Duplessis de Sainte-Hélène, écrit à une amie de France, le 17 octobre 1737, que le Canada vient de subir une si affreuse famine que les habitants ont été réduits « à manger des bourgeons d'arbres, des pommes de terre et autres choses qui ne sont point bonnes à la nourriture des hommes ».

Le mets national des indigènes est le maïs, que les premiers Blancs appellent blé d'Inde, à la suite de Christophe Colomb qui se croyait aux Indes lorsqu'il y goûta. Les Indiens le cultivaient abondamment et les Français l'adoptent vite comme nourriture de base, à cause de sa culture facile, de sa valeur nutritive pour les animaux de boucherie et de son adaptation à diverses recettes. On le mange rôti sur la braise, bouilli, mélangé au gibier ou au poisson, et lavé. Le blé d'Inde lavé que, l'hiver, on conserve gelé, donne à la soupe aux pois et aux bouillis de légumes et de viande une saveur particulière. Lorsque le blé d'Inde est bien mûr et un peu séché, on le broie avec un pilon ou entre deux pierres. Sa farine n'est guère panifiable, mais on cuit des galettes qui ont l'avantage de se conserver plus longtemps que le pain de froment ou de seigle. On la consomme aussi en « sagamité ».

Les fruits sauvages sont nombreux, variés, d'une saveur exquise, et constituent pour les campagnards une source importante de revenus. On les mange au naturel, en confiture et en gelée. Les plus répandus sont les fraises, les framboises, les prunes sauvages, les mûres, le pembina, la groseille, la cerise sauvage et le *bluet*, fruit dont les ours sont particulièrement friands. Les *Relations des Jésuites* de 1633 et 1634 parlent de la pomme: « Les Sauvages mangent des pommes sauvages, plus douces que celles de France... car il y en a dans les îles du Saint-Laurent. » Dès 1608, année de la fondation de Québec, Champlain plante quelques pommiers de Normandie envoyés par M. de Monts et qui supportent si bien le climat canadien qu'ils sont en plein rendement vingt-cinq ans plus tard.

Les spécialités culinaires.

Les mets les plus en vogue, et ceci dès les premiers temps de la colonie, sont la tourtière ou « pièce tourtière » comme on disait alors, le lard salé et l'anguille fumée ou salée. Cette préférence a pour base des raisons économiques. La tourtière permet des variétés culinaires quasi innombrables. Le lard salé et l'anguille fumée ont l'avantage de résister aux périodes de grande chaleur.

En France, la tourtière est un ustensile de cuisine servant à faire cuire les tourtes et autres volatiles. Il désigne le contenant. Le contenu s'appelle « pièce tourtière », et aux premières années de la Nouvelle-France, on respecta cette distinction. Le *Journal des Jésuites* note en 1646 que le seigneur de Beauport, M. Giffard, envoya à la résidence des pères « deux pièces de tourtières ». Au cours des ans, le mot tourtière en vient à désigner le pâté de volaille ou de gibier qu'on met à la cuisson, assaisonné, selon la recette de chaque ménagère, dans le poêlon familial. Car, dans ce pâté, on ne met pas que des tourtes. Tous les oiseaux comestibles y passent : perdrix, oiseaux blancs, bécassines, sarcelles, pluviers, outardes, canards. Chaque mère de famille a son secret, jalousement gardé de génération en génération. C'est ainsi que certaines ménagères hasardeuses en arrivent à préparer des pièces tourtières, non plus avec des oiseaux, mais avec des viandes d'animaux sauvages et domestiques. Ces nouvelles recettes plaisent d'autant plus qu'elles offrent des repas plus robustes et consistants. Un mets qui s'apparente à la tourtière devient fort populaire dans les régions maritimes : c'est la « sipaille », dérivé du mot anglais « sea pie ». On dispose dans une marmite, séparés par une mince couche de pâte, des poissons de mer de toutes espèces : aiglefin, morue, alose, bar, saumon, esturgeon. Cette préparation, savamment assaisonnée d'herbes, marines, mijote à couvercle fermé pendant des heures sur un feu lent. On en vient à appeler sipaille un plat semblablement apprêté mais dans lequel entrent des viandes, des fines herbes et des légumes. Cette préparation est très en vogue dans les communautés et les familles nombreuses, étant à la fois économique et nourrissante.

Le lard salé, qu'il faut conserver pendant des mois, exige des soins méticuleux pour résister à toutes les températures. La perte d'une barrique de ce précieux aliment dans une famille équivaudrait presque à la famine durant les mois d'hiver. Aussi attache-t-on autant de soin à la qualité du bois du saloir qu'à celle de la viande et du salpêtre. Le lard salé est fort utile aux fermiers obligés de prendre leurs repas dans les champs aux mois de grande chaleur. Les coureurs de bois et les missionnaires l'apprécient d'autant plus qu'il remplace avantageusement la repoussante nourriture indienne.

Un officier originaire du Languedoc, Jean-Baptiste d'Aleyrac, qui écrit à sa famille en 1755 ses impressions du Canada, remarque que les précautions des Canadiens pour les mois d'hiver sont comparables à celles des fourmis: « Ils se pourvoient, dit-il, de tout pour ce temps durant l'été. Ils tuent tout ce qui leur faut de novembre à la fin d'avril, où la neige et le dégel cessent. Ils accumulent leurs viandes comme s'ils voulaient les manger dans un seul repas, les mettent dans un grenier où elles gèlent et se conservent. Quand ils veulent en manger, ils les font dégeler auprès du poêle et les préparent ensuite comme si la bête venait d'être abattue, car la viande est aussi fraîche et bonne qu'alors. Le lait y gèle en hiver de telle manière qu'on le porte dans des sacs pour le vendre à la ville. » D'Aleyrac remarque encore que les Canadiens se nourrissent bien et qu'ils sont surtout de gros mangeurs de viande. « Il n'est pas d'habitant, écrit-il, qui, ayant femme et deux ou trois enfants, ne tue l'hiver un bœuf et une vache, deux cochons, des moutons, des poulets, des oies, des dindes, sans compter le gibier et le poisson qu'ils prennent en quantité tout l'hiver. »

Malgré cette abondance d'aliments, on importe beaucoup. En particulier des friandises, des fruits, et surtout les boissons. Les fruits importés sont les citrons, les oranges, les olives, les figues. Le *Journal des Jésuites,* auquel nous aimons à revenir pour y cueillir des petits détails familiers, nous informe qu'en 1664 les pères reçurent « pour estrennes une escuelle de pruneaux de Tours». On importe également les huiles d'olive, de noix et de poisson ; les épices en quantité : poivre, girofle, muscade, cannelle ; le vinaigre et le sel ; et les sucres : cassonade surtout, mais aussi la mélasse. Le sucre d'érable, de fabrication domestique, ne devient en vogue et n'est employé qu'à partir du régime anglais.

Les boissons.

Quant aux boissons, il faudrait un long chapitre pour en parler. On importe eau-de-vie, rhum, vins d'Espagne, ténériffe, malaga, anisette, et autres liqueurs fines. Ces spiritueux sont servis surtout aux réunions mondaines dans les villes, et on en débite à prix fort dans les cabarets et les auberges, surtout aux officiers et aux soldats fraîchement arrivés. Ce sont des alcools chers, raffinés, qui ne conviennent pas au peuple et dont l'importation contribue à appauvrir l'économie du pays. Aussi songea-t-on, dès le début de la colonie, à fabriquer « le champagne du pauvre» : la bière, la cervoise, le bouillon, le cidre, qui rappellent aux immigrants l'humble boisson du pays. « On a en ce pays, écrit Pierre Boucher en 1664, un breuvage que l'on appelle le bouillon, qui se boit communément dans toutes les maisons.» C'est une pâte de froment ou de maïs fermentée, délayée dans l'eau et qu'on laisse « mûrir» dans des barriques. Comme il le fit pour la bière, le Conseil souverain en défend la vente aux sauvages. Mais les traitants se moquent bien de cette interdiction. L'eau-de-vie ou « eau-de-feu» que l'on donne aux Indiens pour leur extorquer à vil prix les fourrures, est d'habitude un affreux mélange de bière domestique, de blé et d'orge fermenté et de certaines racines bouillies.

Les habitants continuent à fabriquer leur « bouillon», et l'unique aubergiste québécois de l'époque, même s'il répond au nom prédestiné de Jacques Boisdon, a surtout comme clientèle les militaires de passage qui préfèrent les boissons importées et plus raffinées. Plus tard, surtout après l'ouverture du chemin royal entre Québec et Montréal, des auberges s'élèvent aux endroits de relais. Mais là aussi, surtout en hiver, les voyageurs préfèrent des boissons « réchauffantes ». Une ordonnance de l'intendant Dupuy en 1726 ordonne à chaque cabaretier de pendre à la porte de son établissement, pour l'identifier, « un bouchon de verdure fait de pin ou d'épinette ou autre branchage de durée qui conserve sa verdure en hiver ».

Les repas.

Peter Kalm a laissé une description des habitudes des citadins. Les repas se nommaient, comme aujourd'hui encore au Canada, le déjeuner, le dîner et le souper. Le déjeuner, qui se prend vers huit heures, est plutôt frugal : « Les uns se contentent d'un morceau de pain trempé dans de l'eau-de-vie, d'autres commencent par le petit verre et mangent un croûton ensuite ou avalent une tasse de chocolat ; beaucoup de dames prennent du café. » Le dîner, qui se prend vers midi, et le souper, entre sept et huit heures du soir, ont un menu à peu près semblable. « On sert une grande variété de mets chez les gens de qualité et aussi chez les bourgeois, quand ils reçoivent des étrangers à leur table, note encore Kalm. Le pain, de forme ovale, est fait de farine de froment. Le couvert de chaque personne se compose d'une serviette, d'une cuiller et d'une fourchette. On donne des couteaux quelquefois, mais en général on les omet, chaque dame et monsieur ayant soin d'apporter son propre couteau. Le repas commence par une soupe qui se mange avec beaucoup de pain, puis viennent les viandes fraîches de toutes sortes, bouillies et rôties, le gibier, les volailles, fricassées ou en ragoûts, et diverses espèces de salades. On boit généralement du bordeaux, mêlé d'eau, au dîner. La bière d'épinette est aussi très en vogue. Les dames boivent de l'eau, rarement du vin. Après le dîner vient le dessert qui comprend une grande variété de fruits : des noix de France ou du Canada au naturel ou confites, des amandes, du raisin, des noisettes, plusieurs espèces de baies qui viennent à maturité dans la saison d'été, comme les groseilles et les gadelles, des atocas confits dans la mélasse, des conserves, en sucre, de fraises, de framboises, de mûres et d'autres fruits de ronces.

Le fromage entre aussi dans le dessert, ainsi que le lait que l'on prend à la fin, avec du sucre.»

A la campagne, surtout aux périodes des durs travaux de la ferme, les paysans ont besoin de quatre repas complets. Levés avec le soleil, ils ont déjà trois à quatre heures de travail quand ils se mettent à table à huit heures du matin. C'est donc, avec celui du soir, le repas substantiel de la journée. Il consiste généralement en crêpes de farine de froment ou de sarrazin et en un bol de lait crémeux dans lequel on trempe un quignon de pain. Presque toujours le lait remplace le thé et le café. Il s'en fait une consommation abondante. Dans certaines familles il est versé dans un grand plat de faïence au milieu de la table. On y jette des croûtons de pain, et chacun se sert comme pour la soupe. Les autres repas se prennent vers midi, quatre heures et huit heures du soir. Les repas de midi et de quatre heures sont sensiblement plus légers; ils se prennent à la hâte entre deux rentrées de foin ou de grain, ou encore, à l'époque des labours, quand les chevaux ou les bœufs ont eux aussi besoin d'un peu de repos.

Au cours de la guerre de Sept Ans, un nouveau plat inconnu jusque-là et tout de suite exécré des Canadiens fait son apparition : la viande de cheval.

L'« habitant » de la campagne a d'autres ressources et possède des cachettes sûres pour le produit de ses chasses. Mais le citadin doit s'en contenter et il maugrée contre l'intendant et son entourage qui ont déjà raflé les bœufs et les moutons.

La sévérité du carême.

Les Canadiens observent scrupuleusement les longues périodes de privations imposées par l'Église. Non seulement ils s'abstiennent de manger de la viande et des dérivés du lait les vendredi et samedi de chaque semaine, mais ces mets sont également prohibés les quarante-neuf autres jours de jeûne, soit les quarante jours du carême plus neuf vigiles de fêtes religieuses. Les jours d'abstinence sont plus nombreux ; au XVIIe siècle, on en compte cent quarante-trois, soit dix de

moins qu'au siècle précédent. En général, « faire carême »
c'est suivre à la stricte lettre le *Catéchisme* de Mgr de Saint-
Vallier, répandu dans à peu près toutes les familles. Cette bible
des Canadiens décrète qu'on ne doit, les jours prescrits, manger
ni viande ni laitage, faire un seul repas par jour, presque
toujours à midi, et une légère collation à volonté. Ainsi, les
laitages et les viandes interdits, que reste-t-il? Le pain, les
poissons, les légumes. Les tranches de pain sont parcimonieu-
sement pesées pour ne pas dépasser le poids réglementaire.
Quant au poisson, le paysan n'en a jamais été friand. Quelques-
uns se rabattent sur la chair du castor ou du rat musqué,
permise par l'Eglise, ces animaux étant des amphibies.

Telle est la discipline religieuse de ces gens, que « manquer
à son carême » est toujours une faute grave. Aussi compose-t-on
des menus de temps d'abstinence. Kalm a remarqué que
« les paysans font une grande consommation d'oignons qui,
avec un peu de pain, composent tout le menu de leur dîner,
les vendredis et samedis et les jours de jeûne ». Les coureurs de
bois toutefois ne respectent pas autant que les paysans les
règlements prescrits. « Plusieurs de nos rameurs ont mangé
de la viande aujourd'hui, vendredi », croit bon de noter, comme
pour les absoudre, un missionnaire. Ces gens qui besognent dur
ont besoin d'une nourriture substantielle, chacun le sait, et
on ferme les yeux. Dans les bourgs et les campagnes, les peines
sont sévères pour ceux qui transgressent délibérément les
lois de l'Eglise et qui sont un sujet de scandale. Un habitant
de l'île d'Orléans, Louis Gaboury, est dénoncé par un voisin
pour s'être moqué des lois du carême. Sans autre preuve que
les détails fournis, le tribunal seigneurial condamne Gaboury
« à payer une vache et le profit d'une année d'icelle » à son
dénonciateur ; de plus il le condamne à être attaché au poteau
public pendant trois heures et, ensuite, conduit en face de la
chapelle paroissiale, « à genoux, mains jointes, tête nue, à
demander pardon à Dieu, au roi, à la Justice, pour avoir mangé
de la viande pendant le carême sans en demander permission à
l'Eglise; en plus vingt livres d'amende applicables aux œuvres
pies de la dite paroisse, et aux dépens ».

Les colons de la Nouvelle-Angleterre appellent dédaigneusement les Canadiens « des mangeurs de soupe aux pois
et au lard ». Mais ceux-ci ne changeraient pour rien au monde
leur menu quotidien. Avec les tourtières aux viandes variées, le
lard salé, les volailles, les poissons, la ménagère canadienne
peut accomplir des prodiges de variété, d'adresse et de fumet,
qui se manifestent surtout les jours de fête ou au retour des
voyageurs des « pays d'en haut », quand le voyage a été fruc-
tueux.

CHAPITRE IV

LA VIE ADMINISTRATIVE ET MILITAIRE

I. L'Administration

Les débuts.

CHAMPLAIN est pourvu en 1627 du titre de gouverneur de la Nouvelle-France, privilège qui lui est accordé par Richelieu en vertu de la charte de la Compagnie des Cent-Associés. C'est à partir de son successeur toutefois que le gouverneur sera nommé officiellement par commission royale et investi de pouvoirs militaires, administratifs et civils. En raison de l'éloignement du gouvernement central, fixé à Québec, des gouverneurs particuliers sont nommés à Trois-Rivières et à Montréal, dès la fondation de ces deux bourgs. Ce titre est accordé surtout pour imposer aux Indiens, car les pouvoirs réels sont limités par ordre royal « à ceux conférés au capitaine de places et châteaux, et seulement en ce qui concerne les armes ». Plus tard, ces gouverneurs particuliers, choisis parmi les militaires, s'entoureront d'une petite cour, à l'exemple de celle du gouverneur général, qui de son côté veut être un reflet de la cour de France.

En 1645, alors que la colonie compte à peine six cents habitants, est constitué le premier gouvernement d'allure démocratique. La Compagnie des Cent-Associés vient de céder la place à une société canadienne qui prend le nom significatif de « Communauté des habitants de la Nouvelle-France », dont le but principal est de diriger et de réglementer sur place le commerce des fourrures. Mais elle a également à cœur le bien-être des familles qui ont décidé d'accepter comme patrie ce nouveau pays. La nouvelle forme de gouvernement est régie par le gouverneur général, le supérieur des jésuites de la résidence de Québec, le gouverneur de l'île de Montréal et trois « syndics », élus par les habitants respectifs des trois bourgs habités de l'époque, et qui ont le privilège de parler et d'agir en leur nom. Et, après divers essais, la colonie connaîtra en 1663 un mode d'administration qui ne changera plus : un gouverneur général, un intendant, un Conseil formé des citoyens les plus importants de la colonie. L'organisation religieuse elle-même vient tout juste d'être concrétisée par la nomination, en 1659, de Mgr de Laval.

L'administration royale.

L'administration instaurée en 1663 s'inspire passablement de celle de 1645 qui a fait ses preuves. Mais elle lui est inférieure, car le peuple cette fois n'est plus représenté par voie d'élection. Les membres du Conseil souverain sont nommés d'abord conjointement par le gouverneur et l'évêque, ce qui entraîne certains conflits. L'évêque est ensuite remplacé par l'intendant, et d'autres difficultés surgissent. Finalement, en 1675, le roi se réserve le droit des nominations et minimise sensiblement les attributions du Conseil au profit de l'intendant sans augmenter celles du gouverneur. Ainsi dépouillé d'une partie de ses privilèges cet organisme, qui affichait pompeusement une appellation d'allure autocratique, n'est plus souverain. Le terme d'ailleurs ne plaît pas au roi qui, à partir de 1703, ne le nomme plus que « Conseil supérieur » au sein duquel il fait encore entrer l'intendant.

L'intendant.

Colbert a convaincu Versailles que l'intendant est vraiment le pivot de l'activité et du progrès de la colonie. La preuve est concluante depuis Talon. On confie à ce grand commis, peu à peu, les principaux pouvoirs administratifs : justice, finances, police. Quant au peuple, il accepte avec une apparente résignation de ne plus être directement représenté dans l'administration de la colonie. Comme l'a justement noté Lanctôt, si une loi ou un règlement lui répugne tout particulièrement, il ne manifeste même pas; il se contente de l'ignorer. « Il lui oppose la force irrésistible de l'inertie. »

Inévitablement des mésententes s'élèvent entre l'intendant et le gouverneur dont les prérogatives sont limitées à l'organisation militaire et qui cherche quand même à s'ingérer dans l'administration civile. Presque toujours l'intendant aura raison contre le gouverneur et parfois contre l'évêque, parce qu'il est plus près du peuple et qu'il écoute et comprend ses revendications. Plus que le gouverneur, l'intendant a la confiance du secrétaire d'État responsable des colonies et, la plupart du temps, du roi.

De plus, le gouverneur et l'intendant n'appartiennent pas au même milieu social. Alors que le premier est choisi en raison de ses mérites militaires ou de ses alliances, le second se recrute presque toujours dans le milieu bourgeois, politique ou judiciaire. Aussi les intendants successifs, sauf le dernier, Bigot, n'ont-ils généralement pas abusé des prérogatives de leur charge. Deux mots peuvent caractériser leur action : intégrité et dévouement. Ils ont été de consciencieux fonctionnaires. Ce n'est pas par vantardise mais dans un aveu spontané, que Talon, après quelques années de service, envoûté par le programme qu'il s'est tracé, écrit à Colbert : « J'ai renoncé depuis longtemps aux douceurs de la vie; j'ai même préféré, si j'ose dire, l'emploi du Canada à un autre, et je puis assurer que je sacrifie tout au travail et que j'en fais mon unique plaisir pour en faire votre gloire. »

Le gouverneur.

Jusque vers 1730, le gouverneur habite continuellement à Québec. Par la suite il passe à Montréal les quatre ou cinq premiers mois de chaque année. Il y reçoit les chefs indiens, les commandants des postes éloignés, vérifie la liste des congés de traite qu'il doit accorder. Ce voyage du gouverneur est un des grands événements de l'année. Ici encore, le représentant du roi en Nouvelle-France imite la façon de voyager du grand monarque. L'ingénieur Franquet a l'occasion d'accompagner le gouverneur Duquesne de Québec à Montréal dans l'hiver de 1753, et décrit le voyage dans ses *Mémoires*. Une vingtaine d'officiers accompagnent le gouverneur. Ses domestiques et ses cuisiniers le suivent, ainsi que de nombreux soldats. Comme le chemin doit être en bon état, le grand voyer précède le cortège, qui comprend dix ou quinze carrioles et traîneaux, et ordonne aux habitants des paroisses de raser les bancs de neige et de rendre la route carrossable pour le passage du représentant du roi. Au retour, le trajet se fait en canot, et les habitants des seigneuries, où le gouverneur manifeste l'intention de s'arrêter, reçoivent l'ordre de laisser leurs travaux des champs et de se réunir, vêtus de leurs plus beaux habits, dans la cour du manoir du seigneur, ce qu'ils font en maugréant. L'esprit d'indépendance et de liberté est déjà à ce point ancré dans leurs mœurs qu'ils soupçonnent le représentant du roi d'outrepasser ses pouvoirs en les obligeant à venir l'admirer, alors qu'ils peuvent se passer de lui. Ils savent d'ailleurs que la plupart des privilèges dont ils jouissent, ils les doivent à l'intendant et non pas au gouverneur.

Les colons n'ont pas oublié que le premier geste public de Talon à son arrivée a été de visiter leurs familles, et qu'au cours d'une disette l'intendant de Meulles « a procuré du pain à mille pauvres gens qui seraient morts de faim sans son secours ».

Cet effort de compréhension et de justice de la part des intendants atténue dans l'esprit de ce peuple farouchement indépendant le fardeau des ordonnances qu'il ne prise guère, même si elles sont promulguées pour son bien et sa sécurité.

II. — LE MILITAIRE

La milice coloniale.

Deux corps d'armée distincts contribuent à la défense du Canada : la milice coloniale et les régiments envoyés de France.

Les miliciens ont à lutter individuellement ou par petits groupes improvisés contre les Indiens d'abord, puis contre les Anglais. Chez eux, la bravoure et l'instinct de défense remplacent l'expérience, jusqu'à ce que leurs fils adoptent les méthodes indigènes de combat. Les troupes françaises, qu'on appelle «troupes du détachement de la Marine», relèvent directement du secrétaire d'État à la Guerre, mais leur équipement et leur solde sont prélevés sur le budget de la Marine, à la suite d'un désaccord entre Louvois et Colbert sur l'urgence de leur envoi au Canada.

La milice remonte à l'arrivée des premiers émigrants. Formée exclusivement d'habitants du pays et d'engagés sans expérience de la stratégie militaire, son but principal est de tenir tête aux attaques ennemies avec des moyens de fortune. On avait promis aux émigrés que des soldats les accompagneraient pour les protéger des Indiens. Cette promesse ne fut tenue qu'en partie. Les colons doivent donc s'improviser soldats et aussi fabriquer eux-mêmes les munitions nécessaires. Le bourg de Québec, qui est une sorte de forteresse naturelle est moins exposé que ceux de Trois-Rivières et de Montréal.

Ville-Marie (Montréal) est le plus menacé. Dès son arrivée, en 1642, M. de Maisonneuve emploie ses hommes à bâtir un fort. Se basant sur la science des fortifications en cours en Europe à cette époque, le gouverneur croit qu'une forteresse construite en un endroit complètement entouré d'eau est inattaquable. Il se rendra bientôt compte de son ignorance des habitudes indigènes. Par petits groupes, les Indiens se cachent des heures entières derrière les arbres ou se tapissent dans les buissons, se faufilant sans bruit de l'un à l'autre, comme des couleuvres silencieuses. Ils guettent l'apparition d'un colon isolé. Une flèche part, venue on ne sait d'où, et le malheureux succombe sans avoir le temps de pousser un cri. C'est un long et pénible martyrologe que présente cette époque. De 1642 à 1659, environ cinq cents personnes sont arrivées à Ville-Marie. En 1660, en dépit des naissances, il en reste à peine trois cents, dont cinquante chefs de famille. Prenons comme exemple ce matin d'août 1660, alors que le

procureur des sulpiciens, M. Jacques Lemaître, après avoir
dit la messe part avec une quinzaine de colons vers la ferme
Saint-Gabriel où s'élève une solide bâtisse de pierre. Le temps
est beau, les gens entendent bien en profiter pour faucher les
blés. Suivant l'habitude, pendant que les uns travaillent les
autres font le guet. M. Lemaître se rend compte à certains
indices que l'Iroquois n'est pas loin. Il hésite à faire part de
ses appréhensions à ses compagnons. Le mousquet à la main,
il s'avance seul, sans bruit, et examine les buissons environnants. Il n'est pas rassuré, et avec raison. Soudain, une
vingtaine d'Iroquois sortent d'un bosquet voisin, en poussant
leurs hurlements de guerre et brandissant le *tomahawk*. M. Lemaître a un réflexe rapide : pour permettre à ses compagnons
de se sauver, ou du moins de se ressaisir et de prendre leurs
armes, il se lance seul devant les Iroquois qu'il tient un instant
en respect. Il est vite abattu, mais les colons peuvent se retirer
en bon ordre et regagner la ferme. L'un d'eux est criblé de
flèches avant d'atteindre la porte. Un autre est fait prisonnier.
Pour narguer les habitants du fort, la troupe exécute le long
des murs une danse macabre, portant au bout de pieux les
têtes du sulpicien et du colon qu'ils ont tués. Un des Peaux-
Rouges endosse la soutane du prêtre; sa chemise sert de surplis.

Son organisation.

Ces atrocités auraient pu en grande partie être évitées
si la défense de la colonie avait été intelligemment conduite.
Maisonneuve compte encore sur les secours problématiques
de la France. Quand il est convaincu qu'ils ne viendront
pas, il ne lui reste plus qu'une cinquantaine d'hommes en état
de combattre. L'ordonnance qu'il signe en 1663 arrive vingt ans
trop tard: « Paul de Chomedey, gouverneur de l'île de Montréal
et des terres qui en dépendent ; sur les avis qui nous ont été
donnés de divers endroits que les Iroquois avaient formé le
dessein d'enlever de surprise ou de force cette habitation et le
secours que Sa Majesté nous a promis n'étant point arrivé
encore, attendu que cette île appartient à la Sainte Vierge, avons

cru devoir inviter et exhorter ceux qui sont zélés pour son service de s'unir ensemble par escouades, chacune de sept personnes; et après avoir élu un caporal à la pluralité des voix, de venir nous trouver pour être enrôlés dans notre garnison, et en cette qualité suivre nos ordres pour la conservation du pays... » C'est après avoir vu disparaître l'un après l'autre les meilleurs éléments de sa colonie que Maisonneuve se décide à signer cette ordonnance. Peu après, un ordre discret de la Cour le rappelle en France.

Pendant qu'à Montréal se déroulent ces événements tragiques, la situation n'est guère meilleure autour de Trois-Rivières. Ce bourg, heureusement, a pour capitaine Pierre Boucher, qui est intelligent et qui connaît la mentalité des Indiens, pour avoir vécu dans leurs tribus. Le gouverneur d'Ailleboust se rend compte en 1651 que la défense de ce poste peut seule maintenant sauver la colonie, et il donne au capitaine Boucher des ordres précis. Le capitaine devra faire exercer les habitants au tir. Chaque habitant devra de temps à autre passer de maison en maison afin de s'assurer que personne ne s'est défait de ses armes, sans permission spéciale : il aura soin d'avertir ceux qui se rendent à leur travail de se tenir sur leurs gardes, d'avoir continuellement leur fusil chargé à portée de la main. Lorsque la palissade et les deux redoutes seront terminées, le capitaine divisera le bourg en trois escouades, même quatre escouades s'il y a assez d'hommes disponibles; une d'entre elles sera de garde chaque soir dans le petit fortin qui regarde les champs, et il devra y avoir sans cesse une sentinelle aux aguets, pour ne point se laisser surprendre du dehors par l'ennemi ; le capitaine fera son possible pour hâter l'achèvement de la palissade, et devra rendre compte des journées qui seront dues par les habitants pour leur part de travaux ; toute désobéissance ou insubordination sera sévèrement punie.

Cet ordre marque la première tentative sérieuse pour organiser la défense du pays par ses propres habitants. Pierre Boucher, pas plus que ses compagnons, n'est un soldat de carrière. Mais il sait que les habitants ne peuvent compter que sur eux-mêmes. Son premier soin est d'opérer une transformation radicale du bourg. Un plan reconstitué des concessions de l'époque montre celles-ci s'étendant à peu près sur la superficie de la basse ville actuelle. Cette population éparse est une cible continuelle aux attaques iroquoises. Boucher entreprend de concentrer les habitations et d'enfermer les habitants dans une enceinte de cent cinquante mètres sur deux cents, formée de solides palissades, sur lesquelles veilleront continuellement les corps de gardes dont le gouverneur a recommandé la formation. Chaque habitant reçoit en partage une étendue de terrain d'à peine quarante mètres carrés, au lieu de quarante arpents qu'il possédait et dont il avait commencé le défrichement. Chacun doit en plus bâtir sa maison, travailler à la construction d'une « renclore de bons pieux », selon les règlements prescrits. Grâce à son sens inné du commandement et à son influence sur ses concitoyens, Boucher arrête temporairement l'agresseur. « Sans vous, le pays était perdu », lui dira le gouverneur Lauzon en lui donnant l'accolade.

Malgré ce succès relatif, le salut de la colonie reste problématique.

Toutefois le miracle de l'impossible survivance se matérialise peu à peu, et va bientôt éclater. Il a pris forme dans l'esprit des enfants dont les pères, victimes des Indiens, ne sont plus. Ces jeunes gens ont observé les méthodes de l'implacable revanche. Les premiers habitants ont été colons avant d'être soldats. Leurs fils seront soldats avant d'être colons. Ils ont acquis l'instinct de défense naturel et subtil des indigènes, et forceront bientôt l'admiration des autorités qui leur confieront un instant le salut de la colonie.

Les qualités des miliciens.

L'endurance de cette jeunesse dépasse tout ce qu'on peut imaginer et les autorités ne s'en doutent même pas. Enfants, ils ont supporté les rigueurs des plus durs hivers. Adolescents, ils ont couru les bois, pagayé, vécu parmi les sauvages, dont ils connaissent les habitudes et les ruses, dont ils parlent la langue. A quinze ans, ce sont des athlètes parfaits. Jusque-là on ne s'est occupé d'eux que pour leur défendre d'aller à la chasse qui est leur unique moyen de subsistance. Le gouverneur Denonville, qui les observe, les juge ainsi : « Les Canadiens sont difficiles à gouverner, ils aiment la liberté, détestent la domination.» Cette remarque, qui veut être un blâme, est plutôt une louange, et le gouverneur bientôt s'en rendra compte et atténuera son opinion.

A l'automne de 1685, arrive à Québec la nouvelle terrifiante que les Anglais installés à la baie d'Hudson viennent de s'emparer de quatre cent mille livres de fourrures de castor, et qu'ils s'apprêtent à transporter la précieuse marchandise à Londres. Ravir le castor aux Canadiens, c'est leur ôter le pain de la bouche. C'est aussi les humilier. On étudie le projet d'une expédition. C'est un long et périlleux voyage de plus de mille huit cents kilomètres qui doit être accompli par voie de terre, car la France ne veut pas risquer de navires pour une si folle expédition qu'elle croit d'avance vouée à l'échec. « Seuls des Canadiens peuvent supporter les incommodités d'une si hasardeuse expédition», affirme à Denonville un des directeurs de la Compagnie du Nord. Les miliciens hésitent, car la troupe est dirigée par le chevalier de Troyes dont ils ne connaissent pas les antécédents. D'ailleurs les soldats de la Nouvelle-France n'acceptent pas d'être commandés par un Français, quel qu'il soit. Mais un des leurs, d'Iberville, est nommé second. Et quand d'Iberville accepte de partir en guerre, ses concitoyens le suivent aveuglément. L'expédition se met en marche en février 1686. La victoire acquise, il faut revenir, et ces hommes « aux jarrets de fer» auront parcouru en six mois près de quatre mille kilomètres.

Denonville est émerveillé par tant de courage et de ténacité. Il suggère à la Cour de former une armée uniquement coloniale, composée de ces coureurs des bois et de ces jeunes gens avides d'aventures et qui connaissent si bien le pays. Le tort de ce gouverneur est d'avoir voulu pour agir, attendre, l'assentiment de Versailles, qu'il n'obtint jamais.

Entre-temps, le gouverneur Frontenac est passé rapidement aux actes. Il est convaincu lui aussi qu'il n'existe qu'un moyen

de vaincre les Indiens : c'est d'utiliser leurs propres méthodes
de combat. Et celles-ci, seuls les Canadiens de naissance les
connaissent. Il écrit en ce sens à Pontchartrain : « La guerre
ne se fait pas au Canada comme dans les autres pays. Officiers
et soldats, chacun prend son arbre. Il est impossible de combattre en ordre.» Prendre son arbre, c'est s'embusquer à l'indienne. Sans attendre la permission de la Cour, car le temps presse,
Frontenac confie aux officiers canadiens le soin de diriger
leurs soldats comme ils l'entendent. Il sait qu'il peut faire
confiance à ces jeunes guerriers d'expérience, qui ont vécu,
volontairement ou comme prisonniers, la vie des Indiens et
qui ont patiemment observé leurs méthodes de combat.

En 1689 a lieu l'épouvantable massacre des habitants du
village de Lachine, aux portes de Montréal. En l'espace de
quelques heures, hommes, femmes, enfants sont tués ou faits
prisonniers, les maisons rasées par le feu. C'est l'œuvre des
Iroquois, chacun le sait, mais on apprend bientôt qu'ils ont été
conseillés et armés par le gouverneur de la Nouvelle-Angleterre,
Dongan, Irlandais, catholique, mais dont la haine des Français
est proverbiale. Comme on discute devant Frontenac, qui a
réuni d'urgence un conseil de guerre, d'Iberville résume en
quelques mots la détermination de tous : « Je ne vois pas les
raisons que l'on a pour ne pas leur faire ce qu'ils nous font. »
C'est le mot d'ordre, et la campagne de 1690 contre les villages
de la Nouvelle-Angleterre est une des plus impitoyables de
toute l'histoire de l'Amérique. Elle dépasse en astuce, en bravoure, en rapidité, en horreur aussi, tout ce que Frontenac
aurait pu imaginer.

Les raids des « commandos».

La tactique qui doit être utilisée est méticuleusement mise
au point dans le bureau du gouverneur. Les trois commandants
désignés sont originaires de chacun des trois gouvernements
et choisissent leurs hommes dans leur bourg natal. D'Ailleboust
de Manthet, né à Montréal, a vingt-sept ans. Il a déjà à son
crédit de lointaines campagnes qui l'ont conduit au lac Supérieur
avec du Lhut. Sa mission est de s'emparer de Corlaer. Robineau

de Bécancour, trente ans, est né à Québec. Depuis sa jeunesse il combat en Acadie. Il désire occuper Casco Bay, près de Boston, car il a déjà exploré cette région. François Hertel, le plus âgé et le plus expérimenté du groupe, a quarante-huit ans et est natif de Trois-Rivières. Dès l'âge de seize ans il a connu la captivité chez les Iroquois et connaît à la perfection leur langue et leurs habitudes. Il a comme objectif de prendre Salmon Falls. Son groupe est le plus nombreux des trois : cinquante Trifluviens et vingt-cinq sauvages Abénaquis.

Ces trois groupes armés dont l'ensemble forme à peine deux cent cinquante hommes partent à la conquête de la Nouvelle-Angleterre. Ils se mettent en route, au plus fort de l'hiver, dans une région sans chemin, et leur objectif est à cinq cents kilomètres. Mais la distance n'effraie pas ces Canadiens. Chaussés de raquettes, ils tirent allégrement leurs traînes chargées de quelques vivres et munitions qui ne seront utilisés qu'en cas d'extrême urgence. Ils marchent huit jours dans le désert glacé et ouvert à tous vents qu'est le grand lac Champlain. Ils couchent sur la neige, bravant le froid, la « poudrerie », se nourrissant de lièvres gelés, de biscuits et de suif. Les Indiens alliés qui les accompagnent leur enseignent les quelques stratagèmes de protection qu'ils ignorent encore.

Chaque groupe atteint son but, et le résultat est rapide. Sur la place forte de Corlaer arrive par une nuit sombre la troupe montréalaise de d'Ailleboust de Manthet, que secondent d'Iberville et son frère Sainte-Hélène. Quatre-vingts maisons sont pillées puis brûlées. Les Indiens, qui ne connaissent pas de guerre sans tuerie, massacrent quelques habitants récalcitrants. Le reste de la population se rend sans résistance. François Hertel atteint Salmon Falls, mieux défendue que Corlaer, et partage ses hommes en trois sections. Les assiégés comprennent vite qu'ils n'ont plus qu'à se rendre. Les deux cents habitants du village voisin de Pescadouet, informés de la reddition, s'avancent vers l'ennemi. Hertel place ses hommes à l'entrée d'un pont et cerne les assaillants. Laissant aux Abénaquis qui l'accompagnent le soin des prisonniers, Hertel court vers Casco Bay où déjà se trouve Robineau de

Bécancour et son groupe de Québécois. Les Anglais ne combattent même pas. Pour venger ce triple échec, Dongan envoie l'amiral Phipps quelques mois plus tard assiéger Québec. Mais Frontenac se sait en sécurité. « Je vais répondre à votre amiral par la bouche de mes canons », dit-il à l'envoyé de Phipps qui le somme de livrer la ville. Et Phipps lève l'ancre.

« Ils ont fait des choses surprenantes », écrira par la suite Frontenac dans un rapport officiel, en parlant des miliciens coloniaux qui pourtant, comme le héros de l'*Aiglon*, se battent « pour la gloire et pour des prunes ». En effet, ils ne reçoivent ni solde, ni nourriture, ni compensation pour leur costume de combat et leurs munitions. Ils partent en guerre comme ils vont aux champs : avec leurs propres outils et leurs habits fabriqués par leurs femmes, aux couleurs réglementaires de chaque gouvernement. Ce pays qu'ils défendent, qu'ils cherchent à protéger et à conserver, c'est le leur, celui où ils ont choisi de vivre et de mourir. Pour le garder, ils sont prêts à tous les sacrifices. Ils ne posent qu'une condition : qu'on les laisse batailler à leur façon. Qu'on ne les brime pas.

Difficultés avec les autorités.

Pourtant, on ne tardera pas à exploiter l'expérience et l'endurance de si précieuses recrues. En 1712, le gouverneur Rigaud de Vaudreuil et l'intendant Bégon manifestent l'intention de diminuer le nombre des chevaux dans les campagnes, pour forcer les habitants à la marche en raquettes, « étant persuadés, écrivent-ils sans gêne aucune, qu'il est nécessaire de les entretenir dans cet usage qui leur donnera toujours de la supériorité sur les Anglais... Il est de l'intérêt de ceux qui sont à la tête de cette colonie que les habitants soient forts et robustes ».

On s'est rendu compte que la milice canadienne est indispensable. On ne la quitte plus de l'œil. Le gouverneur Duquesne va plus loin que Vaudreuil et Bégon. Il impose aux Canadiens l'enrôlement obligatoire. La conscription n'est jamais une mesure agréable, encore qu'il soit possible, en utilisant les moyens psychologiques appropriés, de la faire accepter à des citoyens dont le pays est en danger. Ayant constaté la faiblesse numérique des régiments nouvellement débarqués, Duquesne veut forcer les habitants à s'enrôler dans les troupes régulières pour combler les vides. Cette décision démontre un manque absolu de compréhension envers le peuple qu'il vient d'être appelé à gouverner.

Le capitaine de milice, qui doit se plier aux ordres du recruteur, est en réalité le chef de la paroisse, lorsque le seigneur lui-même n'est pas un militaire. Il est le représentant attitré des autorités et est nommé à ce poste par les miliciens de sa paroisse, lors d'une élection soigneusement préparée. Habituellement le gouverneur approuve le choix et octroie la commission. Le capitaine de milice constitue le lien entre les autorités et les paroissiens ; il reçoit et communique les édits, ordonnances, jugements, et veille à leur exécution. Si les ordres sont trouvés trop sévères ou draconiens, lui seul a le privilège de présenter les doléances de ses administrés.

L'officier canadien.

L'apprentissage du métier d'officier s'effectue dans cette atmosphère au cours des années de jeunesse. Quand, en 1684, le gouverneur de la Barre observe que Charles Le Moyne « a plus fait la guerre aux Iroquois qu'aucun autre officier qui soit au Canada », il rend hommage à quarante années de faits d'armes commencés à quinze ans et entrecoupés par un stage dans l'état-major du maréchal d'Humières sur les champs de bataille d'Europe. Les fils Le Moyne — ils sont nombreux — vivent dans ce climat de luttes quotidiennes et suivront l'exemple paternel. A treize ans, d'Iberville a déjà navigué par tout le Saint-Laurent, de Montréal à Gaspé et à l'île d'Anticosti, navigation plus difficile que celle de l'Atlantique. François Hertel a le même âge lorsque, participant à une guérilla avec des colons improvisés soldats, il est fait prisonnier des Iroquois et adopté par eux. Il apprend leur langue, observe leurs mœurs. Sa carrière est à la fois une des plus incroyables et des plus glorieuses qui soient.

Le gouverneur Denonville envoie quelques-uns de ces Canadiens en France, pour leur permettre d'apprendre « la guerre dans les règles». Ses successeurs imiteront son exemple. De retour au pays, ces militaires ajoutent aux techniques qu'ils ont apprises leurs propres moyens d'action. Ils supplantent bientôt les officiers français qui commandent les troupes du détachement de la Marine, et pour qui le séjour au Canada n'offre guère de chances d'avancement car il s'y « fait une drôle de guerre». Eux-mêmes se sentent inférieurs aux officiers canadiens et à leurs hommes qui, avec des moyens de fortune, ont accompli des miracles. Les exploits de d'Iberville les ont médusés. Ce petit homme toujours en mouvement n'attend pas pour agir les ordres de la Cour ni ceux du gouverneur. Il est toujours à des milliers de kilomètres des endroits d'où partent les ordres qu'il exécute avant de les recevoir. Il n'a qu'un but : défendre son pays, et, mieux que quiconque, il connaît les mesures à prendre.

Les officiers canadiens doivent se soumettre aux ordres officiels. Ils regrettent la belle époque de la liberté d'action, celle du gouverneur Frontenac qui leur avait donné carte blanche, celle de d'Iberville qui les menait à l'aventure. Ni l'un ni l'autre ne sont plus.

En 1722, le gouverneur de Vaudreuil dresse une liste de tous les officiers qui servent au Canada, et l'accompagne de commentaires sur les états de service et les qualités et défauts de chacun. Plus de la moitié de ces officiers sont Canadiens de naissance, et Vaudreuil semble prendre plaisir à le souligner comme si, par ce geste, il leur épinglait une décoration. Car il les connaît bien. Il a combattu avec eux lorsqu'il était commandant en chef des troupes.

Lorsqu'il s'agit, par exemple, d'apprécier la valeur du sieur de Sabrevoix, il écrit : « Il est fort usé et fort intéressé, et je ne luy confierais pas un poste où il y aurait du commerce à faire; au surplus il a bien servi et sa conduite est fort réglée.» Cet officier est peut-être de nature vénale, mais il est brave. M. de Vaudreuil tient à le signaler.

Le fils du grand héros François Hertel est l'objet d'une mention bien particulière : « Le sieur Hertel de la Fresnière, âgé de cinquante ans. Il a très bien servi et est en état de bien servir encore quoiqu'il ait été fort blessé dans les guerres contre les Iroquois. Il est bien sensé, judicieux et prudent, a beaucoup de piété et est utile, parce qu'il sert d'interprète pour plusieurs langues sauvages. »

Le gouverneur s'applique ainsi à juger chacun des officiers, depuis l'état-major jusqu'aux enseignes en second. Il veut être leur protecteur, et il cherche avant tout à rendre justice à chacun. Il n'est pas tendre, en général, pour les officiers français. Le sieur Tiersan, âgé de trente ans, est en état de servir, « mais il n'est pas en bonne réputation par rapport à ses mœurs et à la mauvaise conduite qu'il a tenue. Il est à souhaiter pour luy qu'il change». A ce viveur, il laisse tout de même un espoir.

Lorsqu'ils sont déchargés du service militaire, ces officiers qui ne peuvent obtenir un poste administratif entreprennent une autre bataille qu'ils gagnent rarement : celle de toucher une pension raisonnable. En cela ils ne diffèrent guère des militaires demeurés en France. Au Canada ils ont l'avantage, s'ils le désirent, de recevoir une seigneurie et d'y établir, de préférence, les soldats de leur compagnie.

D'autres manœuvrent pour l'obtention d'un « congé de traite des fourrures», qui leur apportera sinon la fortune du moins une honnête aisance, ou tout simplement l'aventure.

Les jeunes militaires canadiens.

Pendant que ces officiers des premières époques vieillissent paisiblement et pauvrement, leurs fils continuent à promener l'épée et le mousquet sur tous les fronts d'Amérique, en compagnie de leurs fidèles Indiens. Ils parcourent la vallée de l'Ohio, au-delà des monts Alleghanys, où ils fondent des postes militaires. Le plus grand nombre accompagne Céloron de Blainville et Charles Le Moyne de Longueuil qui, à la demande du gouverneur de la Louisiane, vont porter la guerre chez les Indiens Chicacas, aux confins de ce pays. Quand Blainville reçoit l'appel, il patrouille avec ses hommes la région du lac Michigan. Il part sans hésiter, et il opère sa jonction avec Longueuil qui a quitté Montréal avec son groupe et quelques officiers français. Mais la grande majorité sont Canadiens : Sabrevois, Le Gardeur de Saint-Pierre, Ligneris, Coulon de Villiers, Drouet de Richerville, Hertel de la Fresnière, Robineau de Portneuf. C'est un rude voyage de trois mille kilomètres accompli dans des conditions épouvantables. Au froid de l'hiver canadien succèdent brusquement la chaleur torride et l'humidité maligne du bassin du Mississippi. Cinq cents hommes à peine ont mission de faire entendre raison à quelques milliers de sauvages habiles, cruels et exercés à l'astuce.

L'expédition est à la veille d'échouer quand Céloron de Blainville tente un effort suprême et attaque « à la canadienne ». Cette tactique sauve temporairement les habitants de la Louisiane.

Le militaire français.

Le militaire français prend un peu figure d'étranger, même d'intrus, dans ce groupement colonial qui cherche tant bien que mal à s'adapter à un nouveau mode de vie. Obligatoirement soumis à une discipline, il se rend vite compte que celle-ci ne peut s'exercer comme dans les pays européens où l'on connaît d'avance l'ennemi et ses tactiques, selon une tradition immuable. Au Canada l'ennemi est invisible, même imprévisible. Le marquis de Tracy a l'ordre d'envoyer ses troupes au pays des Agniers, dont il n'a jamais entendu parler. Or, ce pays est plus grand que la France. Du jour au lendemain, un cadet du pays ensoleillé de Gascogne doit aller guerroyer, avec son équipement habituel, dans une région plus froide et plus capricieuse que la Sibérie.

Les premières troupes organisées que la France envoie dans la colonie sont celles du régiment de Carignan-Salières, en 1665. « Le roi envoie le sieur de Tracy avec quatre compagnies d'infanterie et le sieur de Courcelles avec mille bons hommes du régiment de Carignan», écrit Colbert à l'intendant Talon au printemps de cette année.

Ces « bons hommes » de Colbert arrivent toutefois passablement éclopés. Ils viennent d'aider l'empereur d'Allemagne dans une rude guerre contre les Turcs. A peine a-t-on réussi à combler les vides que plusieurs soldats refusent de s'embarquer en apprenant qu'ils s'en vont dans un pays perdu dans les neiges combattre des sauvages. Pour comble de malheur, la traversée est dure. Une épidémie se répand sur les navires.

Mission des militaires.

Les militaires ne peuvent jouir longtemps de l'hospitalité québécoise. Les derniers sont arrivés en septembre. Voyant l'hiver approcher, le gouverneur dirige ceux qui ne sont pas hospitalisés vers la rivière Richelieu, avant-poste du pays Iroquois. Sous la direction de Canadiens expérimentés mais que les soldats ne prisent guère parce qu'ils n'aiment pas être commandés par eux, on les emploie à construire des forts. C'est d'abord le plus important, le fort Richelieu, face au confluent de Saint-Laurent. Puis, soixante quinze kilomètres plus haut, ce sont les forts Saint-Louis, Saint-Jean et enfin le fort Sainte-Anne d'où on peut embrasser de l'œil tout le lac Champlain. En juillet 1666, les travaux sont terminés. Les autorités militaires décident subitement d'aller porter la guerre à plus de cinq cents kilomètres, au cœur même du pays des Agniers. Décision stupide, car c'est envoyer à un désastre certain des troupes qui ignorent tout du climat hivernal canadien. Chaque soldat porte son bagage militaire, fardeau d'une quinzaine de kilos qu'il traîne à travers bois, chaussé de raquettes qu'il utilise pour la première fois. Le climat de janvier prend ces gens au dépourvu. Dédaignant les conseils de leurs compagnons canadiens et sauvages, ils subissent les traîtrises du froid. Insensiblement, car le gel opère sans douleur, les oreilles d'abord, puis le nez, les doigts deviennent d'une blancheur bleuâtre, et s'effritent.

Les uns après les autres, les soldats tombent d'épuisement. Quelques-uns, ranimés par des massages de neige, peuvent être conduits au fort le plus proche. Les autres meurent, abandonnés dans les bois, sans pouvoir recevoir de sépulture. Ils seront la proie des loups et des renards. Le *Journal des Jésuites* précise que plus de soixante soldats périssent ainsi.

Les soldats du régiment de Carignan subissent de cette manière brutale leur baptême de la guerre en Nouvelle-France. Ils constatent que leur plus grand ennemi c'est, non pas l'Indien, mais l'hiver. Or, quelques-uns n'aiment pas l'hiver canadien. Ils retournent en France. Mais la plupart, revenus en pays à peu près civilisé, sur les rives du Saint-Laurent, préfèrent demeurer dans cette nouvelle colonie où le roi, en récompense de leur héroïque campagne contre les Indiens, leur promet des privilèges. Les officiers peuvent obtenir des seigneuries, et les soldats des concessions de terre dans des régions de leur choix.

Ils constatent avec satisfaction que, lorsqu'ils sont en garnison dans les postes, ils bénéficient d'un traitement de choix. Kalm l'a remarqué : « Il n'y a pas un pays au monde où les militaires jouissent d'autant d'avantages. Chaque soldat a son jardinet, en dehors du fort, et peut le cultiver à sa guise et y planter ce que bon lui semble. En temps de paix, les soldats ont des loisirs et, comme les lacs fourmillent de poissons et que les bois sont peuplés d'oiseaux et d'animaux, ceux qui sont alertes et diligents peuvent vivre très bien et même avec recherche sous le rapport de la nourriture. Chaque soldat reçoit une nouvelle capote tous les deux ans et annuellement un gilet, une casquette, un chapeau, une paire de culottes, une cravate, deux paires de chaussettes, deux paires de souliers. Leur paie est de cinq sous par jour et s'élève même jusqu'à trente quand ils ont quelque ouvrage particulier à faire pour le roi. Si un soldat tombe malade, on le conduit à l'hôpital où le roi lui fournit le lit, la nourriture, les remèdes, les infirmiers et les serviteurs. Un congé d'un jour ou deux s'accorde facilement, lorsque les circonstances le permettent, et sans perte de ration ou de paie, pourvu qu'un camarade, à charge de réciprocité, consente à monter la garde au tour de l'absent. Les soldats respectent et honorent le gouverneur et leurs officiers, et cependant officiers et soldats causent souvent ensemble comme de bons amis, sans cérémonie, mais avec une liberté qui reste dans les bornes de la convenance...»

Rapports avec les habitants.

Lorsqu'ils ne sont pas en course ou cantonnés dans un poste, les militaires sont habituellement logés chez les habitants des campagnes. Le seigneur et les notables accueillent les officiers. Les simples soldats sont disséminés ici et là chez les colons qui les emploient aux divers travaux de la ferme, moyennant dix sous par jour et la nourriture. Les officiers, exempts de la corvée du travail, se classent en deux catégories : ceux de bonne compagnie, et les indésirables. Le premier groupe comprend des militaires de carrière, souvent de bonne noblesse, et qui apprécient le privilège de pouvoir séjourner dans des familles d'un rang social à peu près égal au leur et dont ils goûtent l'hospitalité et la gaieté. Il leur arrive parfois de découvrir qu'ils sont tous originaires de la même région. Ces officiers n'ont pas été importuns, et leurs hôtes les voient partir avec regret lorsque s'annonce l'ordre de départ. Les autres, par contre, ont défrayé souvent la chronique et laissé un souvenir peu sympathique dans les campagnes. Quelques-uns sont des « fils de famille » envoyés au Canada par lettres de cachet à la demande expresse de leurs parents. D'autres, et c'est le plus grand nombre, de bonne noblesse également et destinés à la carrière des armes, ne cherchent qu'à jouir le plus intensément possible de leurs moments de liberté. Ils se croient tout permis, et leur arrogance et leur manque de scrupule les rendent vite insupportables à leur entourage.

Un incident survenu autour de 1690 dépeint bien le comportement de la plupart de ces officiers du dernier groupe. L'un des tristes héros de ce fait divers est l'officier Jacques François de Bourgchemin, originaire du Maine, apparenté au marquis de

Sourches. Le gouverneur de Frontenac, dans une lettre au secrétaire d'État chargé des colonies, le 4 novembre 1695, précise la faute de ce militaire : « Il y a ici trois ou quatre officiers que je suis obligé par nécessité de faire repasser en France à cause de leur mauvaise conduite, et des affaires qui s'y sont faites, et qui auraient dû être punis plus sévèrement sy on les avait poussés à bout... (Le Sr Roussel, Chauny, le Sr de la Ragotterie et le Sr de Bourgchemin)... Pour ce dernier, qui se nomme Bourgchemin, son affaire est encore plus vilaine estant accusé d'avoir empoisonné une fois sa femme, et d'estre dans le dessein, n'ayant pas réussi, de recommencer, par une passion désordonnée qu'il a pour une petite fille qu'on croit l'avoir sollicité à cela dans l'espérance de l'épouser après ; ils sont tous les deux en fuite, et on travaille à faire leur procès par contumace... ».

La compagnie de Saint-Jean, arrivée en 1687 et dont fait partie Bourgchemin, séjourne dans la seigneurie de Champlain. Celle de Blaise de Bergères est hébergée par les habitants de la paroisse voisine, Batiscan. Le charme des jeunes filles de ces deux paroisses semble avoir rapidement agi sur les nouveaux venus, car les registres paroissiaux des années allant de 1687 à 1695, signalent plusieurs mariages de militaires, tant officiers que soldats. Les exigences du rang social toutefois sont généralement observées. Les simples soldats épousent les filles des humbles colons. Dans les premiers mois de 1689 seulement, trois soldats de la compagnie de Bergères : François Brousson dit Lafleur, Denis Huet dit Laviolette et Robert Ouy dit Saint-Laurent épousent des filles de colons-défricheurs. Les officiers, eux, lorgnent plus haut, vers les filles des seigneurs ou des marchands, qui avaient eu le souci de conserver ou de s'adjuger un soupçon de particule nobiliaire. La noblesse et les gens d'épée, comme on l'a remarqué à l'époque, s'unissent volontiers à la bourgeoisie « dont les écus redoraient à propos le blason et rafraîchissaient les baudriers ».

Leurs loisirs.

Les humbles artisans et les femmes fuient les abords des cabarets, des auberges et des salles où l'on joue aux cartes et au billard. Principalement à Québec, à Trois-Rivières et à Montréal, la plupart des journées finissent par des orgies, des batailles et souvent par des duels. L'historien Aegidius Fauteux a relaté l'histoire du duel sous le régime français au Canada. Les tournois d'épée ont lieu d'habitude à la fin de l'après-midi ou au commencement de la soirée, et les antagonistes sortent immanquablement du même cabaret. Parfois un spectacle captivant réunit ces officiers blasés et fringants au pied d'une potence, pour assister à l'exécution, en personne ou en effigie, d'un des leurs qui a eu la maladresse de blesser à mort son adversaire d'un moment. Après quoi on retourne à l'auberge pour y boire et jouer aux cartes jusqu'aux petites heures du matin.

Le simple soldat s'adapte vite à la vie paysanne. La plupart du temps enrôlé de force dans les villes et les bourgs des provinces françaises, il retrouve chez les colons des campagnes une vie familiale. Séjourner dans une famille de paysan canadien, signifie pour ce soldat improvisé, lorsqu'il n'est pas en guerre, sécurité matérielle, confort relatif, et souvent l'amour. D'ailleurs la plupart de ces recrues sont fils de paysans, de laboureurs et d'artisans d'humbles métiers. En Nouvelle-France, ils reprennent goût à la vie normale dont ils ont toujours rêvé. Ils adoptent naturellement les habitudes et les besognes de ceux qui les hébergent.

De grandes réjouissances s'organisent lorsqu'un soldat épouse la fille d'un fermier. Auparavant, il a dû faire son rude apprentissage de colon. Il a besogné dur, il a défriché, il a participé à tous les travaux de la ferme. Et le paysan, après l'avoir vu à l'œuvre, et après l'en avoir jugé digne, lui accorde la main d'une de ses filles: notre soldat devient ainsi colon à son tour. Habituellement, le colon garde dans sa propre maison le jeune couple pendant un an, puis celui-ci s'établit sur sa propre concession. Le fait pour les parents de « nourrir, loger et auberger les futurs époux en leur maison pendant un an» constitue la plupart du temps la dot de la jeune fille.

Une autre catégorie de soldats ne peut ou ne veut pas s'adapter à la vie canadienne. De caractère et de mœurs indésirables, ils sont la terreur des populations au milieu desquelles ils séjournent. Leurs journées se passent à jouer aux cartes dans les cabarets, à se battre, à s'enivrer et à dresser des plans de désertion. Le 5 décembre 1738, un habitant de Lorette, près de Québec, Charles Valin, est assassiné à coups de bâton et d'épée par des soldats. Coupable d'assaut indécent sur une jeune fille, un militaire du nom de Maugrain recevra douze coups de bâton, en présence de la jeune fille, de sa mère et de deux autres femmes. Les soldats accusés de viol sont assez nombreux, malgré la dureté du châtiment : la pendaison ou l'envoi aux galères pour neuf ans. Les déserteurs qui ne sont pas repris par la justice se perdent irrémédiablement dans les bois ou sont faits prisonniers par les Indiens.

Ceux que n'intéresse pas le travail de la ferme s'attachent aux pas des coureurs de bois et des trafiquants de fourrures.

La guerre de Sept Ans.

Cette guerre de Sept Ans, qui se terminera par l'abandon du pays à l'Angleterre, accentue le désaccord et l'incompréhension entre Français et Canadiens. Les régiments fraîchement débarqués et qui portent de glorieux noms : régiment de la Reine, du Béarn, du Languedoc, de Guyenne, de la Sarre, du Royal-Roussillon, sont commandés tour à tour par Dieskau, Montcalm et Lévis. Les troupes de la colonie, composées en grande partie de soldats français, ont pour commandants des officiers de naissance canadienne. Au-dessus se place le gouverneur général Rigaud de Vaudreuil, lui aussi Canadien de naissance et fils d'un ancien gouverneur, à qui appartient, de par ses attributions, le commandement suprême. Évidemment les généraux répugnent à servir sous un colonial, fût-il gouverneur. Pour leur part, les officiers canadiens, qui connaissent bien le pays et y ont conquis leur grades, se rendent compte qu'il leur est difficile de sympathiser avec des généraux qu'ils n'ont jamais fréquentés et qui les traitent de haut. Quelques mois à peine après son arrivée, Montcalm ne cache pas son dédain pour les officiers canadiens. Il confie volontiers dans un rapport officiel que « Le Mercier est un ignorant et un faible; Montigny, un pillard; Marin, brave mais sot ». Tous les membres de l'état-major semblent se donner le mot pour déprécier et calomnier les coloniaux. Le maréchal de camp Desandrouins émet l'opinion que « les Canadiens ont perdu tout leur ancien esprit guerrier ».

Cette fatuité se reflète non seulement dans les sentiments, mais dans les actes. Le baron de Dieskau, d'origine et de formation germaniques, a la réputation de mener les troupes « à l'allemande » et il trouve le moyen de mécontenter le gouverneur du pays et les troupes, comme l'écrit Pouchot de Maupas dans ses Mémoires. Vaudreuil dans le même temps se plaint que Montcalm « mène durement les Canadiens ». Ce qui est certainement vrai, puisque le ministre de la Marine avise le général en chef d'avoir « plus de ménagements » à leur égard; il lui ordonne en plus de veiller à ce que les officiers français fassent oublier les impressions pénibles qu'ils ont produites dans la colonie, « du fait qu'ils en ont usé en plusieurs occasions d'une façon trop dure pour les miliciens ». A ces injustices des officiers viennent s'ajouter le pillage de la population civile par les soldats, et les rafles quotidiennes que fait exécuter l'intendant Bigot dans les campagnes pour continuer l'habitude de ses somptueux banquets.

Connaissant l'atmosphère dans laquelle se sont déroulés les événements de la guerre de Sept Ans en Nouvelle-France, on peut se demander si, la victoire ayant penché en faveur de la France, les milices canadiennes n'auraient pas immédiatement bouté les troupes françaises hors des frontières. Bougainville a pressenti cette possibilité lorsqu'il écrit, non sans une teinte de mélancolie : « Il semble que nous soyons d'une nation différente, ennemie même. »

CHAPITRE V

LA VIE CIVILE

I. — LE CITADIN

APRÈS moins d'un demi-siècle, la colonie possède ses coutumes, son mode de vie, bref les caractéristiques d'un groupement distinct. Québec, la capitale, donne fidèlement le ton. Vers 1700, elle compte quelque deux mille habitants, groupés en deux secteurs différents et un peu étrangers l'un à l'autre, la haute et la basse ville. Dans les deux autres centres appelés villes parce qu'ils sont aussi le siège d'un gouvernement, Trois-Rivières et Montréal, la situation géographique permet aux artisans d'être en même temps agriculteurs ou coureurs de bois, et de se mêler davantage aux autorités. La mentalité y est toujours plus démocratique que dans la cité choisie par Champlain pour être le pivot spirituel de la colonie. Ce privilège, Québec ne l'a jamais abondonné.

A Québec : la ville haute.

On trouve déjà dans la capitale « un petit monde choisi », selon l'expression de Charlevoix, qui l'a observé et a constaté qu'il n'y manque rien de ce qui peut former une société agréable. Cette société évolue surtout autour du château Saint-Louis, résidence du gouverneur, cœur et âme des manifestations sociales auxquelles l'historien fait allusion. Autour du gouverneur s'agite un état-major, dont les figures changent parfois mais non les habitudes ; des gens de la noblesse « au moins de nom »; des officiers et des troupes « où percent des

gens distingués habitués aux cours d'Europe». C'est dans la
haute ville aussi que logent l'intendant, les membres du
Conseil, les marchands aisés « ou qui vivent comme s'ils
l'étaient», et qui recherchent la clientèle de cette noblesse
même si elle n'est pas riche. Petit monde assez fermé et exclusif
que celui qui gravite autour de la résidence du gouverneur.
Parfois des chefs indiens sont invités aux réceptions. Ils
s'y présentent toujours vêtus de leur costume d'apparat.
Un peu guindés et désemparés au début, la souplesse naturelle
de leur intelligence leur permet de s'adapter rapidement aux
civilités françaises. Ces fiers indigènes se croient obligés de
copier les habitudes qu'ils observent. Ils se plient à la pratique
du baise-main à l'arrivée d'une dame. Mais la Française,
instinctivement, n'aime pas l'Indien.

Assez à l'écart, mais toujours dans la haute ville, des
personnes discrètes consacrent leur vie au dévouement et à la
prière. Les hospitalières dans leur Hôtel-Dieu, et plus tard
aussi à l'hôpital général, soignent les misères humaines avec
une héroïque patience.

Autre oasis de paix, le petit cloître des ursulines, à
mi-chemin entre le château Saint-Louis et l'Hôtel-Dieu.
Chaque jour s'y dirigent les jeunes filles des colons et quelques
petites Indiennes, qui s'initient aux mystères de la religion,
aux rudiments de l'alphabet et aux « mille petites adresses»
d'art ménager dont les religieuses ont le secret. Seuls les visiteurs de marque ont le privilège de pénétrer à l'intérieur
du cloître, et encore à certaines époques de l'année seulement.

Les voyageurs, qu'ils soient indigènes, français ou étrangers,
sont accueillis à Québec avec toute la déférence due à leur
rang. Le naturaliste suédois Peter Kalm est reçu, de son propre
aveu, avec une munificence vraiment royale.

C'est dans cette ambiance qu'a vécu Charlevoix, et elle lui
a plu : « Voilà, ce me semble, pour toutes sortes de personnes
de quoi passer le temps agréablement. Ainsi fait-on, et chacun
y contribue de son mieux. » L'historien se plaît particulièrement
à regarder vivre le milieu frivole qui compose l'entourage
du gouverneur. « On joue, on fait des parties de promenade,

l'été en calèche ou en canot, l'hiver, en traîneau sur la neige ou en patins sur la glace. On chasse beaucoup ; quantité de gentilshommes n'ont guère que cette ressource pour vivre à leur aise... On ne voit point en ce pays de personnes riches, et c'est bien dommage, car on y aime à se faire honneur de son bien, et personne presque ne s'amuse à thésauriser. On fait bonne chère, si avec cela on peut avoir de quoi se bien mettre ; sinon, on se retranche sur la table pour être bien vêtu...» Ce train de vie d'indolence et d'imprévoyance n'est pas particulier à l'époque 1700. Un demi-siècle plus tard, un officier français nouvellement arrivé, Méritens de Pradals, qui pourtant n'a passé que peu de temps à Québec, a noté le même climat : « Le faste règne plus à Québec qu'à la Cour de France. Vous voyez des personnes se promener tout le jour en cabriolet alors qu'il y aura vingt-quatre heures qu'elles n'auront rien mangé et ne savent pas de quoi elles vont souper. Avec cela un air fort content.» Deux époques différentes, mais un même esprit. Vie bien frivole, en vérité, bien stérile aussi que celle de ces fonctionnaires arrivistes ou débonnaires, qui n'ont jamais compris leur véritable rôle de créateurs d'une nouvelle nation. Quand l'intendant est sérieux et compréhensif, le gouverneur est arrogant ou frivole. Si le gouverneur est un homme d'action, les principaux officiers se moquent de leurs devoirs d'état. Cette mentalité s'explique par le fait que la majorité de ces fonctionnaires n'ont ou croient n'avoir que des postes provisoires où la durée de leur séjour dépend uniquement de la fantaisie des autorités.

Les règlements municipaux.

Les voyageurs qui ont décrit Québec au hasard de leur passage ont vu surtout le milieu officiel, celui de la haute ville. Un chemin tortueux et rocailleux, juste assez large pour le passage des charrettes, conduit à la basse ville. Pour éviter ce long détour, on a bâti un escalier à pente assez raide qui relie directement le fort Saint-Louis aux abords des quais. Cet escalier est fort pratique. Les habitants ont pris l'habitude

d'y faire monter et descendre les bêtes à cornes et les moutons.
Un arrêt du Conseil souverain vient mettre un terme à cet abus.
Quand plus tard l'escalier doit être reconstruit, il a « juste
la largeur nécessaire pour le passage d'un homme à la fois » et
il est muni de barrières en haut et en bas. « Personne ne devra
laisser ouvertes les dites barrières ou les rompre, sous peine
du fouet. »

Ce règlement n'est qu'un exemple de tous ceux que les autorités doivent édicter pour la protection de cette population
hétéroclite de la basse ville, formée de marchands, de manœu-
vres, d'artisans, qui se sont établis au petit bonheur et qu'il
faut protéger contre leur propre insouciance. Les principales
ordonnances concernent la prévention des incendies, l'hygiène
et le marché public. Toutes les maisons doivent comprendre
« latrines et privés »; les propriétaires nettoieront chaque jour
la devanture de leurs logis : défense à toute personne de garder
des fourrages dans la maison ou lieux susceptibles de feux;
défense de jeter paille et fumier dans les rues ; toutes les maisons
devront avoir des sorties aux combles pour aller en haut des
cheminées, ou des échelles appuyées sur le toit ; les cheminées
devront être ramonées tous les deux mois. Pour parer encore
plus au danger constant d'incendie, une taxe de trente sous
est imposée sur chaque cheminée, taxe payable moitié par
le locataire moitié par le propriétaire de chaque maison.
Cette somme servira à l'achat de cent seaux de cuir. On en
arrive même à défendre de fumer dans les rues de la ville.
D'autres règlements visent les commerçants. Personne ne peut
offrir en vente de maison en maison volailles, gibier, œufs,
beurre, bois, sans les avoir auparavant exposés en vente aux
jours de marché jusqu'à onze heures du matin. Les cabaretiers,
bouchers et regrattiers ne peuvent acheter de marchandises
au marché avant huit heures du matin en été et neuf heures en
hiver, l'expérience ayant prouvé dans le passé que les pauvres
artisans étaient exploités par ces marchands qui raflaient toutes
les marchandises et les revendaient à des prix exorbitants.
Tous les poids et mesures seront estampillés « à la marque
du roi ».

Ces règlements n'entravent en rien les allées et venues de la population. Les maisons basses, étroites, bâties surtout de pierre noire tirée de la grève, se tassent au pied de la falaise du cap Diamant, le long de rues aux noms pittoresques : la Canotterie, la Canardière, le Sault-au-Matelot, la rue Sous-le-Fort, la côte de la Montagne. Ici et là pendent, comme dans les villes de France, les enseignes des commerçants. Le marchand Pierre Niel, rue Sous-le-Fort, a baptisé la sienne *A la Ville de La Rochelle ; Au bien chaussé* est celle du cordonnier André Spénard ; les aubergistes ont également choisi des noms attrayants : *Le Roi David, Le Lion d'Or, Aux Trois Pigeons, L e Signe de la Croix.*

La basse ville.

La basse ville rassemble les métiers les plus divers. La clientèle parfois rare ne suffit pas à faire vivre un homme uniquement de son propre métier. Les termes de farinier, boulanger, pâtissier et meunier, s'ils sont scrupuleusement inscrits dans les contrats d'engagement des émigrés, se confondent ici, et la même personne peut à son gré exercer l'un et l'autre de ces métiers sans être obligée de compléter pour chacun les années d'apprentissage réglementaire. Le tisserand est aussi tailleur et chapelier. Un scieur de long habile ne tarde pas à devenir menuisier. Un serrurier ne pourrait vivre toute l'année de sa profession : il peut être également taillandier ou armurier. Presque tous ces artisans possèdent aux alentours un lopin de terre, un jardin et parfois quelques animaux.

L'intendant Talon, de la fenêtre de son bureau perché sur le roc de la haute ville, regarde souvent d'un œil paternellement attentif les boutiques artisanales de la basse ville. Il veut perfectionner des jeunes dans les différents métiers. « J'ai ouvert la porte au travail », écrit-il à Colbert. Il fonde des ateliers pour la formation d'apprentis. Les charpentiers de navires devenant rares, il leur confie la direction « des charpentiers de maison qui se sont faits à toute main ». Ces ateliers d'apprentissage et le chantier de constructions navales contribuent pour beaucoup à maintenir l'activité dans le milieu ouvrier de la basse ville. Les enfants ne sont pas oubliés. Le séminaire de Québec comprend deux établissements, l'un où sont instruits les jeunes doués pour les lettres, l'autre où peuvent aller « ceux qui ne sont propres que pour être artisans et à ceux-là on apprend des métiers ».

L'artisan québécois n'est pas soumis au monopole des maîtrises et des jurandes, et pourra devenir libre possesseur d'un atelier, d'une boutique, exercer son métier sans presque aucun contrôle. Il n'a pas besoin de subir d'examen, de justifier d'un apprentissage, de donner une preuve régulière de sa capacité, d'obtenir des certificats. Il lui suffit de décliner la connaissance d'un métier pour s'établir dans le pays. Bientôt il obtiendra davantage. Grâce au magistrat royal Chaumont, en 1729, il pourra, après avoir pratiqué pendant six ans et plus, être réputé *maître de chef-d'œuvre* et « tenir boutique ouverte à Paris et autres villes ». Il n'y a donc plus de règles fixes de travail que celles imposées par le patron lui-même, dont la principale exigence est la qualité. Ce qui explique la réelle beauté, les proportions, la solidité et le sens artistique des œuvres qui nous restent de cette époque. Aussi est-il étonnant de constater qu'elles ont été fabriquées par de simples artisans coloniaux sans contact avec les maîtres européens.

Ce petit monde vit heureux et pauvre. Heureux parce qu'il est libre, que les plus anciens ont connu et vécu les misères et les privations dans leur province d'origine; pauvre, parce qu'il doit se contenter de vivre au jour le jour du métier qu'il a choisi. Il remplit honnêtement sa journée, sans se soucier du lendemain. Quelques observateurs, s'étant promenés dans les rues de la basse ville, ont tout de suite affirmé que le Canadien « est fainéant et paresseux ». Jugement superficiel qui ne correspond pas à la vérité, car ainsi on a confondu les vrais artisans avec les flâneurs habituels des quais, les coureurs des bois en congé et les habitants de la campagne en quête de travail dans les chantiers maritimes.

Les mois de navigation, soit de juin à octobre, font surgir dans le port une activité pleine d'imprévu et de pittoresque. Québec est l'unique point d'arrivée de toutes les voiles françaises qui, chaque année, amènent de nouvelles figures où se lisent l'espoir, la nostalgie, l'émerveillement, l'ambition, la perplexité, le renoncement. Aussitôt débarqués, ces gens s'engagent dans les rues tortueuses et s'arrêtent sur la place Notre-Dame-de-la-Victoire devenue, à la suite de deux défaites anglaises attribuées à l'intervention de la Madone, Notre-Dame-des-Victoires. Autour des voiliers qui se reposent dans l'anse du Cul-de-Sac en attendant le retour en France, louvoient les caravanes de canots indigènes, chargés de fourrures. Sur la place du Marché, les fermiers offrent les multiples provisions de bouche que le sol aride de la ville ne peut fournir. Echange de marchandises et de bons procédés, car les sous sont rares de part et d'autre. C'est aussi l'époque où les marins se mêlent à la population, hantent les auberges et provoquent des rixes et des batailles de rue. Des Indiens assistent, accroupis et silencieux, à ce regain d'activité. Puis tout rentre dans le calme de la longue période d'hiver, coupée par les réjouissances du temps de Noël, qui durent parfois jusqu'à la fin de janvier.

Trois-Rivières.

A Montréal et à Trois-Rivières, les deux autres postes de gouvernement, s'est développé un esprit plus humain, plus démocratique qu'à Québec, grâce au contact quotidien de l'artisan et de l'ouvrier avec les personnages officiels et les militaires. Chaque jour on se côtoie dans la rue, les relations sont fréquentes et souvent amicales. Les Indiens et les coureurs des bois sont plus nombreux et apportent une activité toujours renouvelée.

Trois-Rivières a longtemps été le centre de la grande foire des Indiens et du départ des voyageurs pour les pays d'en haut. Mais il a dû céder la place à Montréal, et son commerce en a beaucoup souffert. Peter Kalm l'a visité en 1749 et n'en a pas été enthousiasmé : « Petite ville de marché qui a l'apparence d'un grand village », note-t-il dans ses carnets. Il se plaint de ses rues tortueuses, du sable sans cesse soulevé par le vent et qui aveugle. Dès les années de sa fondation, ses habitants

se signalent par leur nonchalance qu'ils secouent brusquement
lorsque le bourg est en danger. Une note indiscrète d'une
Relation des Jésuites nous apprend que les premiers colons
« se sont établis au petit bonheur, qui deçà, qui delà, suivant
l'affection et la commodité d'un chacun». Un demi-siècle
plus tard, il faut une ordonnance de l'intendant pour forcer
les habitants à placer des trottoirs le long de leur maison, le
printemps à la fonte de la neige et l'automne à la saison des
pluies. Car les rues sont dans un état pitoyable et les passants
enfoncent jusqu'aux genoux dans la boue.

Trois-Rivières est tout de même le siège d'un gouvernement,
dont les principaux postes administratifs, ceux de gouverneur,
lieutenant du roi et major, sont fort recherchés. D'importants
personnages les ont sollicités sans toujours les obtenir. La
résidence du gouverneur, imposant édifice de pierre, bâti
sur une éminence appelée le Platon, domine la ville. Les autres
officiers logent aux alentours, dans d'humbles maisons louées
au petit hasard. Mais, dans les cérémonies publiques, le protocole est strictement observé. A l'église, le gouverneur a son
banc, « le premier à droite, celui du lieutenant du roi ensuite,
et vis-à-vis ce dernier, à gauche, est le banc des officiers de
la juridiction».

Cet état-major, vivant au milieu d'une population de
quelques centaines d'habitants, donne à « la petite ville sans
prétention, bâtie sur le sable» qu'est Trois-Rivières un cachet
pittoresque. L'ingénieur Franquet s'étonne d'être accueilli
comme un grand personnage à la maison du gouverneur
Rigaud de Vaudreuil : « Y arrivé, je fus présenté à madame
son épouse qui, par parenthèse, est une des personnes les
plus accomplies tant par la figure que par l'esprit. Elle est
d'ailleurs pleine de grâce et de politesse ; après les premiers
compliments, l'on me fit passer dans l'appartement qui m'était
destiné, d'où arrangé et décrassé je fus rejoindre la compagnie.
L'on ne tarda pas ensuite de passer dans la salle à manger.
Il y avait une table de vingt couverts, servie, je ne dirai pas
comme à Paris, d'autant que c'est l'endroit où j'ai vécu le plus
frugalement, mais bien avec la profusion et la délicatesse

des mets des meilleures provinces de France. On y but toutes sortes de vin, toujours à la glace; jugez du plaisir par le chaud excessif qu'il faisait. Après le dîner, nous avons fait une partie de cadrille, ensuite sommes sortis pour voir la ville.»

Cette ville s'accommode assez bien de son rôle effacé. Ses administrateurs s'y plaisent, car ils ont la paix et l'estime des habitants. Ces derniers, ayant été longtemps la cible des coups de main iroquois, semblent instinctivement craintifs et hésitent à s'éloigner des palissades. Leur débouché naturel reste le fleuve, porte de l'aventure. Le principal titre de gloire de ce bourg est d'être la patrie des plus audacieux coureurs des bois. Dans ses rues ont été élevés, ont circulé et flâné, entre deux voyages de découvertes, Radisson, des Groseilliers, Nicolas Perrot, La Vérendrye, Jean Nicolet, François Hertel, Pierre Pépin. Cette auréole lui suffit, et peu lui importe si, par la suite, Montréal lui a volé la vedette. Les ambitions du peuple trifluvien sont modestes, mais tenaces et logiques. Se souvenant qu'il a donné naissance à quelques-uns des plus grands explorateurs, il se lance dans la fabrication des canots d'écorce et il s'y montre d'une habileté consommée. Les canots de Trois-Rivières, remarque l'ingénieur Franquet en 1752, sont les meilleurs que l'on connaisse. « A mesure qu'ils sont faits, ils sont expédiés à Montréal, destinés pour les voyages des pays d'en haut.»

Les faits divers.

Cette petite population à la fois insouciante et gaillarde éprouve naturellement le besoin de se distraire. Les audiences de la cour de justice lui en fournissent chaque lundi l'occasion. La moindre chicane se règle devant le juge qui, la plupart du temps, doit renvoyer les parties sans rien conclure, non sans avoir au préalable écouté leurs prétentions. Une des plus assidues est Marguerite Hayet, épouse de l'aventurier des Groseilliers. Ce dernier peut en toute tranquillité courir les bois. Ses biens domestiques sont en sécurité sous la garde de son énergique épouse. Les pourceaux de Marguerite font le désespoir de ses

voisins, et c'est presque toujours pour tenter de justifier leurs
déprédations qu'elle fréquente le tribunal. L'éloquence qu'elle
déploie à les défendre aurait enchanté Molière. Comme elle
doit dix livres au chirurgien Louis Pinard, elle lui offre en
paiement deux minots de blé. Ce n'est pas suffisant. Elle offre
trente sous de plus, mais en retour elle exige du chirurgien
« un pot d'onguent à brûlure ». La dispute s'envenime et
l'affaire est portée en cour. Le juge renvoie les parties, et chacun
devra payer sa part des frais de justice. Une autre fois c'est
Pierre Bertrand qui réclame de Marguerite Hayet trois livres
tournois « pour l'escholage de son fils ». La fermière veut payer
en effets : blé ou aliments. Mais le professeur est célibataire,
il est logé et nourri dans une famille. Il réclame de l'argent.
Marguerite résiste et c'est le juge qui décidera.

L'exécution des sentences donne lieu à de désopilants
spectacles. A la suite d'une enquête concernant la traite de
l'eau-de-vie avec les Indiens du voisinage, quelques-uns des
citoyens les plus en vue sont trouvés coupables et condamnés
à trente jours de prison. Les quinze derniers jours, « ils seront
en plus exposés sur un cheval de bois chaque jour à la vue
publique, avec un écrit qui leur sera attaché où seront écrits ces
mots : « Pour avoir traicté de l'eau-de-vie aux Sauvages. »
Scène passionnante que les badauds ne manquent pas d'aller
contempler : les principaux citoyens cloués au pilori ! Un
spectacle plus comique encore est présenté en 1673. Quatre
individus pénètrent une nuit au domicile du notaire Ameau
et y volent du vin et de l'eau-de-vie. Aussitôt arrêtés, ils sont
jugés et condamnés « à être exposés à la porte de l'église
paroissiale, un jour de fête ou de dimanche, à l'issue de la
grand-messe ». Le fournisseur des fausses clefs, Louis Martin,
serrurier, nu-tête, les mains liées, portera, suspendues au cou,
des clefs et des bouteilles avec, sur la poitrine et dans le dos,
cette inscription : « Voleur de vin, d'eau-de-vie, d'anguilles
et bailleur de fausses clefs. » Au cou des autres ne pendront
que des bouteilles vides. Après l'exécution de ces ridicules
pénalités les accusés reprennent leur place honorable parmi
les leurs. L'honneur a été lavé.

A travers les ans, l'aspect de la ville ne change guère. Les visiteurs de 1750 y retrouvent le même climat qu'un demi-siècle plus tôt. Elle a ses mêmes édifices en pierre : la chapelle des récollets, le couvent des ursulines, la maison du gouverneur, auxquels est venue s'ajouter l'église paroissiale dont les Trifluviens sont orgueilleux à juste titre, car Gilles Bolvin l'a embellie de quelques-unes des plus belles sculptures sur bois de la colonie. La plupart des autres maisons, observe Kalm, sont en bois, à un seul étage, assez bien bâties et éloignées les unes des autres, sans doute par crainte des incendies ; les rues sont tortueuses, le vent y balaie le sable, ce qui rend la marche très fatiguante. Les jours de tempête, seuls y circulent les enfants, les soldats et les moines récollets qui font la navette entre leur monastère et l'église. Les habitants restent tapis dans leurs demeures.

Un amoureux trifluvien.

Le calme de Trois-Rivières en fait le lieu de retraite préféré des militaires, plus indolents et infirmes qu'âgés, qui viennent y vivre de leur maigre pension et de la culture d'un lopin de terre hérité d'un père ou d'un parrain. L'un d'eux a fait l'objet d'une savoureuse anecdote décrite par l'annaliste des ursulines lesquelles, depuis leur arrivée en 1697, ont toujours chargé l'une d'elles, probablement la plus apte à la curiosité, de noter tous les événements marquants de l'extérieur dont elles peuvent capter des échos. Joseph Hertel de la Fresnière, dont la maison est voisine du couvent, a quarante-huit ans en 1750. Soldat dès l'enfance puis officier, comme d'ailleurs tous les Hertel, héros de plusieurs guerres, il est déjà retraité. Il est aussi timide avec les femmes qu'il fut brave sur les champs de bataille. Depuis des années, il fréquente assidûment une concitoyenne, Antoinette Bouton, plus jeune que lui de sept ans, qui demeure chez ses parents à l'angle des rues Notre-Dame et du Château, face à l'église paroissiale. Chaque soir l'humble amoureux se rend faire la partie de cartes avec Antoinette. A neuf heures sonnantes, été comme hiver, il se lève, salue militairement, et se retire. Un soir de l'époque de

Noël 1749, souffle une rafale de neige. Mlle Bouton, selon l'habitude, vient d'allumer la lanterne et la tend à Hertel en ouvrant la porte. Le vent éteint la chandelle. Antoinette a vite fait de la rallumer, puis présentant de nouveau le fanal à son ami, elle lui dit, tout naturellement : « J'ai bien de la peine de vous voir partir par un temps pareil! » Hertel répond aussitôt : « Il n'en tiendrait qu'à vous. — Comment cela ? — Si nous demeurions ensemble, je ne serais pas obligé de sortir le soir pour la partie de cartes... — Je prendrai votre désir en considération... »

L'hésitation fut de courte durée. Ils s'épousèrent le 12 janvier 1750. La veille, le notaire Pillard avait rédigé le contrat de mariage en présence des notabilités locales : le chevalier de Saint-Louis, M. de Saint-Ours, Melchior de Jordy, sieur de Cabanac, François Chastelain, lieutenant dans les troupes. La partie de cartes quotidienne dura encore près de vingt ans. Joseph Hertel mourut le premier, le 20 novembre 1768.

Montréal ou Ville-Marie.

Fondé à la suite d'une poussée mystique, le poste de Ville-Marie se nourrit de cette ambiance pendant un quart de siècle. On a toujours en mémoire cet émouvant spectacle que donne Maisonneuve, dès l'arrivée en 1642. Chargé d'une pesante croix, à l'exemple du Christ, il la porte une lieue sans broncher et va la planter sur la cime de la montagne. Les murs des fortifications et les maisons s'élèvent lentement, dans un murmure de prières, comme si l'on travaillait à bâtir un monastère. Une femme solitaire circule parmi ce groupe d'hommes : Jeanne Mance. Sa présence rend plus étrange encore le bruit de la cognée et du marteau dans cet endroit désert, à des centaines de kilomètres de toute marque de civilisation. Aucun désir malsain, aucune parole insidieuse ne naît dans l'esprit de ces rudes gens lorsque cette vierge douce et ferme les frôle ou leur parle. C'est une nouvelle Marie, une Jeanne d'Arc d'un autre âge mais marquée du même sceau. Elle a souvent, le soir, de longues conversations avec M. de Maisonneuve, célibataire

lui aussi. Personne ne songe au sacrilège d'un soupçon quelconque. Sur le simple plan humain, on s'explique difficilement
une vie quotidienne et commune si extraordinairement chaste.
Pourtant, c'est là qu'il faut chercher la clef du succès et du
rayonnement surnaturel de ce bourg perdu au fond des bois.
« Travail et charité », telle semble être la devise de cette petite
colonie, que Maisonneuve a voulu fonder en plein pays indien
pour mieux christianiser les indigènes. Ces derniers, selon
l'espoir du fondateur, s'empresseront de bénéficier de tout ce
que la civilisation est venue leur apporter : une chapelle pour
sauver leur âme; un hôpital pour soigner les malades et recueillir
les vieillards ; une école pour apprendre à la jeunesse indienne
la langue française, la plus belle de toutes. Vive déception!
Ces sauvages sont vindicatifs, cruels, indépendants, sournois
et pillards. De ces visages pâles venus leur apporter la paix, ils
ne veulent pas. Presque chaque jour un colon manque à l'appel.
On le retrouve percé d'une flèche ou il disparaît à jamais. Dans
l'enceinte fortifiée tout le monde tremble et prie.

Pourtant, il faut défricher, semer et récolter. Les colons
vont aux champs, protégés par des compagnons armés, et, à
certaines heures déterminées, on s'échange outils contre
fusils. Quelques-uns, à bout de nerfs, ne veulent plus s'exposer.
Mathurin Joanneau vivra des années dans une cave, refusant
de voir le jour. Cette vie défensive n'aide pas au développement
de la colonie. Chaque soir on étudie les moyens de repousser
l'ennemi. Un groupe de jeunes, las d'inaction, décide de tenter
un effort désespéré. Une flottille iroquoise, a-t-on appris,
descend la rivière Outaouais, chargée de fourrures. Ils iront
à sa rencontre et se battront jusqu'à la victoire ou la mort.
C'est, en 1660, l'exploit de Dollard des Ormeaux, héros national,
et de ses seize compagnons, qui se sacrifient dans leur bastion
de fortune de Long Sault. Mais ils se sont battus si courageusement que les Iroquois ont pris peur et n'osent attaquer Ville-
Marie. Puis, peu à peu, le calme naît. De cette époque troublée,
qui dure vingt ans, une *Relation des Jésuites* écrit avec justesse
qu'elle est « une image de la primitive Eglise ».

La place commerciale.

Le danger passé, la ville abandonne son original de Ville-Marie et prend celui de Montréal. Alors commence son élan économique, qui ne s'arrêtera plus. Pendant que Québec administre et que Trois-Rivières somnole, Montréal s'affaire. Elle n'est encore qu'un village moyen ; une centaine de maisons abritent quelque huit cents habitants. Mais ces gens sont actifs et exercent des commerces variés. Des représentants d'à peu près tous les métiers y vivent et y vivent bien, loin des autres centres.

Trois facteurs entretiennent sans cesse la marche du commerce : la venue des Indiens à la foire annuelle, le départ des flottilles de canots vers la région des fourrures, et la présence de régiments, d'officiers et de soldats. La foire des pelleteries provoque des démonstrations carnavalesques. Elle a lieu en juin et commence lorsque des centaines d'Indiens arrivent en caravanes, d'un pas silencieux et lent, avec leurs cargaisons de fourrures. Le lieu de ralliement est la commune de la Pointe-Callières, le long des murailles. Chaque tribu, chaque groupement déploie ses parures les plus spectaculaires et s'installe à l'endroit qui lui est désigné. Face aux groupes, le gouverneur de la ville prend place dans un fauteuil. Alors les chefs des tribus s'avancent vers lui, l'un d'eux allume le *calumet de paix* et, solennellement, en aspire la fumée, puis le passe au gouverneur qui l'imite. Le calumet circule de bouche en bouche, dans un silence général, et est ensuite déposé sur une peau de fourrure. Un autre chef se lève alors, étend le bras droit, ce qui est la manifestation d'un salut, et, d'une voix éloquente et forte, débite une harangue qui est presque toujours un appel à la paix avec les Blancs. Puis il offre au gouverneur quelques-unes des plus précieuses fourrures. Le gouverneur répond ensuite, et chaque phrase de son discours est traduite par un interprète. Puis, à son tour, il offre quelques présents.

Ainsi se termine la journée d'ouverture. Officiellement, les échanges ne doivent commencer que le lendemain. Mais dès la fin de la cérémonie, les commerçants montréalais accaparent

les tribus qui d'habitude possèdent les plus riches fourrures.
C'est bientôt un tintamarre indescriptible. Les discussions
se multiplient. D'un côté s'entassent les ballots de peaux :
castor surtout, mais aussi chat sauvage, pécan, loutre, martre,
ours, loup-cervier, renard, cerf, orignal. D'autre part, les
marchands français offrent, soit sur la place, soit dans leurs
boutiques, les objets les plus divers et les plus aguichants. Tout
d'abord ce que la loi défend de donner aux Indiens : de l'eau-
de-vie, des fusils et de la poudre. Puis, sur les comptoirs,
s'étalent les objets les plus hétéroclites : des chaudières, des
ustensiles, des marmites, des habits à la française, des colliers
de porcelaine.

Dès le deuxième jour, beaucoup d'Indiens sont ivres, et
alors commencent les scènes d'orgie, dont Charlevoix nous
trace un vivant tableau : « On voit, jusque dans les places et les
rues de Montréal, les spectacles les plus affreux, suites inévitables de l'ivresse de ces barbares. Les maris et les femmes, les
pères, les mères et leurs enfants, les frères et les sœurs se
prendre à la gorge, s'arracher les oreilles, se mordre à belles
dents, comme des loups enragés. Les airs retentissent pendant
les nuits, de hurlements beaucoup plus horribles que ceux dont
les bêtes féroces font retentir les bois. » Quand, après
plusieurs jours, ils reviennent à eux, les Indiens se
rendent compte que leurs fourrures ont disparu. Il ne leur reste
que quelques colliers, des marmites, des assiettes d'étain.
Même les fusils qu'ils avaient troqués contre leurs plus belles
fourrures, ils ne les retrouvent pas. La foire terminée, ils ont
la certitude qu'on les a exploités. Ils se promettent de ne plus
revenir. Mais ils reviennent, chaque année, recommencer les
mêmes exploits. Puis, un jour, les vrais commerçants qui ne
vivent que de la traite décident d'aller eux-mêmes au fond des
bois rafler les produits des chasses.

Un départ vers l'aventure.

Alors commencent les grands départs des canots chargés de
marchandises et d'eau-de-vie. Les préparatifs apportent dans
les rues de Montréal une activité fébrile. C'est chez les mar-

chands que s'approvisionnent les voyageurs. C'est dans les
hôtels et les cabarets que se fête la départ prochain. On fêtera
également le retour, et la ville connaîtra alors un regain de vie.

Les préparatifs des explorateurs provoquent toujours beaucoup d'animation. A Montréal s'équipent Galinée et Dollier
de Casson avant le départ pour les grands lacs, Jolliet pour
le Mississippi, La Salle pour la Louisiane. L'embarquement
a lieu à Lachine, pour éviter les dangereux rapides, mais c'est
à Montréal, sur la place du marché, dans les auberges, le long
des rues sombres et cahoteuses, que les membres des équipages
célèbrent les adieux.

Il est impossible en quelques pages d'évoquer l'ascension
rapide de Montréal pendant cent cinquante ans. Des visiteurs
le décrivent à diverses périodes. Ainsi, au XVIIe siècle, « la
place du Marché est le rendez-vous de la population. C'est là
que, les mardi et vendredi de chaque semaine, les cultivateurs
ont l'autorisation de vendre leurs denrées aux citadins ; c'est
là que les gentilshommes peuvent mettre flamberge au vent ;
à preuve le duel entre le gouverneur Perrot et M. de Sainte-
Hélène en juin 1684; c'est là que les huissiers lisent les arrêts,
édits et ordonnances et les affichent à un poteau; c'est là enfin
que les criminels subissent les châtiments publics. Aussi
voit-on en permanence sur cette place un cheval de bois et
une potence dont l'aspect et le voisinage ne sont pas d'une gaieté
folle». Dès 1715, Montréal dépasse Québec en population.
En activité aussi. C'est alors le grand centre d'approvisionne-
ment des régiments qui sont aux postes-frontière. Les marchands y font des affaires d'or.

Aspect de Montréal.

Se basant sur les récits d'époque, voici comment on voit
Montréal vers 1740 : « L'aspect de la ville n'est peut-être pas
gai, car le calcaire du pays qui sert aux constructions est d'un
gris assez sombre. Mais la solidité et la dureté compensent
l'élégance absente, et quelques toitures de métal jauni flamboient
au soleil de midi. Vu du fleuve ou du coteau, Montréal offre

un spectacle pittoresque, avec sa ceinture de murailles, ses pignons de pierre ou de bois et ses cheminées, ses six ou sept clochers, sans prétention mais de lignes agréables. » L'historien Lanctôt regarde évoluer ces gens toujours en mouvement : « Sur les trottoirs de bois circule une population bigarrée et pittoresque : officiers en costumes de couleurs sur gilet de velours, l'épée au côté et tricornes brodés d'or sur la perruque à queue ; marchands en habits de drap très fin et linge de dentelle avec chapeaux galonnés; gens du peuple aux cheveux noués en couette, en culottes courtes et gilets de toutes les nuances ; soldats en uniformes blancs, et guêtres jusqu'aux genoux; dames en robe à panier et cheveux poudrés, avec bonnets de dentelle ou coiffure de rubans à la fontange, et femmes du peuple en mantelet de couleur sur jupon court avec petites coiffes à jour. Par-ci, par-là, se rencontrent quelques Indiens, à demi nus ou une couverture sur l'épaule, la figure matachée de vermillon et de vert, une plume dans les cheveux. De lourdes charrettes aux chevaux attelés en flèche font crier leurs essieux, et des calèches passent, hautes sur roues, entraînant les élégantes qui jouent de l'éventail. Tous ces gens sont fort polis et les hommes ne cessent de donner des coups de chapeau à droite et à gauche... Comme les maisons ont des sièges de chaque côté de la porte, la rue s'anime de la présence de ces messieurs et dames qui échangent des visites, échange qui doit se faire dans les vingt-quatre heures. On s'invite beaucoup à dîner et les repas sont somptueux... »

Cette société bourgeoise, qui vit dans le luxe et le confort, ne se rendra compte de la reprise de la guerre entre la France et l'Angleterre que lorsqu'il lui faudra se priver. Mais elle ne se sacrifie pas de gaieté de cœur. En 1757, quand l'intendant remplace le quarteron de pain par une ration de bœuf, puis de cheval, les femmes vont protester énergiquement en face de la résidence du gouverneur. Ce dernier leur crie d'une fenêtre qu'il les fera mettre en prison et qu'il en pendra la moitié si elles ne se dispersent pas. On verra, au chapitre de la vie mondaine, qu'au cours de ces années d'angoisse les Montréalais trouvent quand même moyen de ne pas s'ennuyer.

II — Le colon

Regardons vivre l'habitant canadien quand il est réellement
devenu un type social, soit vers la fin du XVIIᵉ siècle. Au cours
des trois ou quatre dernières décennies sa physionomie s'est
peu à peu façonnée, et par la suite elle ne changera guère.

Vingt-cinq ans auparavant, à l'époque de l'établissement des
seigneuries, il a acquis sa concession de terre qu'il appellera
désormais sa ferme. Pour l'obtenir il n'a rien déboursé. Il paie
au seigneur une redevance annuelle minime. En retour il
doit défricher et rendre cultivable au moins un arpent par
année, et souvent il en fait davantage car le fruit de son travail
lui reste en entier. Il besogne ferme. Il est par nature matinal.
Charlevoix a remarqué que « chacun est matineux en ce pays, à
commencer par le gouverneur qui donne audience dès sept
heures du matin ». En cela le colon ne fait qu'imiter les autorités. La saine clarté des premières heures du jour stimule les
énergies.

Les heures régulières de travail sont du soleil levant au
soleil couchant, telles que spécifiées par Pierre Boucher lorsqu'il
est gouverneur de Trois-Rivières. Les citadins trouvent ce
règlement normal et humain. Le colon libre n'a pas à se
conformer à cet horaire, mais il lui est naturel.

Ainsi, vers 1700, environ le tiers de la concession de quatre-
vingts acres est en culture. L'autre partie est en forêt et le
restera afin de fournir le bois nécessaire au chauffage et à la
construction. Les érables sont soigneusement épargnés pour
fournir le sucre et le sirop. A l'époque où il a obtenu sa concession, le colon s'est marié, après avoir bâti de ses mains une maison,
une grange et autres bâtiments. Quand ses enfants sont devenus
capables d'entretenir la ferme et de nourrir les animaux, il
s'est permis, à l'exemple de ses voisins, quelques voyages de
traite des fourrures dans la région des grands lacs. Puis il s'est
lassé de l'aventure. Il préfère son foyer, la culture du sol, une
sécurité relative qui lui suffit. S'il est quelque peu vaillant, il a
tenté de cultiver, en vue de l'exportation, le blé qui donne
si généreusement en terre canadienne, et d'élever plus de bétail.

Mais il s'est vite rendu compte qu'il gaspille son énergie. Les autorités n'ont rien prévu pour l'écoulement des produits agricoles du pays, même si, dès 1669, le roi demandait à l'intendant Talon « de porter par tous les moyens possibles les habitants au défrichement et à la culture des terres». Mais à quoi servent ces instructions si l'habitant ne sait où diriger l'excédent de son travail? Il décide donc de se contenter de satisfaire aux besoins de sa famille et de travailler uniquement pour son humble confort.

Puis quelques-uns de ses enfants se sont mariés à leur tour et établis dans le voisinage. Les autres l'assistent et le secondent dans ses travaux. La façon rapide et intelligente avec laquelle il a organisé son existence fait l'admiration des étrangers. « Les laboureurs qui s'appliquent avec assiduité à la terre, écrit l'intendant Duchesneau à Colbert en 1679, subsistent fort honnêtement et sont, sans comparaison, plus heureux que ce qu'on nomme en France les bons paysans.» La Hontan, Charlevoix, La Potherie parlent le même langage. La situation du paysan canadien est enviable au point que, dit-on, bien des nobles et des gentilshommes français seraient heureux de jouir des mêmes avantages. A condition toutefois qu'ils acceptent de travailler. Car le paysan canadien est vigilant, mais vigilant à sa manière, conditionnée par la fantaisie du climat. Au cours des quatre mois d'été, il doit prévoir la nourriture de sa famille et de ses animaux pour toute la longue période d'hiver. Sinon ce sera, surtout pour le bétail, la famine complète.

Ses activités.

Pour le colon, l'année est partagée en deux périodes inégales, elles-mêmes entrecoupées de cycles qu'on appelle *temps*. Durant l'été, qui va de juin à septembre, il y a le temps des semences, le temps des foins, le temps des récoltes. Ces quelques brèves semaines sont celles du travail incessant, épuisant, sans répit, d'autant plus qu'il faut y soustraire non seulement les jours pluvieux ou froids, les orages subits et nombreux à l'époque de la canicule, ainsi que les dimanches, mais aussi toutes les fêtes religieuses, qui sont nombreuses et rigidement observées. Il y en a cinquante-trois les années bissextiles commençant par un samedi ou un dimanche. Si on y ajoute les trente-sept jours de fêtes d'obligation, il faut se priver de travail manuel de 89 à 90 jours par année.

Le colon sait que près de la moitié des fêtes chômées se situent à la période de travail intensif et qu'entre la semence et la récolte, il lui reste à peine les deux tiers de jours ouvrables. C'est dire que ceux-ci doivent être employés au maximum et que chaque heure est précieuse. Tous les membres de la famille mettent la main à la besogne, même les enfants et les femmes. La femme de la Nouvelle-France, observe Kalm, « est dure au travail et à la peine, surtout chez le peuple; on la voit toujours aux champs, dans les prairies, aux étables, ne répugnant à aucune espèce d'ouvrage». Même l'épouse et les filles de certains seigneurs trouvent tout naturel de s'adonner au travail des champs. Le gouverneur Denonville a vu de ses yeux les Tilly, près de Québec, et les Saint-Ours, « labourer la terre tous les jours». Levés avec le jour, au cours de cette brève période de l'été, tous travaillent jusqu'à la nuit tombée. Les repas sont légers, rapides, irréguliers. Parfois, aux jours de chaleur torride, on se permet une brève sieste, une demi-heure au plus, à l'ombre d'une charrette ou d'un arbre. Lorsque la température n'est pas propice à la fenaison, le fermier s'occupe aux menus ouvrages qu'il doit négliger les jours de beau temps. Il répare les clôtures mitoyennes, graisse les voitures, aiguise les faux, creuse ou nettoie les fossés pour l'écoulement des eaux. La femme et les enfants s'emploient au sarclage du jardin et aux plates-bandes de légumes.

L'organisation de la ferme.

L'ethnologue R.-L. Séguin a remarqué que le paysan canadien utilise à peu près les mêmes instruments que les fermiers des pays d'Europe et de la Nouvelle-Angleterre. Il se sert d'abord des outils agricoles maniés à bras d'homme. Plus tard viennent les instruments à traction animale. La première catégorie comprend la pioche, la houe, la gratte, la faucille, la serpe, la faux, la fourche, le fléau et le van. Les premières terres labourées par les Français en Nouvelle-France sont retournées à la pioche. Champlain nous informe que le navire qui, en 1619, envoie en Nouvelle-France des personnes, des marchandises et des animaux, transporte « 24 besches pour labourer». En 1669, Michel Messier fait cultiver sa terre sur laquelle il y a« douze arpents labourables à la pioche». Champlain dit bien que Guillaume Couillard, en 1628, trace les sillons à la charrue, mais ce dernier instrument n'est généralisé que plusieurs années plus tard, les bœufs de labour étant encore fort rares de même que la charrue à rouelles.

Le 25 juin 1647 arrive à Québec une bête inconnue des Indiens : un cheval. Il a été envoyé de France par les directeurs de la Compagnie des habitants comme cadeau au gouverneur, M. de Montmagny, lequel avait exprimé le regret de ne pas en avoir. Les Hurons qui séjournent à Québec ne se lassent pas d'admirer sa souplesse et son élégance.

Le beau cheval de parade de M. de Montmagny n'est plus, quand, en 1665, arrivent douze chevaux tirés des écuries du roi à la demande de Pierre Boucher.

Un autre chargement est envoyé en 1670 et les bêtes sont distribuées en récompense aux seigneurs qui ont le plus favorisé le défrichement et la culture des terres.

Pour le fauchage des pois on utilise la serpe française, laquelle, arrondie pour les besoins locaux, devient le « crocheton». La coupe du blé, du seigle et du foin se fait à la faucille au taillant tranchant ou dentelé, et aussi à la faux. La fourche est ordinairement de bois, et à deux dents. On l'emprunte aux branches des arbres, de préférence le frêne. La fourche de fer à trois dents ne viendra que plus tard. Le battage du grain se fait au fléau; vient ensuite le vannage au moyen du tamis, du van ou du crible. Les deux premiers de ces instruments se trouvent dans toutes les fermes, mais le crible appartient d'habitude au seigneur ou au propriétaire du moulin à farine. Pour l'utiliser, il faut verser six deniers par minot de grain vanné.

L'exiguïté des granges est telle que le foin, le trèfle et les autres plantes fourragères sont entassés en meules, près des bâtiments. Seuls les grains sont mis à l'abri. Le battage se fait au cours des mois d'hiver, au fur et à mesure des besoins de farine, et il constitue l'une des besognes hivernales du colon. Dans plusieurs régions, on a l'habitude de semer le blé en automne. Le grain dort sous la terre pendant les rigoureux mois d'hiver, et cette méthode produit de si bons résultats qu'il est question de l'essayer dans les fermes de France, comme le secrétaire d'État chargé des colonies l'écrit de Versailles au gouverneur Vaudreuil et à l'intendant Raudot en 1709. Il n'est pas toujours possible de semer le blé d'automne. Souvent le froid arrive brusquement et gèle le sol. Alors le colon songe immédiatement à la provision de bois qu'il lui faut bûcher, scier et fendre pour les mois d'hiver. L'abattage doit se faire avant l'époque des hautes neiges, soit au cours du mois d'octobre. C'est aussi l'époque de la réparation et du remisage des voitures et instruments de ferme ; ensuite on « renchausse » soigneusement le solage de la maison avec de la terre et de la paille. Ce n'est que lorsque tombe la première neige que le colon songe que depuis juin il n'a pas connu de repos. Mais il est satisfait : s'il n'est guère plus riche que l'année précédente, du moins pourra-t-il encore nourrir et chauffer sa famille tout au long des prochains mois.

Travaux d'hiver.

C'est l'hiver que s'effectue l'incubation du type social de l'habitant canadien. Alors peu à peu il se civilise, se raffine, prend conscience de sa valeur. Ses moyens de civilisation sont la vie de famille, le repos, l'application raisonnée aux travaux domestiques et familiaux de tous les jours. Même les animaux deviennent plus familiers, à force d'être visités, soignés, nourris trois fois par jour dans leur étable où ils sont eux-mêmes confinés jusqu'aux premiers jours de l'été. Ce soin accompli, et sauf les jours de tempête qui l'obligent à des travaux de déblaiement pour éviter d'être coupé de ses voisins,

l'habitant vit au cœur de sa famille. Assis au coin du feu, il
s'occupe à de petits travaux qui demandent de l'adresse, de
l'intelligence et de la réflexion. Quelques-uns développent des
talents naturels d'artiste, en complétant le mobilier de la
maison. C'est l'hiver que naissent les tables, les bahuts, les
chaises, les lits, les berceaux et aussi les jouets pour les enfants.
Dans cette ambiance qui façonne à l'habitant une âme nouvelle,
la femme joue un rôle de premier plan. Si elle possède de
l'instruction, elle apprendra à lire et à écrire non seulement
aux enfants, mais à son mari, car un colon qui sait au moins
signer son nom grimpe d'un cran dans la hiérarchie de la
paroisse. La femme discipline aussi les devoirs religieux
quotidiens. Elle donne l'exemple du travail en tissant, filant et
préparant elle-même tous les habits et toutes les robes, les
couvertures de lit et les tapis. Sa grande ingéniosité consiste
dans la préparation des repas qui doivent être à la fois variés,
copieux et appétissants, car la table est un des principaux
attraits de ces mois d'apparente inactivité.

Cette période est également celle des réceptions et des fêtes
familiales. Les noces donnent lieu à des réjouissances qui durent
parfois quatre ou cinq jours. C'est l'occasion de revoir, après
des années, des parents ou des amis qui se sont établis dans des
concessions éloignées. Chaque soir le repas est pris en commun
chez le père de l'un des conjoints, puis tous dansent, chantent
et festoient jusqu'aux petites heures du matin. Le repas, que
les invités entament vers sept heures, dure environ quatre
heures. « L'hôte de céans, qu'il soit seigneur ou censitaire,
serait accusé de lésinerie si, à la fin du repas, la table n'est
pas aussi encombrée de mets que lorsque les convives y ont
pris place[1]. »

Le repas terminé, commencent les danses et les chants
populaires qui maintiennent les traditions françaises ou qui les
modifient selon les nécessités de l'adaptation.

---

1. *Histoire de la seigneurie de Lauzon*. J.-Ed. Roy.

Vie libre et aisée du colon.

Il est possible d'établir une intéressante comparaison entre les biens d'un colon canadien et ceux d'un cultivateur normand à la même époque. A la fin du XVIIe siècle, Jean Collet, natif des environs de Gisors (Eure), s'engage comme soldat dans le régiment de Carignan et décide de demeurer en Nouvelle-France. Il y épouse une « fille du roi », Jeanne Deschars, originaire d'un village de Picardie, et obtient une concession dans la seigneurie de Batiscan. En 1688, son épouse meurt et, suivant l'usage, un inventaire est dressé de ses biens. Sur sa terre d'une superficie régulière, soit deux arpents de largeur sur quarante de profondeur, Collet a vingt-deux arpents « de terre labourable ou en pré », une maison, une grange et étable, le tout estimé par les priseurs à douze cents livres. Ses biens et instruments de ferme sont évalués comme suit : deux bœufs estimés à cent dix livres les deux; deux jeunes taureaux, quarante livres les deux; une vache, trente livres; deux autres vaches, vingt-cinq livres chacune; deux cochons, onze livres chacun; puis sont énumérés divers instruments de ferme et de cuisine : trois faucilles, deux socs de charrue, une paire de rondelles de charrue, deux haches, un marteau, une truelle, trois vrilles, deux coffres fermant à clef, un baril à lard, divers seaux et barils, des marmites et chaudières. Le cultivateur normand, que la *Revue des Questions historiques* du 1er avril 1877 nomme simplement Pierre B., a pris deux fermes à loyer : l'une, située à Etainhus, à quarante acres, et sa location lui coûte trois cents livres par an; l'autre, sise à Angerville — L'Orcher, contient trente-huit acres et le prix de location en est de trois cents livres également. L'inventaire énumère les biens suivants : un chariot, quatre-vingt-cinq livres ; un banneau, vingt livres ; un boisseau de blé, deux livres cinq sols ; un boisseau d'orge, une livre cinq sols ; une jument, soixante-cinq livres ; un poulain de deux ans, quarante livres ; une vache, cinquante livres ; une génisse, cinq livres ; un porc, sept livres ; un mouton, six livres ; quatorze poules et un coq, quatre livres sept sols.

Si l'on tient compte du fait que pour jouir de sa concession Jean Collet ne doit payer annuellement qu'une rente de deux boisseaux de blé froment, un chapon vif ou sa valeur en argent et deux deniers de cens et rentes, on constate que ses obligations sont de beaucoup moins onéreuses que celles du Normand.

En général le colon mène une vie simple et sobre, jouit d'une sécurité relative pour lui-même et sa famille, sans jamais manquer du nécessaire. A la fin de sa vie, il est plus riche de biens-fonds que d'argent monnayé. Presque toujours l'inventaire après décès démontre qu'il possède des dettes nombreuses dont il ne s'est jamais beaucoup soucié, parce que, quel qu'en soit le montant, sa terre vaut toujours plus. Un des exemples typiques nous est fourni par Jacques Turcot, certainement un des colons les plus méritants de son époque. Né un mois après la mort de son père tué par les Iroquois en 1652 — sa mère Françoise Capelle, une « fille du roi » originaire de la Normandie, se remariera deux fois — , Jacques Turcot commence jeune l'apprentissage de la vie et meurt à quarante-huit ans, usé par les travaux et devenu juge seigneurial de Champlain. Il possède quatre fermes, une à Champlain, deux à Batiscan et une de deux cents arpents en superficie dans la seigneurie de Gentilly. Il est, à part les seigneurs, un des propriétaires fonciers les plus importants de la Nouvelle-France. Sur la ferme où il réside avec sa famille il a quarante-six arpents en culture, une maison confortable de « deux chambres à feu, deux cabinets, une cuisine, cave et grenier », des bâtiments de ferme, grange, étable, hangar, de nombreux animaux dont huit bœufs et un cheval. Jacques Turcot est un « habitant à l'aise ». Pourtant l'indiscret inventaire de ses biens après décès révèle qu'il doit encore sur l'achat de sa ferme de Champlain, après onze ans, la somme de huit cents livres, soit plus de la moitié du prix d'achat. De plus il doit encore cent quatre-vingt-quinze livres à la succession compliquée des deux derniers maris de sa mère et diverses sommes à des marchands et particuliers.

Les colons qui ont préféré s'établir, par goût de liberté absolue, dans des endroits qu'ils croient n'appartenir à personne sont dans une situation plus précaire.

Michel Gorron arrive de son pays de Vendée en 1665 et épouse trois ans plus tard à Québec la Parisienne Marguerite Robineau. Ils obtiennent une concession à Saint-Charles-des-Roches et, après quelques années, traversent le fleuve et vont s'établir dans cette seigneurie sans seigneur qu'est l'Eschaillon où d'autres colons, Robert Ouy, René Mailhot, Raymond Chesne, Jean-Baptiste et Pierre Lebœuf, Pierre et Charles François, vont les rejoindre avec leurs épouses et leurs enfants, et où tous partagent la même vie rude et libre sans aucun secours, spirituel ou matériel. Cette vie toutefois, les fondateurs l'ont héroïquement supportée.

Le Canadien apprend de bonne heure à vivre avec philosophie, se contentant de peu, ne comptant que sur son ingéniosité, organisant son existence dans un confort relatif. Les conditions économiques veulent qu'il ne puisse amasser de l'argent. Les quelques ventes qu'il peut réussir lui sont remboursées en marchandises. Il ne peut se permettre aucun luxe, sauf celui d'être libre. La Hontan l'a fort justement noté : l'habitant ne paie ni sel ni taille; il chasse et pêche librement. En un mot, il est riche. En effet sa ferme lui appartient. Elle ne lui a coûté que du travail, et maintenant elle est son bien le plus précieux, un bien inaliénable. « Le Canadien est hautain », remarque dédaigneusement Bougainville aux dernières années du régime. D'autres avant lui l'avaient vu « indiscipliné, rempli de lui-même ». Il est tout simplement indépendant. Les circonstances ont voulu qu'il ne se fie qu'à lui-même, et maintenant il veut vivre à l'écart des problèmes compliqués.

Vieillesse et mort du colon.

Quand il atteint la cinquantaine, l'habitant songe déjà à faire l'abandon de ses biens, habituellement à l'un des plus jeunes de ses fils, s'il est sur le point de se marier. Les règles de la donation sont des plus simples. Le fils s'engage par contrat notarié à nourrir ses père et mère, à prendre soin d'eux leur vie durant, « tant sains que malades », à leur donner une

chambre avec toutes les commodités courantes dans la maison.
Cette décision toutefois ne change rien à la routine journalière,
le père continuant à diriger les travaux de la ferme et la mère
ceux du foyer. C'est tout au plus un surcroît de liberté que les
parents s'accordent, et leur autorité réelle ne cesse que lorsqu'ils
le désirent; alors ils la laissent décroître imperceptiblement,
quand ils ont l'assurance que la lignée continuera.

Quelques-uns ont des exigences qui peuvent paraître fantaisistes et qui nous renseignent sur des habitudes de vie qu'ils
ne veulent pas perdre ou abandonner.

Les célibataires endurcis et les veufs sans enfants tiennent
aussi à se prémunir contre les éventualités de la maladie et
de la vieillesse. Quand arrive l'âge mûr, ils engagent pour les
seconder dans les travaux de la ferme un filleul, le fils d'un
voisin ou d'un ami. Si ce dernier fait ses preuves, on passe un
acte de donation. Sinon le fermier célibataire vendra sa
ferme et ira terminer ses jours dans une famille qui l'accepte
moyennant certaines conditions toujours couchées sur papier
notarié.

La mort du colon, comme celle de son épouse, est accueillie
par la famille avec un religieux respect. Quand le décès est
constaté, on se hâte d'aviser le curé, les proches et les parents
de la paroisse. Un voisin se charge d'habitude de la toilette
du défunt auquel, s'il est à l'aise, on met ses plus beaux
vêtements. S'il est pauvre, on l'enveloppe dans un drap car
l'habit servira à son fils aîné. Puis on le place sur un lit dans
la pièce principale de la maison. Chaque habitant de la paroisse
se fait un devoir de venir réciter une prière pour le repos de
l'âme du défunt. Sur une petite table à côté du lit mortuaire,
on a déposé un vase d'eau bénite et une petite branche de
sapin; chaque visiteur, sa prière terminée, asperge le défunt.
Toutes les heures de la soirée et de la nuit on récite le chapelet
à haute voix. Les funérailles ont lieu dès le lendemain matin.
Souvent le défunt a lui-même pris soin de confectionner
d'avance son cercueil; sinon, un voisin le fabrique en hâte au
cours de la soirée. Avant le départ de la maison le défunt y est
déposé et les personnes présentes l'aspergent une dernière

fois. Le couvercle du cercueil n'est mis en place et cloué que lorsqu'il est hors de la maison. Alors on se dirige vers l'église. Si la distance est courte, le cercueil est porté par des amis et des voisins. Sinon on le place sur une charrette ou un traîneau, selon la saison. Au passage du cortège funèbre, chacun s'age-nouille, courbe la tête, fait un signe de croix ou murmure une dernière prière. En été, l'inhumation a lieu immédiate-ment après la cérémonie religieuse. En hiver, le cadavre est placé dans une cabane, appelée charnier, bâtie à côté de l'église. L'enterrement de tous ceux qui y ont été placés a lieu le même jour, au printemps, après le dégel du sol, et la date en est annoncée par le curé au prône du dimanche précédent.

CHAPITRE VI

LA VIE RELIGIEUSE

I. — LA VIE MISSIONNAIRE

La vocation religieuse du Canada.

LA NOUVELLE-FRANCE est née sous le signe de la religion. Lors de son premier voyage, Jacques Cartier plante une croix, symbole de la prise de possession au nom de Dieu et du roi de France de cette nouvelle terre d'Amérique. Ses compagnons, derrière lui, genou à terre, les mains jointes, adorent la croix. D'ailleurs la commission que Cartier détient, signée de François Ier, précise qu'il doit œuvrer « pour l'augmentation du saint et sacré nom de Dieu et de notre mère sainte Eglise catholique ». Cartier parle de Dieu aux indigènes qu'il rencontre depuis Terre-Neuve jusqu'à Hochelaga (Montréal).

Quelques décennies plus tard, voici Champlain pour qui l'établissement français en Amérique est le « seul et unique moyen d'y faire reconnaître le nom du vrai Dieu et d'y établir la religion chrétienne ». Les paroles qu'il prononce devant Louis XIII sont le reflet de sa pensée et de son action ; il invoque la grâce spéciale de Dieu qui a voulu réserver au règne du Roi Très Chrétien la prédication de l'Evangile et la connaissance de Dieu à des peuples qui n'en avaient jamais entendu parler.

A la suggestion de Champlain, le cardinal de Richelieu n'hésite pas à reconnaître l'égalité civile et juridique aux Indiens baptisés qui deviennent alors les égaux des sujets du roi, et ceci même en France où ils pourront « venir habiter quand bon leur semblera et y acquérir, tester, succéder et accepter donations et legs...». La religion se présente comme la base la plus solide du nouvel édifice français en cette terre d'Amérique, l'apostolat religieux comme le vrai but de la colonisation.

Phénomène plus révélateur encore, si au Canada l'impératif religieux est reconnu, en France il l'est aussi. Sous le règne de Louis XIII s'établit une chaîne de prières pour les vocations de la Nouvelle-France, pour la conquête spirituelle de ce pays. Messes, oraisons, mortifications constituent, jour et nuit, des gerbes d'offrandes à la Providence pour qu'elle accorde son appui à l'œuvre canadienne.

Les tribulations du missionnaire.

Le personnage qui va réaliser le mieux cette vocation religieuse du Canada est le missionnaire, terme nouveau au XVIIe siècle.

La vie du missionnaire de la Nouvelle-France passionne le monde de l'époque. Les jésuites, qui ont fourni la cohorte la plus nombreuse et la plus active aux missions canadiennes, envoient régulièrement le récit des événements courants, qui sont publiés sous le titre : *Relations*. Saint Ignace l'avait prescrit : « On écrira ce que chacun fait.» L'équipée héroïque des missionnaires est lue en France avec la même curiosité, le même intérêt, le même enthousiasme, la même admiration que le seront les récits des grands explorateurs au XIXe siècle.

Les *Relations* suscitent des vocations aussi bien chez les laïcs que chez les clercs, et ceci en dépit du fait que les religieux décrivent avec sincérité et réalisme la vie rude et difficile à laquelle ils sont astreints. Ils ne cachent pas la vérité et dépeignent avec franchise les mille et une obligations du missionnaire. Telles ces *Instructions pour les pères qui seront envoyés aux Hurons*, lesquelles n'offrent rien de particulièrement séduisant :

« Faites-vous aimer des sauvages d'abord. Essayez de vous les attacher par des petits services tels que : emporter un miroir ardent pour leur faire du feu pendant le jour pour qu'ils puissent pétuner (fumer la pipe). Efforcez-vous de manger sans dégoût leur sagamité, de prendre une collation le matin, car les « barbares» ne mangent qu'au lever et au coucher du soleil quand ils sont en voyage. Soyez prompts à prendre place dans le canot, à débarquer prestement en ayant pris la précaution de retrousser vos habits pour ne pas les mouiller. Ne vous rendez surtout pas importuns auprès des sauvages, supportez leurs imperfections sans mot dire. Si vous devez les réprimander, faites-le avec des paroles et des signes d'amour et non pas d'aversion. N'oubliez pas que les petits cadeaux font plaisir aux Indiens, soyez pourvus d'une demi-grosse d'alènes, de deux ou trois douzaines de petits couteaux… pour pouvoir acheter votre nourriture. Dans les portages, essayez de les aider, transportez quelques petites choses selon vos forces. A défaut de belles paroles, faites bon visage à l'Indien que vous rencontrez. Faites-le pour Jésus-Christ qui est notre vraie grandeur, c'est lui seul et sa croix que nous devons chercher en courant après ces peuples.»

Les incommodités de la vie quotidienne.

Le missionnaire accompagne les indigènes dans leurs pérégrinations. Accepté dans une cabane ou un simple abri de fortune pour y passer la nuit, il est en butte à mille incommodités : le froid, le chaud, la fumée; sa tête touche à l'extrémité de la hutte où s'infiltre la neige; ses pieds, même s'il doit dormir les jambes repliées, atteignent presque le feu qui brûle au centre. La fumée est un véritable martyre, elle le fait pleurer, lui cuit les yeux. Il essaie cependant de lire les psaumes de son bréviaire, mais souvent il doit refermer le livre, « n'y voyant rien que confusion ». Le repas est rarement un festin : de l'eau pure, des mets à base de farine de blé d'Inde bouillie dans de l'eau et épaisse comme de la colle.

Le coucher sur la terre nue, la vermine toujours présente, l'impossibilité de s'isoler pour quelque étude ou méditation, le voisinage de dix ou quinze personnes, d'enfants de tous âges qui s'agitent, crient, se disputent tandis que les adultes tiennent conversation, que les chiens rôdent et mettent leur museau partout, voilà un aspect de l'existence d'un missionnaire. Il arrive que la faim se fasse sentir et que le gibier manque. Le missionnaire se contente alors de mastiquer de vieilles peaux d'orignal « qui sont bien plus dures que les peaux d'anguille»; il se nourrit de bourgeons d'arbres et des écorces les plus tendres.

Dans de nombreuses tribus indiennes, le sorcier voit d'un mauvais œil ce concurrent, cet intrus qui affaiblit sa propre emprise sur le peuple. Aussi le poursuit-il de ses attaques. Il se moque de lui, le compare à un chien, « à un capitaine de chiens, à un ours ». Il l'apostrophe en public et tout le monde s'esclaffe, les enfants surtout. Profitant du peu d'expérience du missionnaire dans la langue indigène, il lui fait écrire des « choses sales» et les lui fait lire à la grande hilarité de tous. Le père Brébeuf ajoute, à l'intention des novices missionnaires : « Votre vie ne tient qu'à un fil et puis vous êtes responsables de la stérilité ou de la fécondité de la terre, sous peine de vie : si vous ne faites pas pleuvoir, on ne parle pas moins que de se défaire de vous. » Mais il conclut superbement : « Je vous déclare que cela n'a servi qu'à me confirmer davantage dans ma vocation.»

La journée du missionnaire.

Malgré toutes ces misères, la vie du missionnaire est réglée comme dans un monastère. Il se lève à quatre heures du matin, médite, célèbre la sainte messe, sauf empêchement majeur, et, jusqu'à huit heures, fait des lectures spirituelles.

Il ouvre alors sa porte aux Indiens et « c'est une avalanche» de curieux, de mendiants, de catéchumènes, de néophytes qui agissent comme s'ils étaient chez eux, s'installent là où il leur plaît, furètent à gauche et à droite. Il ne faut pas les quitter des yeux car ils ont tôt fait de faire disparaître un objet, des provisions, et même un meuble.

Cette affectueuse réception se prolonge jusqu'à midi. Le missionnaire a écouté les doléances, soigné les malades, offert quelque nourriture, a parlé de Dieu et des saints mystères auxquels ils ne comprennent rien. De midi à deux heures, catéchisme aux enfants; certains jours de la semaine la leçon se termine à une heure et est suivie de l'instruction des caté- chumènes. Pendant ce temps un autre missionnaire visite les cabanes, « cherchant les enfants et les adultes en danger de mort, les enseignant, les baptisant». C'est une nouvelle preuve d'abnégation car «avant d'arriver au bout de la longue demeure indienne on sera couvert de vermine, de suie et d'immondices». L'accueil n'est pas toujours des plus cordiaux; aux injures, aux insultes le missionnaire oppose la patience.

Dès deux heures, après un examen de conscience, le père déjeune, tout en empêchant les sauvages, décidément effrontés, de puiser dans la marmite.

Pendant l'heure du déjeuner, il lit la Bible. Au dîner, ce sera le *Paradis ouvert à Philagie* du jésuite Paul de Barry.

Puis les visites des sauvages recommencent, la tournée des cabanes aussi. A quatre heures, c'est la prière, la récitation du bréviaire, la correspondance, la relation des événements du jour, l'étude de la langue indienne.

Après le dîner, exercices pieux, puis coucher.

Le dimanche, l'emploi du temps change un peu. Le mission- naire célèbre la messe chantée, procède à la distribution du pain bénit, récite les vêpres, enseigne le catéchisme, chante les complies à cinq heures et, entre-temps, visite les cabanes.

Toute solennité est marquée par un effort d'ornementation : feuillages, bouquets, guirlandes, étoffes aux couleurs vives rehaussent les cérémonies religieuses.

Le bagage du missionnaire est très simple, surtout en voyage : une couverture sur le dos pour la nuit, un sac à la main, où sont rangés, près des objets de la sainte messe, des aiguilles, des hameçons, de la verroterie, qui seront offerts en présents ou en échange de logement et de nourriture.

Décidés à vaincre tous les obstacles, les missionnaires se sont appliqués à l'étude des langues indigènes, ils sont devenus les élèves des Indiens. Tous n'ont pu maîtriser ces langues, mais quelques-uns, tel le père Chaumonot, y ont excellé :

« Il n'y a dans le huron ni tour, ni subtilité, ni manière de s'énoncer dont je n'aie eu la connaissance et fait pour ainsi dire la découverte. »

Les méthodes d'évangélisation.

L'évangélisation, basée sur le dévouement sans limites des missionnaires, s'organise dès le début. Au zèle apostolique, dont les quatre piliers sont l'affabilité, l'humilité, la patience et la charité généreuse, s'ajoute le souci de créer un embryon d'administration capable d'assurer plus rapidement et plus profondément l'apostolat auprès des Indiens.

Deux méthodes se présentent : l'assimilation et l'adaptation. L'assimilation ne veut rien de moins que franciser les sauvages, surtout les jeunes, en les mêlant à des enfants français. L'expérience est tentée sérieusement en 1668 lors de l'ouverture du petit séminaire de l'Enfant-Jésus où sont groupés huit Français et six Hurons ; elle échoue bientôt, car les parents hésitent à se séparer de leurs enfants et ceux-ci sont repris par le goût des courses en forêts, peu compatibles avec les activités d'un petit séminaire.

Cette méthode a un peu plus de succès chez les filles, élèves des ursulines de Québec, qui s'assimilent surtout par leur mariage avec des Français.

A Versailles, on se fit beaucoup d'illusions sur les possibilités de francisation, et Colbert a accusé les jésuites de mollesse : « Leur raison a été, dit-il, qu'ils ont cru conserver plus purement les principes de la sainteté de notre religion en tenant les sauvages convertis dans leur forme de vivre ordinaire qu'en les appelant parmi les Français. » Voilà des reproches adressés un peu à la légère quand on sait combien les Indiens étaient attachés à leur mode de vie. C'est d'ailleurs le contraire qui se produit : il est plus facile de faire d'un Français un sauvage, que d'un sauvage un Français. Le milieu géographique l'impose.

Reste l'adaptation; encore pose-t-elle des problèmes. Au début, les missions sont strictement itinérantes. Le missionnaire suit les Indiens dans leurs déplacements ou s'installe quelque temps dans leur village. Mais alors les religieux sont isolés, sans directives, souvent en danger. Le père Lalemant se prononce contre ce système; il lui préfère celui qu'utilisent les jésuites du Paraguay et qui consiste à créer une mission centrale qui délègue des missionnaires dans les tribus. La solitude est moins grande, la vie religieuse plus active.

Dès lors on cherche à sédentariser les Indiens. « Si je puis tirer quelques conclusions des choses que je vois, écrit le père Le Jeune à son supérieur, il me semble qu'on ne doit pas espérer grand-chose des sauvages tant qu'ils sont errants. Vous les instruisez aujourd'hui, demain la faim vous enlèvera vos auditeurs, les contraignant d'aller chercher leur vie dans les fleuves et dans les bois... » Arrêter leurs courses signifie pratiquement installer une véritable bourgade, une « mission » où les Indiens apprendront à cultiver la terre, à se suffire à eux-mêmes sans être secourus. Des religieux sont attachés à ces postes et peuvent avoir plus de loisir pour évangéliser les sauvages et créer une petite communauté chrétienne. Ainsi s'établit la mission de Sillery, près de Québec, où trente familles algonquines se groupent dès le début.

Dans ces bourgades les jésuites peuvent former plus soigneusement leurs ouailles à la piété et aux vertus chrétiennes. S'ils continuent de se nourrir, de s'habiller à leur manière, s'ils peuvent pêcher et chasser, les Indiens cultivent la terre, s'initient à la pratique des petits métiers suivant leurs aptitudes, apprennent à lire et à écrire. On leur interdit de trop croire aux songes, de changer de femme et de s'enivrer; mais ces prescriptions ne sont pas toujours respectées.

« L'évangélisation progresse, écrit l'auteur d'une *Relation*. Là où on ne trouvait pas à notre arrivée un seule âme qui connût le vrai Dieu, on ne rencontre pas aujourd'hui, malgré les persécutions, les disettes, la faim, la guerre et la peste, une seule famille où il n'y ait des chrétiens. Voilà l'œuvre d'au moins vingt années. »

Le missionnaire dans son rôle d'évangélisateur n'a pas la tâche facile. Il doit tenir compte des croyances des Indiens et, adroitement, leur présenter les vérités de la religion chrétienne. Les heurter de front, se moquer de leurs croyances, tourner en dérision leur crédulité pour les songes, serait se priver de toute chance de les convertir.

Un trait du caractère des Indiens joue en faveur du missionnaire : la curiosité. Quelques jésuites ont su exploiter cet avantage. D'abord, devant son auditoire, le missionnaire récite quelques prières chrétiennes en langue indienne, puis il répond aux questions. Celles-ci sont très variées : « Pourquoi meurt-on ? » « La nuit est-elle universelle par tout le monde ? » Les réponses du jésuite s'orientent vers l'enseignement religieux. Il faut beaucoup d'adresse, de tact, de connaissance de l'âme indienne pour tirer parti de ce dialogue. Cette patience, cette souplesse n'a pas été générale chez tous les missionnaires. Trop nombreux sont ceux qui ont voulu plus imposer que séduire et convaincre; ils n'ont pas compris que les Indiens mettaient une grande part de fierté à défendre leurs croyances.

La discussion continue, mais c'est le jésuite qui pose alors les questions. Il les choisit dans le répertoire des connaissances de la nature capables d'intéresser particulièrement les sauvages. Il leur demande si la lumière est aussi haute dans le ciel que les étoiles, la grosseur du soleil. S'il rectifie leurs réponses, c'est en faisant allusion « aux points de notre créance », aux vérités de la religion chrétienne.

Quel enthousiasme mettent les missionnaires à cet apostolat ! Quel bonheur pour celui qui réussit à convertir un sauvage ! Ils préfèrent cela à « la conquête d'un empire tout entier ». Toutes les peines s'effacent devant cette faveur du Ciel.

Même en captivité cette ardeur d'évangélisation se maintient. Le R. P. Jogues battu, mutilé, le corps couvert de charbons brûlants s'adresse aux Algonquins, prisonniers des Iroquois comme lui, et « s'efforce de les conduire à la connaissance du Créateur ». Il réfute leurs contes sur la création de l'univers par une tortue, il leur montre que le soleil n'est doué ni d'intelligence ni de vie, « qu'il n'est nullement un dieu ». Persistent-ils à accorder à cet astre une valeur divine, il leur fait comprendre combien le maître du soleil est plus beau encore.

Quand ils le peuvent les missionnaires mettent beaucoup
de dignité dans leurs rapports avec les Indiens. Le père Brébeuf
reçoit les sauvages du village amenés par leur capitaine. Il
a revêtu un surplis, coiffé son bonnet carré. Tous à genoux
chantent le *Pater* « réduit en vers hurons». Le père procède
alors à une petite leçon suivie d'interrogations et il remet
« un canon de verre» en récompense à ceux qui ont fait une
bonne réponse.

Les réactions des Indiens.

Les réactions des sauvages à l'évangélisation sont différentes
selon les cas. Si la morale enseignée est trop austère, les Indiens
répondent : « Tes usages ne sont pas les nôtres, ton Dieu ne
peut être notre Dieu.» Les Hurons voient dans le baptême
un talisman pour bien se porter ou un « langage nouveau
sur leurs mœurs pour leur apprendre à clouer leurs chairs»
comme Jésus-Christ sur la Croix. Quant aux femmes huronnes,
craignant que le baptême ne contraignent les hommes à
devenir monogames, elles le déconseillent vivement.

Le sixième commandement paraît bien difficile à observer
car la pudeur de la femme ou de la jeune fille passe pour
inconvenante. Les chefs hurons sont les premiers à pratiquer
la licence et l'immoralité. Leur parler de la pureté du christianisme semble une gageure et demande des prodiges de souple
diplomatie.

Le missionnaire est toujours en danger, même chez les tribus
les plus paisibles, les moins primitives. Ainsi en cas d'épidémie,
et c'est chose fréquente, les Indiens recherchent les causes
surnaturelles du mal. Les sorciers s'activent en incantations,
cérémonies de toutes sortes, pour extirper l'esprit du mal.
S'il résiste à leurs sollicitations, à leurs promesses, c'est qu'un
esprit supérieur le dirige. Les soupçons se portent sur les
« robes noires», les jésuites, qui se disent si puissants. Les
sorciers sont les premiers à lancer ces accusations qui trouvent
vite créance.

Alors les menaces se précisent, le Dieu des chrétiens est
présenté comme un génie malfaisant et son « sorcier » doit

être puni de mort. Cet état de violence peut même se produire dans les missions sédentaires comme à la résidence Saint-Joseph où les pères Brébeuf et Chaumonot sont accablés d'outrages, roués de coups et obligés de quitter la bourgade.

Les événements peuvent tourner plus mal et conduire les religieux au supplice.

Les supplices.

Parmi les premiers martyrs français il faut citer les jésuites de la Nouvelle-France. Ce risque était inclus dans leur mission, tous l'ont accepté, certains l'ont même cherché comme le seul aboutissement logique de leur vocation : mourir comme le Christ.

Et ils ont souffert. Les Indiens ont su, à leur habitude, faire durer la torture. Dépouillés de leurs vêtements, les ongles arrachés, les pères Brébeuf et Gabriel Lalemant sont conduits dans le bourg indien où ils sont reçus à coups de bâton sur les épaules, les reins, les jambes, l'estomac, le ventre et le visage. Horriblement tuméfiés, ils exhortent les captifs chrétiens à accepter la souffrance pour la gloire de Dieu. Leurs geôliers, mécontents de cette attitude à la fois héroïque et humble, leur coupent une main, percent l'autre d'alènes aiguës et de pointes de fer, appliquent des haches rouges autour de leur cou, leur attachent des ceintures d'écorce pleines de poix et de résine et y mettent le feu.

Au plus fort de la souffrance, les martyrs continuent d'invoquer Dieu et même d'exhorter ces infidèles à la foi. Indignés, les bourreaux leur coupent les lèvres et le nez. Ils se souviennent des enseignements des pères sur le baptême et, par dérision, les aspergent d'eau bouillante.

La durée du martyre varie selon la fantaisie des femmes et des enfants. Le supplice de René Goupil dure six jours, au cours desquels il doit coucher à périodes intermittentes sur des cendres et des charbons brûlants. Le père Jogues est massacré dès son arrivée au bourg indien : il est mis à nu, sa chair est découpée en lambeaux, puis on lui tranche la gorge.

Le père Antoine Daniel est tué d'une balle en pleine poitrine alors qu'il sort de la chapelle.

Les résultats.

L'évangélisation peut-elle, comme la politique, se juger à ses résultats? D'année en année, le nombre des baptisés augmente. Chez les Hurons, vingt-deux baptêmes sont conférés en 1635, cent quinze en 1636, trois cents en 1637. Progression révélatrice de l'ardeur des jésuites. Pourtant ces nouveaux chrétiens sont rarement des adolescents ou des adultes. Le père Charles Garnier baptise une centaine d'Indiens dans un village atteint d'une épidémie. Quarante-quatre meurent peu après dont vingt petits enfants à la mamelle. Les missionnaires rencontrent rarement de l'opposition au baptême des vieillards à l'article de la mort ou des enfants moribonds, car cet exorcisme est alors regardé comme un remède ou l'assurance d'une vie meilleure dans l'au-delà.

Quand l'Indien se convertit sincèrement, s'il fait partie d'une communauté chrétienne, son attitude est souvent méritoire. Il se rend deux fois par jour à l'église, le matin pour la messe, le soir pour la prière qui est chantée à haute voix par toute l'assistance. Il écoute avec beaucoup d'attention les sermons, ne manque pas de se confier au prêtre, lui fait part de ses peines, de ses joies. Si les Indiens tiennent un conseil, ils députent au religieux un des leurs pour le prier d'assister au débat, et l'avis de la robe noire fixe souvent leur décision. Au festin, la place d'honneur est réservée au missionnaire. Il arrive aussi que certains Indiens soient marqués par l'Esprit Saint. Leur vie s'apparente à celle des bienheureux de l'Eglise. C'est le cas de la sainte iroquoise Catherine Tekakouita qui conserve, en dépit des menaces de ses parents, des offres des membres de sa tribu, une parfaite pureté; qui supporte dignement les plus lourds sacrifices avec la joie de les offrir à Dieu. Certaines conversions sont restées fameuses. Celle, par exemple, du grand chef iroquois de la nation des Onnontagués, Garakontié. Spontanément sympathique aux Français, il se

signale d'abord par la protection qu'il accorde aux missionnaires, aux objets du culte, évitant qu'ils ne soient profanés.
Au cours d'une visite officielle à Québec, il reçoit le baptême,
parrainé par le gouverneur de Courcelles. Pour marquer l'importance qu'il accorde à cette cérémonie, ce dernier fait saluer
l'événement par une décharge de tous les canons du fort,
tandis qu'une haie de soldats rend les honneurs au chef indien.
Celui-ci se montre digne de sa promesse. Il soutient et la foi et
la paix. Aux membres de sa tribu, il tient un ferme langage :
« N'attendez pas de moi que je m'emploie pour appuyer et
favoriser vos songes ou pour maintenir et autoriser les coutumes
superstitieuses de nos ancêtres. Tout cela est défendu maintenant comme étant contraire aux lois de Dieu.»

Un autre Huron, Joseph Chihouatenhoua, est de la même
trempe. Avant sa conversion il était déjà essentiellement
religieux, et menait une vie exemplaire. Il n'avait qu'une
femme et lui restait fidèle, dans un milieu où la polygamie est
naturelle. Quand le père Jérôme Lalemant arrive pour la première fois à son village et lui parle des mystères de la foi, il
adhère immédiatement à cette croyance car elle est conforme
à sa logique. Lorsque, plusieurs années après avoir été baptisé,
un missionnaire lui demande comment il conçoit Dieu, il
répond que chaque matin il récite une prière conçue à peu près
en ces termes :« Créateur, enfin je te connais ; à la bonne heure,
enfin je puis causer avec toi. C'est toi qui as fait cette terre que
voilà et ce ciel que voilà ; tu nous as faits, nous autres, qui
sommes appelés hommes. Tout ainsi comme nous sommes
maîtres du canot que nous avons fait canot et de la cabane que
nous avons faite cabane, de même tu es maître, toi qui nous as
créés ; c'est peu toutefois que nous sommes maîtres de tout ce
que nous avons ; peu de temps seulement nous sommes maîtres
du canot que nous avons fait canot et de la cabane que nous
avons faite cabane ; peu de temps seulement en sommes-nous
les maîtres...» Naturellement, les jésuites sont enchantés de
cette sereine et naïve conception théologique. Mais les Garakontié et les Chihouatenhoua sont rares.

Les autres activités des missionnaires.

Les missionnaires ne se sont pas strictement limités à l'évangélisation. Conscients de l'importance de la politique « indigène» de la France au Canada, ils s'affairent en d'autres domaines. Ils sont d'habiles ambassadeurs auprès des nations indiennes. Le 11 mai 1646, le père Isaac Jogues est envoyé « en mission de paix» chez les Iroquois qu'il connaît bien pour avoir été leur prisonnier. Il sait qu'ils sont fourbes, qu'ils font croire à leur désir de paix alors qu'ils projettent depuis longtemps d'exterminer les Hurons, amis des Français, pour ne faire « qu'un seul peuple et qu'une seule terre».

Le missionnaire renseigne aussi discrètement les autorités civiles « Il y a ici près de trois cents arquebuses, sept cents Iroquois; ils sont habiles à les manier; ils peuvent arriver aux Trois-Rivières par divers fleuves», écrit le père Jogues sur une feuille de bouleau qu'il dépêche en hâte au gouverneur.

Dans leurs sermons, les missionnaires introduisent habilement des remarques d'ordre politique. Les jésuites s'adressent de cette façon aux Papinachois : « Vous connaissez Onontio (le gouverneur général), le célèbre capitaine de Québec; vous savez qu'il est la terreur des Iroquois, son nom seul les fait trembler depuis qu'il a désolé leur pays et porté le feu dans leurs bourgades. Eh bien, il y a au-delà des mers dix mille Onontios comme celui-là, ils ne sont que les soldats de ce grand capitaine, notre grand roi dont je vous parle.»

Les missionnaires figurent aussi parmi les célèbres découvreurs de l'Amérique du Nord. Le père Albanel fait deux voyages vers la baie d'Hudson, passe par Tadoussac et le lac Saint-Jean pour atteindre la baie James après avoir surmonté les difficultés et les fatigues les plus incroyables. Il décrit les contrées qu'il a traversées : « Il y a deux cents chutes d'eau et partant deux cents portages où il faut porter canot et équipage… Il y a quatre cents rapides où il faut toujours avoir une longue perche à la main pour les franchir.» A soixante ans, il fait son second voyage avec le seul dessein d'évangéliser les tribus du Nord.

Le père Marquette a associé son nom à la découverte du Mississippi avec Joliet. En 1673, ils font route vers le sud, dans un pays totalement inconnu. Arrivés au 42ᵉ degré de latitude ils découvrent le fleuve et le descendent jusqu'au 33ᵉ degré. Pendant ce voyage d'exploration, le père Marquette n'a pas perdu de vue l'évangélisation des Indiens. Il rencontre des tribus d'Illinois, dociles et doux. Il reviendra pour leur porter la parole de Dieu, mais il mourra quelques mois plus tard.

Les missionnaires ont aussi fait avancer les sciences. Le père Lafiteau découvre au Canada une plante médicinale fameuse en Chine : le gin-seng. Elle se révèle excellente comme fortifiant, permet d'engraisser, « d'augmenter les esprits vitaux ». Les Indiens la connaissent sous le nom iroquois de « garent-oguen » qui d'ailleurs a la même signification que le mot chinois gin-seng : « cuisse de l'homme ». Ils l'emploient aussi comme remède à la dysenterie et comme fébrifuge, surtout pour les bébés. Le mérite du père Lafiteau est d'avoir reconnu cette plante qui fait alors l'objet d'un grand commerce en Asie et de la signaler dans un mémoire au Régent, le duc d'Orléans, pour proposer d'en faire le commerce au bénéfice de la Nouvelle-France plutôt que de l'importer de la Tartarie.

Aux côtés des missionnaires se trouvent, dès le XVIIᵉ siècle, des auxiliaires qu'on appelle « les donnés ». Ces auxiliaires ont la charge des travaux matériels de la mission. Ils ne prononcent pas de vœux communautaires. L'accord se conclut par un simple acte de donation, tel le cas du donné Le Coq en 1639 : « Je soussigné déclare que, de ma propre volonté, je me suis donné à la Compagnie de Jésus pour servir et assister de tout mon pouvoir et industrie les pères de ladite compagnie qui travaillent au salut et à la conversion des âmes, particulièrement ceux qui sont employés à la conversion des pauvres sauvages et barbares de la Nouvelle-France. » Ces missionnaires laïques sont d'abord sept puis vingt-trois à la mission huronne.

Les religieux de la Nouvelle-France ont de tout leur cœur voulu faire de ce pays une terre chrétienne, et des Indiens, de sincères catholiques. Ils étaient persuadés que leur apostolat se justifiait par le bien indéniable que la religion apportait aux

« sauvages ». Ils étaient scandalisés par le mode de vie des Indiens, par leur amoralité, par les difficultés d'existence des nomades, la fréquence des épidémies, des disettes. Le seul et unique remède qu'ils concevaient et qui était directement en rapport avec la gloire de Dieu, était de convertir les Indiens à la civilisation chrétienne.

Mais la plupart des Indiens n'étaient pas mûrs pour cette brusque transformation de leurs habitudes ancestrales. Aussi les résultats ne furent-ils pas proportionnés aux sacrifices des missionnaires qui donnèrent leur vie, joyeusement, pour agrandir le royaume de Dieu. L'exemple du père Jogues en témoigne. Martyrisé une première fois par les Iroquois qui lui coupent les doigts, il ne pourra dire la messe avec ses mains mutilées que grâce à une permission spéciale du pape Urbain VIII. Il retourne chez les Indiens, est à nouveau martyrisé et meurt au poteau de torture. Les indigènes se sont acharnés sur lui parce qu'il était chauve, alors que l'abondance de la chevelure était pour eux une marque de supériorité.

Pour transformer de telles superstitions solidement ancrées dans les mœurs, il aurait fallu plusieurs dizaines d'années et des prodiges de patience et de conviction. De plus, les missionnaires avaient à lutter contre un autre ennemi, qui, lui aussi et insensiblement, paralysait leurs efforts : le trafiquant de fourrures.

II. — LA VIE PAROISSIALE

L'organisation de la paroisse.

La vie paroissiale débute lentement en Nouvelle-France. La formation graduelle de villages constitués d'émigrés français nécessite une organisation religieuse. Le service des colons requiert un clergé séculier qui se constituera progressivement, surtout sous l'impulsion de Mgr de Laval.

Dès le début, le service pastoral est exercé par les missionnaires, mais d'une manière occasionnelle seulement, et les colons s'en plaignent. Les missionnaires utilisent des chapelles portatives et célèbrent une ou deux messes chaque dimanche dans une habitation de colon. L'Eglise canadienne, en formation, se heurte à deux difficultés : en premier lieu la grande dispersion des zones de colonisation échelonnées le long du Saint-Laurent depuis Tadoussac jusqu'à Montréal. Puis le manque d'effectifs : d'où l'impossibilité d'établir un ministère permanent dans chaque village.

En 1683, vingt-cinq curés et missionnaires doivent assurer le service religieux de la Nouvelle-France sur une bande territoriale de plus de mille kilomètres.

La plupart des prêtres sont jeunes, vigoureux, mais ils doivent fournir un travail très fatigant tant leurs circonscriptions sont immenses. M. de Saint-Claude, Canadien de vingt-huit ans, doit desservir toute la côte sud du fleuve comprenant les régions de Berthier, de la Durantaie, Beaumont, Lauzon, Saint-Nicolas, Sainte-Croix et Lotbinière, soit près de deux cents kilomètres de distance.

Au début les cures sont provisoires et n'ont pas de titulaire fixe. Le séminaire de Québec délègue des prêtres dans les paroisses où ils ne passent que quelques semaines. Les autorités civiles et les colons ne sont pas satisfaits d'un tel système. Le gouverneur Frontenac sollicite des instructions précises de la Cour pour obliger Mgr de Laval à organiser des cures fixes. L'évêque accepte à condition que les curés puissent bénéficier d'un revenu suffisant pour vivre.

Ainsi s'organise le plan général de la répartition des paroisses qui comprend vingt-cinq cures et missions au début du XVIIIe siècle. Ces paroisses sont très pauvres. A cette époque il n'y a que neuf églises de pierre; les autres sont faites de bois, en colombage ou plus simplement en pieux, couvertes de chaume.

La Paroisse.

Les presbytères, quand ils existent, car souvent les prêtres logent chez l'habitant, manquent même du nécessaire. L'église et le presbytère sont édifiés sur quelques arpents de terre donnés par le seigneur. M. de la Bouteillerie, à Rivière-Ouelle, fait don de quatre arpents de terre pour « servir à l'emplacement d'une église». En 1685 s'élève une petite chapelle de bois dédiée à Notre-Dame-de-Liesse symbolisant la paroisse qui a pour premier desservant l'abbé Morel. Le curé ouvre le registre des baptêmes, des mariages et des sépultures.

En 1690, sous le ministère de l'abbé de Francheville, qui est un prêtre canadien, la paroisse compte déjà près de cent familles. En 1694, on bâtit une église à la place de la petite chapelle. Elle est aussi en bois, mais le premier curé en titre, l'abbé Bernard de Roqueleyne, prêtre français, peut loger dans le vieux manoir seigneurial restauré qui devient le presbytère.

La paroisse de Québec est la plus importante. Le premier curé en titre est M. de Bernières, arrivé en même temps que Mgr de Laval et qui fait construire un presbytère en 1661; une bonne maison de pierre d'une valeur de huit mille cinq cents livres dont les habitants doivent payer les trois quarts, Depuis 1657 Québec dispose d'une belle église de pierre, dédiée à Notre-Dame-de-la-Paix pour commémorer la paix signée avec les Iroquois. Elle a la forme d'une croix latine avec un chœur de forme semi-circulaire. Ses dimensions sont moyennes : trente mètres de long sur douze de large. Son clocher de bois, qui s'élève au-dessus du transept, ne porte qu'une cloche en 1657, trois en 1664. L'évêque est fier de son église épiscopale, il l'écrit au Saint-Siège : « Ici il y a une basilique de pierre, elle est grande et magnifique, l'office divin s'y célèbre suivant le cérémonial des évêques; nos prêtres, nos séminaristes ainsi que dix ou douze enfants de chœur y assistent régulièrement. »

Les objets du culte comprennent de très beaux ornements : huit chandeliers d'or, des calices, des ciboires, des burettes dorées ou en argent.

En 1664 l'église possède ses orgues apportées de France par Mgr de Laval. C'est une véritable paroisse de petite ville française que celle de Québec, mais les morsures du temps, surtout d'un hiver bien long, attaquent la toiture. Cri d'alarme

dès 1664 : il faut cent mille ardoises et deux cent mille clous
pour la refaire. Les travaux coûteront deux mille livres et les
matériaux doivent être achetés à Nantes. Effet néfaste de la
neige sur le clocher de bois : pendant dix-huit mois on ne
sonne plus les cloches de peur de le voir s'effondrer. C'est
Louis XIV qui puisera dans sa cassette pour la restauration du
clocher de Québec : plus de dix mille cinq cents livres en
trois ans.

Les revenus.

Les revenus de la paroisse proviennent de diverses sources.
D'abord les bancs, dont beaucoup sont achetés par des familles;
en 1666, les dix-sept bancs payants rapportent cent quatre-
vingt-treize livres à l'église. Cette même année, une autre
source de revenus, celle des quêtes, rapporte plus de sept cents
livres. Le casuel des grand-messes du Saint-Sacrement fournit
deux cents livres. Les biens de l'église sont administrés par
la Fabrique, réunion des marguilliers élus par les francs-
tenanciers. Les marguilliers en exercice et les anciens nomment
un conseil composé de trois membres qui s'occupe de l'entretien
de l'église, des réparations, des achats, des emprunts, des ventes,
de la gestion des biens de l'Eglise et du recouvrement des
revenus.

La Fabrique de Québec possède des terres qu'elle afferme :
celle du cap Diamant qui rapporte trente-six livres, celle du
cap Rouge et une maison. Les fidèles sont parfois en retard
dans leurs versements à la Fabrique ; et en 1661 une ordonnance
de l'évêque stipule qu'il faut payer par avance. car les arré-
rages atteignent plus de mille livres. On exempte les pauvres de
cette obligation.

Les cérémonies coûtent cher. En 1668, l'enterrement de
M. Bourdon comporte trois services religieux, puis une grand-
messe solennelle chaque année, pendant douze ans, pour le
repos de son âme, une grand-messe avec diacre et sous-diacre,
des taffetas, de l'argenterie, dix livres de cierges. En tout,
cent quatre-vingt-sept livres et dix sols.

Le revenu principal du curé est, comme en France, la dîme. Jusqu'en 1663 cette redevance n'a pas été perçue en Nouvelle-France ; les récollets puis les jésuites ont assuré gratuitement leur ministère aux colons. Mgr de Laval l'instaure pour subvenir aux besoins grandissants de l'Église et pour pourvoir à l'existence des curés dans les nouvelles paroisses fixes. Mais contrairement à ce qui se passe en métropole, elle n'est pas versée directement à la cure mais au séminaire qui assure, par ses prêtres et ses missionnaires, le service religieux aux colons. La dîme est fixée au treizième et non pas au dixième.

Mais les fidèles ont pris goût à la gratuité. Les plaintes, les récriminations pleuvent, entretenues, dit-on, par des esprits malveillants et malgré un adoucissement du taux qui descend au vingtième. A Trois-Rivières on refuse d'afficher la loi sur la dîme. C'est une véritable révolte qui se développe au point de rendre précaire la présence du missionnaire, l'abbé Morel, à la côte de Beaupré. La taxe n'est pas payée jusqu'en 1667. Un accommodement intervient : elle est établie au vingt-sixième, est payable au curé, en blé qui doit être livré sans frais au presbytère. Une ordonnance royale exempte de la dîme les colons auxquels on n'administre pas les sacrements. Dans cette petite guerre le pouvoir civil a pris parti pour les habitants, considérant sans doute que le clergé du Canada deviendrait trop riche et par là trop puissant avec le treizième du produit de la colonie.

L'inventaire d'une chapelle.

Pourtant l'inventaire que dresse en 1687 le curé de Champlain, François Dupré, montre que les biens d'une paroisse n'ont rien d'excessif. Sept chasubles et six parements d'église, dons de religieuses et de quelques dames de la paroisse. Un calice de cent francs payé « au moyen d'une quête faite par les maisons ». Une autre collecte a permis au curé d'obtenir un tabernacle de trois cents livres. Les chapelles des seigneurs sont plus prospères : l'inventaire des biens du seigneur de

Portneuf, dressé par le notaire Rageot, le prouve. Il trouve dans la chapelle du manoir des effets qui auraient comblé d'aise des curés de paroisse : « un petit porte-Dieu d'argent, trois petites boîtes d'argent à mettre les Saintes Huiles, un calice d'argent avec patène, treize cadres grands et petits, dorés avec leurs toiles et bouquets, deux bouquets de paille, une chasuble, le manipule et l'étole doublée d'indienne, le tout doublé de toile du pays, un voile de calice en damas rouge bordé de vieux galons d'argent, une boîte à hosties, un parement d'autel de taffetas, une chasuble, une étole, un manipule, un couvre-calice, un porte-nappe doublé avec quinze morceaux de toile servant à l'autel... » La liste est encore longue.

Le zèle des fidèles apporte à la décoration de l'église ce qu'il y a de plus beau. Un prêtre originaire de la région de Limoges, l'abbé Navières, nommé curé de Sainte-Anne-de-Beaupré en 1734, n'en revient pas de la beauté et de la richesse de quelques églises canadiennes. Il hérite, il est vrai, d'un lieu de pèlerinage déjà en vogue. « Dans nos paroisses de campagne en France, écrit-il à un ami, la plupart de nos curés auraient honte de voir le pitoyable état de leurs églises et ornements, s'ils avaient été témoins de la propreté, de l'arrangement et même de la richesse de celles du Canada. Je connais de grandes paroisses à Limoges qui n'ont point le quart d'ornements et de linge que j'ai dans ma paroisse de Sainte-Anne. » La générosité des ouailles de l'abbé Navières n'est pas un exemple unique en Nouvelle-France. Partout, pendant les longues veillées d'hiver, les femmes brodent des ornements d'église tandis que les hommes sculptent des statuettes ou fabriquent de petits meubles pour l'église.

Les curés.

Peter Kalm, voyageur suédois visitant la Nouvelle-France, donne son opinion sur les curés : beaucoup ne « paraissent pas très forts sur le latin, bien que le service se fasse en cette langue ».

La tâche quotidienne des desservants des paroisses demande davantage d'aptitudes morales et humaines que de subtilités intellectuelles. L'intégration des curés dans la vie de la paroisse a été difficile.

Au début ce sont des prêtres venus de France qui assurent le service des paroisses. Surpris par les nouvelles conditions d'existence, l'originalité en même temps que la dureté des conditions climatiques, ils limitent habituellement leur dévouement aux strictes obligations du culte. Au dire des colons ils sont trop casuistes, font un peu trop état de leur savoir et se préoccupent peu des problèmes domestiques. Ils sont frileux, casaniers durant les mois d'hiver et s'acclimatent difficilement. Quelques-uns regardent les Canadiens de haut, et ces derniers s'en offusquent. Cet esprit de supériorité nuit aux relations. C'est ainsi que messire Nicolas Bouquin, prêtre du diocèse d'Orléans qui prend en charge les paroisses de Champlain et de Batiscan en 1692, tonne contre ses paroissiens à longueur de sermons, les accuse de légèreté de mœurs et utilise, pour fustiger ces vices, les tirades des grands prédicateurs du carême des cathédrales de France. Les pauvres colons n'y comprennent rien, car le seul luxe qu'ils peuvent se permettre et qui dans leur esprit n'est pas un crime, est de s'enivrer de temps à autre. D'autres difficultés s'élèvent au sujet des dîmes, des visites aux malades les mois d'hiver, de la ponctualité aux offices. Bouquin refuse de donner l'encens, à la grand-messe, au seigneur Pézard de la Touche et à son épouse, prétextant que cet honneur n'est dû qu'à Dieu et aux ministres du culte. Un édit du Conseil souverain, signifié par un huissier, l'oblige à encenser le seigneur. Finalement le curé Bouquin demande son rappel à Québec. L'évêque hésite à lui confier une autre cure et préfère, malgré la rareté des prêtres, le laisser retourner en France. Il ne faudrait pas conclure de ces propos que l'abbé Bouquin symbolise tous les prêtres français. Quelques-uns sont des modèles de vertu et de charité. Messire Nicolas Foucault est de ceux-là. Arrivé comme secrétaire de Mgr de Laval, il est ordonné à Québec en 1689 et immédiatement nommé curé d'une paroisse où il est bientôt estimé pour sa gentillesse et son dévouement. Il ira servir ensuite dans les missions du Mississippi et sera massacré par une tribu indienne.

Les prêtres canadiens.

Enfin quelques prêtres canadiens sont ordonnés. Le premier est Germain Morin, petit-fils de Louis Hébert, le premier colon. On voit là un excellent augure d'autant plus que sa sœur, Marie Morin, devient en même temps une des premières religieuses canadiennes. Puis deux frères jumeaux, Claude et Pierre Volant de Saint-Claude, de Trois-Rivières, sont ordonnés à leur tour. Aussitôt ils partent desservir les paroisses des colons. Ils ne sont peut-être pas très instruits, ils ne sont pas rompus à tous les méandres de la dialectique théologique, ils ne savent que répondre dans les discussions avec les jésuites, mais ils sont humbles, dévoués, et les habitants les accueillent avec sympathie. Ils se contentent de peu, visitent les maisons de la seigneurie, causent avec chacun. Ils apportent les nouvelles des paroisses éloignées. Ils servent aimablement de trait d'union entre les habitants des diverses seigneuries du territoire qu'ils desservent. De plus, les autorités civiles les introduisent d'office dans la vie quotidienne de leurs paroissiens. Une ordonnance de l'intendant Bégon les autorise à recevoir les testaments quand il n'y a pas de notaire disponible. En 1733 le roi les habilite à accepter les contrats de mariage. Puis ce sont les actes de vente, les marchés de tous genres, les accords, les donations. Ils établissent des procurations, libellent des quittances, rédigent des procès-verbaux, leur signature a une valeur juridique. C'est l'origine historique du statut d'autorité dévolu encore de nos jours au clergé du Canada.

Ainsi s'établit une solide amitié et une compréhension réciproques entre les colons et les prêtres issus de leur milieu.

Les sacrements.

La fonction du curé est d'administrer les sacrements. En premier lieu, celui du baptême. Il est fait obligation à tous les fidèles de faire baptiser leurs enfants aussitôt après la naissance, et défense de pratiquer l'ondoiement à la maison, sous peine d'être exclus de l'Eglise pour un mois et excommuniés en cas de récidive. Les ordonnances de Mgr de Laval sont formelles à ce sujet. Mais les colons sont parfois négligents, souvent limités dans leurs déplacements à cause de leurs travaux, de la menace des Indiens ou des rigueurs de l'hiver. Plus compréhensifs que leur évêque, les curés tempèrent cette instruction impérative en mentionnant dans le registre, le motif qui a fait différer le baptême : « Le 7 décembre 1710 dans la côte Saint-Pierre, est née une fille du mariage légitime de Pierre Masson et de Catherine François et a été ondoyée le même jour par René Pinot, et le 23 avril 1711, ils l'ont apportée à Batiscan, ne l'ayant pu faire plus tôt à cause que la rivière n'étant pas prise, ils ne pouvaient traverser. »

L'usage d'un autre sacrement a donné lieu à des controverses. La Hontan, qui servit en Nouvelle-France, se plaint de l'inquisition du clergé sous le couvert de la confession. Celle-ci est strictement obligatoire. Avant de communier chacun est obligé de montrer un billet de son confesseur. Ce billet est exigé de ceux qui se présentent pour contracter mariage et surtout à l'occasion des fêtes de Pâques. Il est rédigé ainsi : « J'ai entendu la confession de... de la paroisse de... En foi de quoi je lui ai délivré le présent certificat. » Les fidèles subissent cette contrainte avec bonne grâce, semble-t-il. Mais cette pratique des billets de confession amène des difficultés entre religieux. Certains d'entre eux en délivrent à d'autres que leurs paroissiens. Cette « contrebande » des billets de confession est une cause fréquente de chicane.

Le paroissien qui voyage doit se munir d'un passeport « religieux » qui atteste son appartenance à une paroisse et apporte la preuve de sa capacité à recevoir les sacrements et de sa bonne réputation de catholique. La pénitence imposée aux fidèles prend diverses formes : visiter les malades, s'imposer le silence, assister à plusieurs messes, jeûner, restituer les biens mal acquis (spécialement pour les usuriers). Le refus d'absolution frappe souvent les cabaretiers et ceux qui enivrent les sauvages.

Le curé pratique-t-il l'inquisition? La Hontan l'affirme :
« Nous avons un bigot de curé dont l'inquisition est toute
misanthrope. On ne peut passer outre son despotisme spirituel... Il nomme les gens par leur nom à la prédication...
Il leur défend sous peine d'excommunication la lecture de
certains romans... Tout est scandale et péché mortel chez ce
bourru... Croiriez-vous qu'il a refusé la communion à des
femmes du premier rang pour une simple fontange de
couleur?» La Hontan lui-même a maille à partir avec le curé...
Celui-ci, d'après notre héros, aurait pénétré de sa propre
initiative dans sa chambre, et ayant trouvé un Pétrone, il en
aurait déchiré les feuillets prétendus scandaleux. Il est vrai
que du haut de sa chaire, M. le curé n'hésite pas à prendre
à partie ceux qui ont eu une mauvaise conduite.

L'œuvre sociale du curé.

Si certains curés s'emploient surtout à dénoncer les mauvaises conduites, la plupart accomplissent une œuvre sociale
de plus en plus lourde. Le curé tend à remplacer le seigneur
comme pivot de la communauté. Les colons se réunissent
souvent dans la « salle des habitants » du presbytère, et y discu-
tent, avec leur pasteur, des problèmes de la paroisse. La dîme
est un sujet très controversé. Petit à petit le curé, prêchant
par l'exemple, se faisant lui-même cultivateur, montre qu'il
peut, par son travail, subvenir à ses besoins. Les paroissiens,
gênés, deviennent plus généreux et apportent bénévolement
des grains de semence, des outils de ferme, un porc,
une génisse. Cette souplesse de l'obligation de la dîme ramène
la paix et la tranquillité.

Vers 1750, alors qu'à peu près toutes les paroisses sont dotées
d'un chef spirituel, le rôle du curé a atteint sa pleine efficacité,
selon un historien canadien. La paroisse est le lien d'une population souvent disséminée. « C'est par elle que le jeune Canadien
comprend qu'au-dessus de ses intérêts personnels il y a ceux
du groupe. La paroisse, dirigée par son curé, a ainsi assuré
la solidarité entre les familles, elle a fait naître les traditions,
constitué un patrimoine moral et religieux.»

La piété des Canadiens.

Les Canadiens sont sincèrement pieux. Mgr de Saint-Vallier l'a noté : « Chaque maison est une petite communauté bien réglée, où l'on fait la prière en commun matin et soir, où l'on récite le chapelet, où l'on pratique les examens particuliers avant les repas, et où les père et mère de famille suppléent au défaut des prêtres, en ce qui regarde la conduite de leurs enfants et de leurs valets. » Ils assistent régulièrement aux offices religieux. Le gouverneur, l'intendant, les membres du Conseil souverain se rendent en corps constitué aux offices de la cathédrale. Ils reçoivent les premiers, après le clergé, le pain bénit, l'encens, le baiser. Des processions sont organisées lors des fêtes religieuses. La foule est telle à la cérémonie de la translation des reliques de saint Flavien et de sainte Félicité, à laquelle participent d'ailleurs quarante-sept ecclésiastiques en surplis, que le plancher de la chapelle des ursulines fléchit et s'écroule ; heureusement personne n'est blessé.

Les dévotions des Canadiens sont fréquentes. Une bulle du pape Alexandre III autorise la constitution d'une confrérie de la Sainte-Famille pour les femmes : l'objet de cette confrérie est d'inspirer une véritable et solide piété à toutes les familles chrétiennes et de servir à la conversion des infidèles. Voici les vertus que se proposent les dames de la confrérie de la Sainte-Famille : envers leur mari un amour sincère et cordial, la pratique du respect, de l'obéissance, de la douceur, de la patience ; souffrir ses défauts et ses mauvaises humeurs. Ne laisser mourir, autant qu'il sera possible, aucun sauvage sans baptême. Se faire aimer par la patience, la douceur et la charité. Bref, un excellent programme aux yeux des époux qui devaient inciter leurs femmes à adhérer à cette confrérie. Les images de la Sainte-Famille sont distribuées dans toute la colonie.

La dévotion à sainte Anne est très forte: elle est restée la dévotion nationale des Canadiens. En 1675, une belle église de pierre est construite à Sainte-Anne-de-Beaupré, les pèlerinages y sont fréquents et des miracles y démontrent la sainteté des lieux. Marie de l'Incarnation écrit qu'on y voit marcher des paralytiques, et des aveugles recouvrer la vue. En 1678, une nouvelle confrérie de Sainte-Anne est établie pour les hommes de la classe ouvrière. On fixe un droit d'entrée et une redevance annuelle; les revenus serviront à dire des messes à la mémoire des défunts de la confrérie.

Le culte marial est primordial en Nouvelle-France. Déjà Cartier implore le secours de la Vierge lors d'une épidémie de scorbut en 1536. En de nombreuses occasions, tout au long de l'histoire de la colonie, les manifestations en l'honneur de la Sainte Vierge se multiplient, et quand, en 1638, Louis XIII consacre la France à la Mère de Jésus, c'est à Québec une explosion de joie. Quatre fêtes mariales jalonnent l'année : le 2 février pour la Purification, le 25 mars pour l'Annonciation, le 2 juillet pour la Visitation, le 15 août pour l'Assomption. Les jésuites, « inlassables promoteurs du culte marial », choisissent Marie pour patronne de l'église de Québec et fixent la célébration de cette fête au 8 décembre. Le début de cette journée est salué par une salve d'artillerie, suivie d'une grand-messe avec musique et chants. L'après-midi, vêpres avec litanies de la Vierge.

D'autres confréries naissent : celle du Rosaire, celle de la Petite-Congrégation, celle du Scapulaire. A chaque difficulté, on fait appel à la bienveillante intercession de la Vierge. Le catéchisme du diocèse de Québec, rédigé par Mgr de Saint-Vallier, consacre de nombreuses leçons au culte et aux fêtes de la Vierge. Les Huronnes de l'île d'Orléans vouent un culte particulier à la Mère de Jésus; elles récitent tous les jours de nombreux chapelets et à la fin de chaque récitation « elles mettent de côté un grain de porcelaine pour tresser des couronnes à la Mère Divine ». En 1690, quand la flotte de Phipps investit Québec, on hisse la bannière de Notre-Dame pour sauver la ville et Phipps vire de bord.

La piété des Canadiens n'est pas une attitude extérieure, elle dirige leur vie morale. Jusqu'en 1660, sur six cent soixante-quatorze enfants baptisés, on note une seule naissance illégitime. Le père Charlevoix l'a bien discerné lors de son voyage en Nouvelle-France : « On vit commencer, écrit-il dans cette partie de l'Amérique, une génération de véritables chrétiens parmi lesquels régnait la simplicité des premiers siècles. »

III. — La vie épiscopale

Le rôle de l'évêque.

Le Canada est d'abord simplement le siège d'un vicariat apostolique puis, sur l'insistance de Louis XIV secondé par les efforts des jésuites à Rome, le pape consent à l'ériger en évêché, mais à condition qu'il dépende directement du Saint-Siège. Le roi se contente de nommer l'évêque et d'exiger de lui un serment de fidélité. « Je, François de Laval, évêque de Québec, dans la Nouvelle-France, jure le Très Saint et Sacré Nom de Dieu, et promets à Votre Majesté que je lui serai, tant que je vivrai, fidèle sujet et serviteur, que je procurerai son service et le bien de son État de tout mon pouvoir, et ne me trouverai en aucun conseil, dessein ni entreprise au préjudice d'iceux. Et s'il vient quelque chose à ma connaissance, je le ferai savoir à Votre Majesté... » Voilà une situation équivoque : l'évêque dépend de Rome mais doit fidélité et obéissance au roi. Les frictions entre le pouvoir civil et l'autorité religieuse ne manqueront pas.

Quel est le rôle de l'évêque ? Colbert le précise dans une lettre. Il doit entretenir les habitants dans l'exercice de la religion et les maintenir dans leurs devoirs envers Dieu et la royauté.

Cependant, tout en limitant au spirituel la mission propre de l'évêque, le gouvernement de Versailles a recours à lui pour mener à bien les desseins royaux : la francisation des sauvages par exemple. Colbert pensait même que les femmes indiennes, « une fois embrassée la vie civile », se joindraient par le mariage aux colons. L'évêque étendit-il le rôle qu'on lui assignait ? Une lettre de l'intendant Talon présente l'Eglise de la Nouvelle-France comme de plus en plus puissante, de plus en plus redoutable et le prélat comme inféodé aux jésuites. Dès le début il y a lutte entre un évêque qui veut assumer son devoir apostolique, et une administration gallicane qui considère le chef du diocèse comme un collaborateur aux ordres du roi.

Plusieurs « affaires » jalonnent ces années difficiles.

Les susceptibilités enveniment les rapports dès le début. La grande question est de savoir où l'on placera le banc du gouverneur à l'église. Celui-ci veut qu'il soit dans le chœur, sur la même ligne que celui de l'évêque. Cette prétention s'oppose au cérémonial romain. Ni Mgr de Laval ni le gouverneur d'Argenson ne cèdent, et les jésuites, respectant avec habileté leurs devoirs envers l'évêque et leurs obligations envers le gouverneur, décident de « n'inviter à dîner ni le gouverneur ni l'évêque ».

L'opposition revêt d'autres formes. Ainsi l'évêque n'assiste plus aux réunions du Conseil souverain parce que le gouverneur M. de Frontenac, a nommé illégalement des conseillers. Quand le père Adrian, récollet, stigmatise en chaire, malgré les remarques de l'évêque, les cabales politiques entre le gouverneur et l'intendant, le religieux prend parti pour le gouverneur contre l'intendant qui est soutenu par l'évêque.

A l'occasion de « l'affaire Fénélon », qui provoque brutalement un conflit de juridiction, le gouverneur convoque devant le Conseil souverain cet abbé audacieux qui s'est permis de l'attaquer directement en chaire. Le religieux refuse de comparaître, tandis que Mgr de Laval érige un tribunal de l'officialité, seul compétent, d'après lui, pour entendre l'accusé. Afin d'apaiser les esprits, il faudra que le roi intervienne et rappelle en France le fougueux prédicateur.

D'autres difficultés aigrissent les rapports entre l'évêque, appuyé par les jésuites, et le gouverneur soutenu par une large partie de la population. Elles concernent la traite de l'eau-de-vie. L'Eglise, en effet, condamne la pratique de la vente des boissons alcooliques aux Indiens. Au lieu que l'État, conscient des impératifs économiques du Canada naissant, la tolère, comme favorable au troc des fourrures.

Mgr de Laval entre ouvertement en lutte le jour de l'Ascension de l'année 1660. De la chaire de l'église de Québec, il lance solennellement une menace d'excommunication contre tous ceux qui « donneront en paiement, vendront, traiteront ou donneront gratuitement soit vin, soit eau-de-vie aux sauvages ».

L'année suivante, le sieur Pierre Aygron dit Lamothe est frappé d'excommunication. Les autorités civiles agissent de leur côté : le 10 octobre 1668, l'intendant Talon autorise le commerce des boissons. Alors Mgr de Laval n'hésite pas à se rendre en France et à porter la question devant les théologiens de la Sorbonne, puisqu'elle intéresse la morale, ainsi que devant le roi pour obtenir une décision favorable. Mais il ne bénéficiera que d'une maigre satisfaction : la défense de la vente de l'eau-de-vie est décrétée uniquement dans les bourgades indiennes éloignées des habitations françaises.

L'Eglise du Canada n'est pas libre, elle est directement sous la tutelle du pouvoir politique qui, de Versailles, voudrait en faire une auxiliaire soumise, comme l'est en France l'Eglise gallicane. En fait, son éloignement, sa pauvreté, sa volonté d'évangélisation, la nature même de l'apostolat en Nouvelle-France, plus proche de la première chrétienté que du siècle de Louis XIV, vont lui permettre de prendre un visage particulier, celui que lui imposent la nature et le peuplement du Canada.

Les tournées pastorales.

Le diocèse du Canada est immense, et les communications sont rendues encore plus difficiles et souvent impossibles par un long et rigoureux hiver. C'est une vie rude pour l'évêque. Son existence s'apparente davantage à celle d'un missionnaire qu'à celle d'un prélat.

De Montréal à Tadoussac la distance est de cinq cents kilomètres. Le prélat utilise le canot en été, la raquette et le traîneau en hiver. Mgr de Laval parcourt deux fois d'un bout à l'autre l'immense territoire habité de son diocèse : en 1669 et en 1681. En cette dernière année il a près de soixante ans. Il entreprend quand même cette randonnée pastorale et paraît inlassable, traversant plusieurs fois le fleuve pour visiter les seigneuries des deux rives. Il s'attache particulièrement aux missions des Indiens, et ces derniers lui réservent une réception qui réconforte l'éminent prélat. Le 20 mai, il se rend à la mission de la Prairie de la Madeleine, près de Montréal, où l'on a tracé une allée depuis le fleuve jusqu'à la chapelle, et préparé une petite estrade près du lieu d'arrivée.

Quand le canot du prélat est en vue, la cloche de l'église commence à tinter, appelant tous les membres de la mission. Un des capitaines hurons apostrophe respectueusement l'évêque au moment où il doit mettre pied à terre : « Évêque, arrête ton canot et écoute ce que j'ai à te dire ! » Suivent des harangues de bienvenue. Le visage rayonnant de bienveillance, Mgr de Laval débarque et, revêtu du camail et du rochet, il bénit les fidèles agenouillés. L'aumônier de la mission, le père Frémin, entonne le *Veni Creator* en langue iroquoise, « secondé par tous les sauvages, hommes et femmes, selon leur coutume ».

Et tous, en procession, entourant l'évêque, qu'accompagnent M. de Bouy, son prêtre, et M. Souart, supérieur du séminaire de Saint-Sulpice à Montréal, se dirigent en chantant vers le premier arc de feuillage dressé par les Indiens.

Monseigneur s'arrête au-dessous pour écouter l'allocution d'un Indien nommé Paul, le « savant dogique » de la mission. Il entre ensuite dans l'église où le père Cholénec, en surplis, lui présente l'eau bénite; Mgr de Laval donne alors la bénédiction du Saint-Sacrement tandis que l'assistance, Indiens et Français, entonne en deux « chœurs bilingues » le *Pange lingua*, l'*Ave Maris stella* et le *Domine salvum fac regem*. Après la cérémonie, Monseigneur présente son anneau à baiser aux assistants, « leur faisant mille caresses », surtout à ceux qui sont les plus fervents.

Le lendemain, l'évêque baptise dix adultes, bénit trois mariages, après quoi il dit la messe. Les Indiens chantent pendant le saint office et communient de la main du prélat. A la fin de l'office, l'évêque procède à la cérémonie de confirmation. Il accepte que des Français soient confirmés mais après les sauvages, « pour lesquels seuls, dit-il, je suis venu ».

A midi, grand repas selon l'habitude des sauvages qui ont déployé leurs plus belles couvertures pour l'évêque et ses adjoints. Et nouvelles harangues.

Monseigneur veut alors visiter les familles, ce qui rend les Indiens très fiers. Ils ornent leurs cabanes de ce qu'ils ont de plus précieux, étendent par terre des couvertures, des peaux ou des branchages. Mgr de Laval pénètre dans chaque foyer, a des paroles bienveillantes pour tous. Le soir l'évêque confère le baptême à sept enfants, assiste au salut. Le lendemain, la messe chantée par les Indiens termine la visite pastorale du prélat. Et sur le bord du fleuve, tous les assistants reçoivent la bénédiction de l'évêque du Canada.

Le bilan de l'œuvre de Mgr de Laval est éloquent : érection de trente-trois paroisses, établissement de l'administration diocésaine, fondation de nombreuses confréries pieuses, présidence de centaines de cérémonies religieuses dont cent vingt-six de confirmation.

Le prélat canadien.

Le prélat canadien ne se contente pas de cette action apostolique : il donne l'exemple de la charité, rend visite aux malades, leur apporte quelques gâteries. Son dévouement est plus marqué encore pour les pauvres de l'hôpital. Il a le souci d'encourager le travail des élèves dans les écoles.

Le dimanche est par excellence le jour de l'évêque : il assiste à tous les services de la paroisse, il prêche souvent. A l'occasion des fêtes de l'Eglise il célèbre l'office et tient à ce que tout soit mis en œuvre pour rehausser la solennité et la splendeur des cérémonies religieuses. Charité, modestie, ferveur, telles sont les qualités du premier chef religieux de la Nouvelle-France, celui qui a donné l'impulsion à l'Eglise du Canada.

L'organisation du diocèse.

L'évêque est un organisateur. Le nouveau diocèse a besoin de bases solides. Dans l'esprit de Mgr de Laval, le pivot de l'Eglise canadienne doit être le séminaire : pépinière de prêtres, lieu de formation spirituelle, et maison commune du clergé qui vit là en une véritable petite république religieuse dont l'évêque est le président. Prêtres et missionnaires partent de ce centre de regroupement et d'administration de tous les biens de l'Eglise du Canada, pour prêcher et pour évangéliser les Indiens.

Ce système du *presbyterium* antique à la manière de saint Martin de Tours, si original par rapport à la vie diocésaine en France, est d'abord accepté par le roi; mais il est plus proche de la primitive Église que de l'organisation gallicane; aussi ne se maintient-il que pendant quelques années jusqu'à la mise en place des cures fixes sous l'autorité de Mgr de Saint-Vallier. La paroisse de Québec restera attachée au séminaire jusqu'en 1768.

Pour obéir aux directives de Rome, Mgr de Laval doit constituer un chapitre régulier. La bulle papale précise que chaque chanoine recevra vingt-cinq ducats d'or par année (alors que les revenus du diocèse sont très minces). L'organisation de cette assemblée oblige Mgr de Laval à lui affecter les revenus de son abbaye de Maubec et à utiliser les services des prêtres du séminaire qui acceptent de remplir bénévolement les fonctions de chanoine. Ainsi se crée, avec les moyens les plus simples, le premier chapitre en terre canadienne avec cinq dignités principales, ses huit chanoines et ses quatre vicaires. Le 12 novembre 1684, les dignitaires prennent possession de leurs charges au cours d'une pompeuse cérémonie qui se déroule en présence du gouverneur ; de ses officiers, de l'intendant, des conseillers et des autres magistrats de la ville. Elle dure une demi-journée et se termine par un *Te Deum* solennel « chanté au son des cloches et des instruments de musique, au bruit de l'artillerie de la ville » devant les troupes et les milices en armes, au milieu d'une grande affluence.

Mgr de Laval institue aussi un tribunal ecclésiastique : l'officialité de Québec, avec un promoteur et un juge. La compétence de cet organisme est limitée aux délits concernant la religion. Mais il est souvent en conflit avec la juridiction civile qui condamne en 1661 le nommé Daniel Uvil, hérétique, relaps, blasphémateur et profanateur des sacrements a être « arquebusé ».

Québec, centre religieux.

Grâce à l'énergie, au dévouement, au travail inlassable du premier prélat canadien, la situation de l'Eglise du Canada est florissante à l'arrivée de son successeur, Mgr de Saint-Vallier. Le clergé comprend des prêtres séculiers qui desservent les paroisses les plus proches du séminaire, quelques curés de campagne, des jésuites, des sulpiciens, des récollets, et quelques embryons de communautés de femmes : les ursulines qui dirigent un pensionnat de jeunes filles indiennes et françaises, les hospitalières qui soignent les malades à leur Hôtel-Dieu de Québec et de Montréal, et les filles de la Congrégation, qui, sous la direction de Marguerite Bourgeois, se spécialisent dans l'enseignement. Le chapitre de Québec, l'officialité, le bureau des pauvres dirigé par le curé et quelques habitants complètent ce tableau de la vie religieuse en Nouvelle-France.

La petite ville de Québec est le centre religieux de la colonie. Le voyageur Peter Kalm, tellement frappé par l'immensité de ce diocèse qui va de l'embouchure du Saint-Laurent au delta du Mississippi, note, seulement pour Québec, huit églises, toutes bâties de pierre. La cathédrale, dans la ville haute, a un clocher à deux divisions et à deux cloches. L'église des jésuites est en forme de croix et son clocher s'orne d'un cadran solaire. Celle des récollets, inaugurée par Mgr de Saint-Vallier, se caractérise par un clocher en pointe, tandis que celui de l'église des ursulines est rond. Il y a encore l'église de l'hôpital, la chapelle de l'évêque. Dans la basse ville se dresse une église Notre-Dame-des-Victoires, surmontée d'un clocher carré. Kalm ajoute à cette liste la chapelle du gouverneur.

En montant de la basse ville, sur la droite, on passe devant la maison de l'évêque, « grand et bel édifice entouré d'un côté par une cour spacieuse et un jardin potager, et de l'autre par un mur ».

Le séminaire est une très élégante construction qui bénéficie de la plus belle perspective de la ville sur le fleuve Saint-Laurent. Tout autour, un verger et un jardin potager.

Les jésuites ont une belle propriété plantée d'arbres fruitiers, avec un jardin où croissent « toutes sortes d'herbes et de végétaux pour l'usage de la cuisine ».

Pourvu d'une permission spéciale, Peter Kalm visite un grand couvent de « femmes de Québec ». Les cellules des religieuses sont petites, sans peinture mais ornées d'images pieuses et d'un crucifix; le lit est à rideaux avec de bonnes couvertures; un petit pupitre et une chaise forment l'ameublement. La cellule n'est pas chauffée, le poêle se trouve dans le corridor. Il arrive d'ailleurs aux religieuses de coucher avec leurs chaussures, tellement le froid se fait sentir dans leurs chambrettes. Les salles de communauté se trouvent à l'étage supérieur. La salle de couture est « spacieuse, bien peinturée, garnie d'un poêle en fonte »; les nonnes s'y livrent à des travaux de broderie; elles fabriquent aussi des fleurs artificielles. Kalm est sensible à la délicatesse des ouvrages des ursulines. Celles-ci travaillent en silence, pendant que la plus âgée lit la *Vie des Saints*. Les repas, pris en commun, sont suivis d'une lecture spirituelle. Les étages inférieurs renferment les services domestiques : boulangerie, cuisine, dépense, tandis qu'au grenier « on fait sécher le linge et on conserve le grain ». Mais les religieuses ne vivent pas en recluses. Chaque jour elles prennent un peu d'exercice sur une galerie qui entoure leur maison.

IV. — LA VIE DES COMMUNAUTÉS

Trois ordres religieux ont collaboré à la vie de l'Eglise du Canada.

Les jésuites.

Les jésuites, arrivés en 1625, se sont spécialisés dans l'apostolat missionnaire; ils sont les plus nombreux : seize sur vingt-cinq ecclésiastiques, à l'arrivée de Mgr de Laval. A Québec, huit pères jésuites s'occupent du collège de la Compagnie, les autres sont employés par l'évêque dans les paroisses et dans les diverses missions : en Acadie, à Sillery, à Trois-Rivières, à Montréal et dans des régions éloignées. Mgr de Laval est très élogieux à leur endroit : « Les pères de la Compagnie de Jésus, affirme-t-il, me sont d'un grand secours tant pour la desserte des Français que pour celle des sauvages. » Ils accomplissent tous les travaux apostoliques : ils entendent les confessions, ils prêchent, ils enseignent le catéchisme, ils rendent visite aux habitants et leur apportent les secours de la religion. Ils donnent plus aux habitants qu'ils ne reçoivent d'eux. Ils bénéficient uniquement de l'aide des jésuites de France.

« Ils me sont très soumis », dit l'évêque, alors que le pouvoir civil les accuse souvent de dominer le chef de l'Église canadienne. L'intendant Talon, dans un mémoire qu'il adresse à Colbert en 1667, tout en reconnaissant que la vie des jésuites est « fort réglée et qu'elle peut servir de modèle », affirme que nombreux sont ceux qui tombent dans « leur disgrâce » pour ne pas suivre leurs instructions; il ajoute que les pères jésuites s'occupent trop du temporel et « empiètent même sur la police extérieure qui regarde le seul magistrat ».

Aussi Frontenac, pour surveiller les activités des pères, sollicite-t-il de Colbert que les jésuites soient tenus d'obtenir un passeport pour leurs déplacements.

Peter Kalm leur reconnaît de l'instruction, de la politesse et beaucoup d'agrément en société. Leur souci d'éviter les disputes les pousse à parler rarement des questions religieuses. Ils se dévouent à la conversion des païens : « Dans chaque bourgade d'Indiens il y a au moins un père jésuite pour leur enseigner à vivre en bons chrétiens. »

Seuls les sujets d'élite sont admis dans la Compagnie. En général ils ne demeurent pas définitivement au Canada, rentrent en France au bout de quelques années. « Pendant mon séjour, dit Peter Kalm, un prêtre s'est démis de sa cure, avec la permission de l'évêque, pour se faire jésuite. »

Les sulpiciens.

Les sulpiciens se sont intéressés au Canada dès la fondation de leur ordre en France par M. Olier. Celui-ci s'était déjà associé à M. de la Dauversière pour constituer la Société Notre-Dame de Montréal, qui établit Ville-Marie, véritable « cité de Dieu » au Canada. Après vingt ans, la Société ne peut plus subvenir à l'entretien de l'œuvre canadienne, et, le 9 mars 1663, le séminaire de Saint-Sulpice de Paris devient propriétaire de la seigneurie de Montréal et prend en charge la communauté de Ville-Marie.

Ainsi les sulpiciens, six ans après la mort de leur fondateur, entreprennent-ils de continuer son œuvre. Déjà, aux quelques habitants des débuts, sont venus s'ajouter des colons, des artisans, des coureurs des bois. Le commerce des fourrures, grâce à la situation stratégique de l'île, se fixe définitivement à Montréal. Une véritable paroisse se développe, augmentée bientôt d'un séminaire et complétée par deux missions indiennes.

M. Souart reçoit la direction des sulpiciens de Montréal, qui se recrutent uniquement en France. « Les seigneurs en soutane », comme on les appelle, possèdent des droits politiques importants. Ils nomment le gouverneur de Montréal et ont toute latitude pour céder des terres en fief et en roture. Ils n'ont pas pour autant abandonné l'évangélisation des Indiens et, tout comme les jésuites, ils ont inscrit des noms au martyrologe canadien.

Les récollets.

Les récollets sont les premiers ecclésiastiques à évangéliser le Canada. Arrivés avec Champlain, ils réintègrent leur pays d'origine au moment de l'occupation anglaise de 1629 et reviennent au Canada en 1670. Dès leur retour, ils compliquent le problème de la dîme en offrant gratuitement leurs services. Ils se contentent d'aumônes. Kalm a décrit avec humour leur activité : « Ils prennent tout ce qu'ils peuvent avoir. » Ordre mendiant, les récollets ne possèdent rien, couchent sur la dure. Les jeunes moines, une besace au côté, vont quêter de maison en maison. Dans les paroisses sans curé résident, ils sont accueillis avec sympathie, car ils sont pauvres comme les colons eux-mêmes. L'évêque leur accorde finalement la direction de la paroisse de Trois-Rivières, qu'ils conserveront jusqu'à la cession de 1763. Ils servent également d'aumôniers militaires dans les forts éloignés. Kalm les a malicieusement caricaturés lorsqu'il écrit : « Ils ne se sont pas martelé le cerveau pour acquérir la science. » Ils ont eu toutefois la sympathie, l'estime des habitants et des soldats, et leur esprit de bonhomie, de charité et de renoncement est resté proverbial.

Les congrégations féminines.

La venue des religieuses françaises suit de près l'arrivée des premiers colons permanents. Trois ursulines de Tours, trois hospitalières de Dieppe et une grande dame de la Noblesse arrivent à Québec en 1639. Deux grandes figures illustrent ce groupe : Mme de la Peltrie, qui a décidé de consacrer sa fortune et sa vie à l'instruction des filles indiennes, et sœur Marie de l'Incarnation, qui a reçu « des communications intimes » au sujet de sa mission en Nouvelle-France. Bossuet l'appellera « la Thérèse du Canada » après avoir lu ses lettres qui sont en même temps que des textes admirables une source précieuse de renseignements sur les débuts de la colonie.

Toutes les religieuses se consacrent à leur tâche avec un dévouement sans bornes. Les ursulines, après avoir conquis la confiance des jeunes Indiennes qui rôdent autour d'elles, s'emploient à leur éducation. Il faut en premier lieu « leur laver le corps de la tête aux pieds pour faire disparaître la graisse qui le recouvre et pour éliminer la vermine qui se nourrit de cette graisse. Une sœur doit s'employer à cela une partie du jour. A table, il arrive que l'on trouve un soulier et plus fréquemment des cheveux dans la marmite. »

Voilà pour les ursulines. Le sort des hospitalières n'est guère plus enviable, et « le baptême de leur vie de mission » a lieu le soir même de leur débarquement. « Nous priâmes un ecclésiastique, M. Le Sueur, écrit l'annaliste, de nous apporter quelques branches d'arbre pour nous coucher ; mais elles se trouvaient si remplies de chenilles que nous en étions toutes couvertes. » L'hiver qui suit leur arrivée, les hospitalières doivent faire face à une épidémie de petite vérole chez les Indiens, « maladie fort dégoûtante, et ils étaient sans linge. Nous leur donnâmes nos guimpes et nos bandeaux, étant obligées aussi d'ensevelir les morts dans des couvertures ou des robes de castor. Et personne ne voulait nous aider. Tombées malades toutes trois, les jésuites se chargèrent alors de nous assister ». Le dévouement de ces religieuses passe toute compréhension normale, et elles-mêmes se demandent comment elles peuvent suffire à la tâche. Voici que mère Sainte-Marie, succombe au cours de l'hiver 1641. L'une des deux survivantes note dans les carnets de la communauté, ou de ce qui en reste : « Le nombre des sauvages malades et infirmes ayant beaucoup augmenté en 1642, nous en assistâmes jusqu'à trois cents. Et comme nous allions les soigner dans les cabanes, il y avait tant de fumée et de saleté que nos habits ne paraissaient plus blancs ; les jésuites nous conseillèrent d'en prendre de noirs ou de gris. » Les sœurs n'acceptent pas cette suggestion, d'abord parce qu'elles ne peuvent déroger aux règles de leur ordre, et aussi parce que ces taches ne sont que des marques extérieures de leur dévouement.

A Montréal, Jeanne Mance et Marguerite Bourgeois accomplissent la même tâche de renoncement et de sacrifices. L'apostolat de ces religieuses et de leurs compagnes peut se résumer en trois mots : charité, éducation, dévouement. Leur exemple à toutes attire de nombreuses vocations : plusieurs des premières Canadiennes de naissance demandent à être reçues dans leurs communautés.

CHAPITRE VII

LES EXPLORATEURS ET LES COUREURS DES BOIS.

I. — L'EXPLORATEUR

En moins de cinquante ans, trois poussées irrésistibles projettent des Français sur plus de la moitié de l'Amérique du Nord, depuis les terres glaciales jusqu'aux régions torrides. Les trois principaux bourgs, Québec, Trois-Rivières et Montréal, sont les points de départ d'incroyables randonnées.

L'esprit d'aventure.

La soif d'aventures, la hantise des découvertes et l'attrait d'une nature primitive excitent ces jeunes gens vigoureux qui, passé l'étroite bande de colonisation des rives du Saint-Laurent, savent que l'espace leur appartient. Ils n'ont qu'un désir : aller sans cesse plus avant dans cet inconnu sans limites, apporter à Louis XIII puis à Louis XIV un nouveau terri- toire de dix millions de kilomètres carrés, soit vingt fois la superficie de la France elle-même. Ce cadeau, la France administrative l'accepte avec indifférence, parfois même avec aversion. Colbert reste insensible aux supplications de l'intendant Talon qui, à la suite des premières tentatives d'exploration, lui adresse un rapport enthousiaste : « J'ai l'honneur de vous dire que le Canada est d'une très vaste étendue, que, du côté nord, je n'en connais pas les bornes tant elles sont éloignées de nous, et que, du côté sud, rien n'empêche qu'on ne porte le nom et les armes de Sa Majesté

jusques à la Floride, les Nouvelles Suède, Hollande et Angleterre, et que par la première de ces contrées on ne perce
jusques au Mexique.» Frontenac, plus tard, enverra à Versailles des plaidoyers du même genre. Peine perdue. L'un
après l'autre, ces aventuriers intrépides qui ont parcouru
des milliers de kilomètres, bravant tous les dangers imaginables,
seront bafoués, disgraciés, parfois emprisonnés, quand un
gouverneur, un intendant, ou la Cour jugera cette mesure
nécessaire pour des questions de prestige ou encore pour
des raisons économiques. Qu'importe? Chaque année, de
frêles embarcations s'engagent dans le bassin du Saint-Laurent
et ceux qui les montent n'ont parfois pas de but précis, si ce
n'est de découvrir des terres nouvelles dont il semble, comme
l'écrit Talon, qu'on ne connaîtra jamais l'étendue.

Figures de découvreurs.

Champlain le premier s'est laissé prendre à cet ensorcel-
lement. Québec n'est pour lui qu'un port d'attache. Le couloir
du Saint-Laurent le fascine. La mort seulement éteindra ses
ambitions. Mais d'autres, à commencer par des membres de
son équipe, poursuivront son rêve. Dès 1610, le fondateur
confie aux Algonquins un jeune garçon, Etienne Brûlé, qui a
déjà hiverné deux ans à Québec, qui se plaît en ce pays et
manifeste l'intention de mieux connaître les tribus indiennes.
Et Brûlé se fixe pour toujours en ces contrées. D'autres s'y
plairont également : Thomas et Nicolas Vignau, Olivier,
Jean Richer, Nicolas Marsolet, et surtout Jean Nicolet qui
saura résister à la tentation de s'indianiser tout à fait
et deviendra le premier grand découvreur de terres nouvelles
en Amérique en même temps que le premier médiateur
auprès des nations indigènes.

Dès son arrivée en 1618, ce jeune Normand de vingt ans
à peine part pour le pays des Algonquins et y demeure deux ans.
Il suit courageusement ses hôtes dans leurs courses, partage
leur vie quotidienne. Comme eux il passe souvent sept à huit
jours sans manger. Pendant une période de famine qui dure

sept semaines, il se nourrit d'écorces d'arbre et de mousse verte. Il revient à Québec, s'y ennuie et repart vers une région plus éloignée, celle des Nipissings où il séjourne huit ans. Il en arrive même à faire partie des conseils de la nation. Il observe, il questionne, il note. Quand il fournit à Champlain le résultat de ses découvertes et de ses observations, le gouverneur est ravi et lui confie un autre mandat, illimité cette fois et que lui-même aurait aimé remplir : celui d'aller le plus loin possible à l'intérieur des terres. L'infatigable voyageur part à nouveau. Des semaines et des mois, il pagaie, fait des portages, explore. Tel est l'envoûtement de cet immense pays, que Nicolet se rend aux extrémités de la route liquide, jusqu'au lac Michigan. C'est à regret qu'il revient, car au-delà s'étendent d'autres terres inconnues. Il aura parcouru dans ce dernier voyage plus de trois mille kilomètres. Cet homme, qui a passé vingt-cinq années de sa vie canadienne à pagayer sur les lacs et les rivières, ne sait même pas nager. C'est lui-même qui le crie désespérément à son compagnon de canot, au moment de se noyer bêtement, en face de Québec, au départ d'un voyage de routine vers Trois-Rivières, où il va délivrer un Algonquin de ses amis injustement condamné à mort. Jacques de Noyon réalisera un rêve de Jean Nicolet : traverser le grand lac Supérieur. Il atteindra même la région qui est aujourd'hui le Manitoba.

Nicolas Perrot.

Nicolas Perrot, d'abord fidèle serviteur des jésuites, met à profit sa connaissance approfondie des langues et des mœurs indiennes. Il devient le grand pacificateur des nations du centre. Toutes l'admirent pour sa bravoure et son audace. Une tribu veut-elle sa tête, hardiment il se rend auprès d'elle, invite le chef à s'asseoir auprès de lui et harangue le peuple. En 1682, il s'adresse aux Outagamis en ces termes : « Ecoutez, Outagamis, ce que je vais vous dire : J'ai appris que vous avez fort envie de manger de la chair des Français; je suis venu pour vous satisfaire avec ces jeunes gens que vous voyez. Mettez-nous dans vos chaudières et rassasiez-vous de la chair qui vous fait envie. » Puis il se lève brusquement, tire son épée et lance d'une voix grave : « Ma chair est blanche et savoureuse, mais elle est bien salée. Je ne crois pas que si vous la mangez, elle passe le nœud de la gorge sans vous faire vomir. » Alors le chef lui tend le calumet de paix, et les pourparlers commencent.

Grâce à cette méthode Nicolas Perrot réussit à pacifier les principales nations à l'ouest du Mississippi, dont on n'avait pas encore entendu parler : les Miamis, les Maskoutechs, les Kikabouks et les farouches Sokokis. Pour la première fois ces peuples voient des Blancs et entendent dire que par-delà la grande mer de l'est existe un peuple pacifique sur lequel règne un chef appelé le Roi-Soleil qui veut être leur ami. Profitant de leur ébahissement, Perrot bâtit des forts, qui sont autant de postes de traite et au sommet desquels flotte le drapeau fleurdelysé. Jamais un voyageur français n'a accompli ni n'accomplira un travail aussi efficace auprès des nations indiennes. Si le père Gabriel Marest, stationné au village illinois de Kaskaskia en 1712, remarque que « les Illinois sont beaucoup moins barbares que les autres sauvages, le christianisme et le commerce des Français les ayant peu à peu civilisés », c'est que le grand pacificateur Nicolas Perrot, un quart de siècle plus tôt, est passé par là et s'est conduit avec les indigènes en ami plutôt qu'en conquérant.

Pourtant, en 1685, un ordre du gouverneur Denonville, nouvellement arrivé et qui ignore tout de la politique américaine, force Nicolas Perrot et les autres voyageurs à cesser toute activité. « Il y a, écrit Denonville au secrétaire d'État chargé des colonies, des Français qui sont aux Outaouais, qui disent avoir ordre de l'ancien gouverneur d'aller au Mississippi. Je sais que ce n'est pas votre intention de les laisser tant courir. Je ferai de mon mieux pour les faire revenir. » Cet ordre marque la première tentative pour étouffer l'expansion française au sein de ce nouveau monde. Même si Frontenac écrit au responsable des colonies que « le sieur Perrot s'est acquis, par la longue pratique et connaissance qu'il a de l'humeur, des manières et de la langue de toutes les nations d'en haut, beaucoup de crédit auprès d'elles», cet ambassadeur aux qualités uniques devra désormais se contenter de cultiver sa petite ferme de la seigneurie de Bécancour, où il mourra obscurément en 1717. Au cours de ces années de solitude, entouré de sa femme et de ses enfants, il revivra les souvenirs de sa vie aventureuse en rédigeant les *Mémoires sur les Outagamis, adressés à M. de Vaudreuil, Mémoires sur les guerres des tribus, Mémoires sur les mœurs, coutumes et religions des Sauvages de l'Amérique septentrionale.*

Louis Jolliet et le Mississippi.

L'expédition de Louis Jolliet et du jésuite Jacques Marquette vers le Mississippi est une des plus audacieuses et des plus fructueuses jamais accomplies. Depuis l'époque de Champlain, c'est le premier voyage entrepris dans un dessein strictement et consciencieusement scientifique. L'intendant Talon a donné au jeune hydrographe de vingt-huit ans des instructions précises : aller à la découverte du Midi et tâcher de savoir dans quelle mer se décharge « la grande Rivière», le Mississippi, le Mechessabé, « le père des fleuves», qui conduit peut-être à la mer de Chine. Jolliet part de Québec avec ses compagnons dans deux canots d'écorce de bouleau, et se rend à Michillimakinac où l'attend le père Marquette, déjà prêt pour la grande randonnée. « Ils se mettent en chemin, note sobrement la *Relation* de 1672-1674, avec cinq Français, pour entrer dans des pays où jamais Européen n'a mis les pieds.» Ce voyage de plus de trois mois, dans de frêles embarcations que seuls des Indiens et des Français expérimentés peuvent conduire, les plonge peu à peu dans un pays absolument différent, dans un continent nouveau. Lorsqu'ils atteignent le confluent du Wisconsin et du Mississippi, les voyageurs sont dominés par un silence étrange et profond qu'ils craignent de troubler. «Pendant huit jours, aucune figure humaine n'apparaît à leurs yeux. Sont-ils bien éveillés? Cet enchantement d'une navigation sans obstacle, au milieu d'un pays où s'étalent les splendeurs de la plus admirable végétation, durera-t-il? Ils descendent chaque

soir sur la rive pour y allumer un feu et préparer le repas. »
Afin d'éviter des attaques-surprises, on gagne le large pour
la halte. Dans chaque canot, ancré pour la nuit, un homme
se tient constamment éveillé, prêt à signaler l'approche du
danger et à prévenir les mouvements inconscients des dormeurs.
Car le moindre déplacement peut faire chavirer un canot.
Poussant toujours plus au sud, les voyageurs arrivent
au pays des Illinois, où ils sont accueillis par les vieillards
de la nation, « la plus polie des nations indigènes ». Ils apprennent que le grand fleuve, toujours aussi calme et de plus en
plus large, se jette non pas dans la grande mer qui conduit
à la Chine, mais dans le golfe du Mexique. Le but principal
du voyage est atteint. Il faut maintenant revenir.

A son retour à Québec, après un périple de plus de trois
mille cinq cents kilomètres, Jolliet rapporte au gouverneur et
à l'intendant quelques observations, les plus importantes
qu'on ait recueillies jusque-là sur ce mystérieux pays. Tout
d'abord, ni le Mississipi, on peut l'affirmer maintenant, ni
aucune autre rivière, ne conduit directement à la mer de Chine.
D'autre part, il est possible d'aller par eau du fleuve Saint-
Laurent au golfe du Mexique, en ne faisant qu'un seul grand
portage : celui de la chute du Niagara. De plus, les grands
fleuves, qui, de l'ouest, se jettent dans le Mississipi, permettraient le passage de barques lourdes ; on pourrait, en les remontant le plus loin possible, découvrir une issue vers la mer de
l'ouest qui conduit à la Chine. Enthousiasmé par les révélations
de Jolliet, Frontenac envoie à la Cour un rapport détaillé
ainsi qu'une carte du nouveau territoire dressée de mémoire
par l'explorateur.

Greysolon du Lhut.

Ces découvreurs ont beau s'enfoncer sans cesse plus avant
à l'intérieur du pays, ils constatent presque toujours que des
compatriotes y sont passés avant eux. L'histoire a surtout
retenu les noms de ceux qui ont laissé des lettres ou des récits.
Elle ignore les autres. Ainsi, un jeune Canadien de vingt ans,

Jean Fafard, connaît mieux que quiconque la région des grands lacs qu'il a parcourue en tous sens ainsi que le haut Mississippi. Il est le meilleur interprète des langues indiennes fondamentales : l'iroquois-huron, l'algonquin et le sioux. C'est grâce aux connaissances que Fafard possède de ces vastes contrées que le « gentilhomme coureur des bois » Daniel Greysolon du Lhut peut écrire : « Le 2 juillet 1679 j'eus l'honneur de faire planter les armes de Sa Majesté dans le grand village des Nadoucioux appelé Azatys où jamais Français n'avait été, non plus qu'aux Sangaskitons et Honetoatons, distant de ces premiers de six vingt lieues (200 kilomètres) où j'ai fait aussi arborer les armes de Sa Majesté dans la même année 1679. » Du Lhut n'est nullement autorisé à faire des découvertes au nom du roi, mais le geste qui consiste à planter des drapeaux, s'il fait sourire les Français qui l'ont conduit en ces endroits depuis longtemps connus d'eux, impressionne les Peaux-Rouges. Du Lhut a toutefois sur ses compagnons de voyage des avantages marqués : il a le don du commandement, il est arriviste et il est aussi plus explorateur qu'aventurier. De plus, il a reçu du gouverneur Frontenac une mission confidentielle qu'il veut mener à bonne fin : celle de faire la paix avec les différentes tribus indiennes et d'établir un centre de distribution des fourrures. Cette tâche, il l'accomplit à la satisfaction du gouverneur ; il en recueille tout le mérite et tous les honneurs, même s'il doit ces avantages au choix qu'il a su faire de hardis coureurs des bois solitaires, qui lui ont permis d'atteindre ces contrées et de pacifier les indigènes.

Destin des explorateurs.

Presque tous ces explorateurs, les plus grands peut-être dont la France puisse s'enorgueillir, meurent tragiquement ou vieillissent dans l'abandon et la solitude. Jolliet disparaît dans les eaux glacées du détroit de Belle-Isle. Le père Marquette succombe à une attaque de fièvre dans un village indien. Cavelier de la Salle est assassiné dans la brousse par ses compagnons de voyage. Radisson passe ses dernières années dans une modeste chambre de Londres et disparaît sans bruit. Jacques de Noyon revient mourir à Boucherville, « bien caduc et infirme », remarque le notaire qui reçoit ses dernières volontés. Du Lhut continue à narguer le destin et atteint la vieillesse ; mais ses exploits sont depuis longtemps oubliés lorsqu'il termine ses jours, impotent et presque aveugle, soigné par un récollet qui le prépare au grand voyage définitif, celui de l'éternité. Vers 1690, les coureurs des bois que le hasard des courses conduit au fort Sainte-Marie sont intrigués par l'étrange comportement d'un vieillard, qui ne s'éloigne guère de la résidence des jésuites, qui marche péniblement, courbé comme un fantôme et qui est « accablé d'un tremblement continuel de tous ses membres ». C'est le père Albanel, le grand découvreur du Nord, qui a tracé la voie à Radisson, qui parle sept langues indiennes et est reconnu comme l'homme blanc du Nouveau-Monde qui a parcouru à pied les plus grandes distances. Quant à La Vérendrye, qui s'est rendu plus loin que tout autre sur la route qui conduit à la mer de Chine, c'est-à-dire le Pacifique, il obtiendra comme récompense l'emprisonnement pour dettes et la saisie de ses biens.

II. — LES COUREURS DES BOIS

Bien que la poussée des découvreurs ait précédé de plusieurs années celle des trafiquants de fourrures et des coureurs des bois, on ne peut établir de démarcation rigide entre les modes d'existence de ces deux groupes. Chez le commerçant, sans doute l'appât du gain immédiat aiguise davantage sa soif d'aventures et de liberté. D'autre part, c'est presque toujours muni d'un permis de traite que l'explorateur peut partir vers le but qu'il s'est fixé, soit pour financer l'expédition, soit pour établir des relations d'échanges avec les tribus qu'il rencontrera sur son passage.

L'appel du castor.

Il ne faut jamais perdre de vue que le commerce du castor est la seule activité économique de grande envergure. Cette fourrure est en grande demande dans les principaux pays d'Europe, et l'exceptionnelle qualité du castor canadien a vite fait de s'imposer. Comme il est facile de se procurer des peaux, le commerce en est particulièrement attrayant pour les compagnies qui en détiennent le monopole: les bénéfices atteignent parfois jusqu'à mille pour cent. Il n'est pas rare, surtout dans les débuts, qu'on obtienne des sauvages de magnifiques peaux troquées contre une simple aiguille, un miroir, un collier de verroterie, objets devant lesquels s'extasient les femmes. Peu à peu les sauvages deviennent plus exigeants et réclament des objets de plus grande utilité, des couteaux, des haches, des chaudières d'étain, des couvertures. Puis finalement ce sera l'eau-de-vie, dont l'abus se fera sentir à l'époque même où le commerce du castor tendra à décliner.

Comme tous les commerces aux bénéfices trop faciles, celui-ci dégénère assez vite. La grande foire des fourrures de Montréal n'est bientôt plus qu'un prétexte à l'exploitation de la naïveté et de l'ivrognerie des tribus indiennes. Dans le même temps, les guerres européennes et le blocus iroquois concourent à ralentir le commerce des fourrures canadiennes. Lorsqu'en 1660 Radisson arrive subitement à Québec avec une cargaison de quatre cent mille livres de fourrures qu'il est allé cueillir dans une région encore inconnue, celle de la baie d'Hudson, il ouvre du même coup à la jeunesse canadienne, avide d'aventures et qui croupit de longs mois dans une inactivité forcée, une nouvelle carrière : on ira chercher au loin les fourrures que les tribus indiennes n'apportent plus aux postes de traite du bas pays. L'activité économique connaît ainsi un nouvel essor, un élan inconnu jusque-là. Elle contribue à la création d'un nouveau type social : ce coureur des bois, à la fois intrépide et inconscient, fils spirituel des explorateurs.

C'est la passion des voyages et le goût de l'aventure, plus que la pauvreté, qui attirent la jeunesse canadienne vers la région du castor. Dans le bas pays, elle n'avait plus d'autre ressource que la culture de la terre. Or les autorités administratives ne font aucun effort pour agrandir les centres de colonisation ni pour trouver des débouchés aux produits de la ferme.

De plus, elles empêchent la nouvelle colonie d'établir des industries, lesquelles, à leur avis, menaceraient de concurrencer les industries similaires françaises. Ce pays dix fois plus grand que la France ne doit apporter à celle-ci que des fourrures. Ainsi en ont décidé les autorités qui, par cette politique, restreindront ce vaste monde et ses multiples ressources aux limites d'une colonie que les coureurs des bois ne demandent pourtant qu'à étendre.

Les préparatifs d'expéditions.

Lorsqu'une expédition est décidée, le détenteur d'un permis de traite de fourrures forme une société avec deux ou trois compagnons, achète des marchandises, engage des voyageurs et équipe deux, trois et parfois quatre canots. Les conditions du voyage sont fixées par contrat notarié, en termes à peu près invariables. Les engagés sont équipés aux frais de la société, accomplissent le voyage à leurs propres risques et périls, et recevront au retour un pourcentage de vingt à vingt-cinq pour cent du bénéfice des fourrures qu'ils rapportent. Le départ a lieu de Québec, de Trois-Rivières, plus souvent, au-delà de Montréal, de Lachine, où les marchandises et les canots sont transportés en charrettes, pour éviter le rude et long portage des rapides. Les hommes entassent alors les marchandises dans les embarcations, et le long voyage commence. Comme il ignore s'il pourra revenir, le voyageur a pris soin de mettre ordre à ses affaires spirituelles et matérielles. Par-devant notaire, il a rédigé son testament. Il spécifie que le voyage sera, « moyennant Dieu », de douze, quinze ou dix-huit mois. Au cas où la Providence déciderait qu'il n'en reviendra pas, il dicte « ses volontés dernières ». Il confie au curé de sa paroisse une somme d'argent afin que des messes soient célébrées pour le repos de son âme. Ses biens iront à son épouse, qui devra prendre soin de ses enfants jusqu'à leur mariage ou leur majorité. S'il est célibataire, il rédige également un testament dont une copie est conservée avec ses autres effets importants dans « une cassette fermant à clef », déposée d'habitude chez un parent ou un ami de confiance.

François Frigon offre un pathétique exemple de cette incorrigible hantise des pays d'en haut. Comme les autres colons, il a obtenu une concession qu'il s'engage à défricher et à mettre en valeur. En 1670, il prend pour femme une « fille du roi»; des enfants naissent. On en compte six en 1685, année où Marie Chamois apprend la mort du dernier de ses frères, ce qui, croit-elle, la rend héritière de la fortune familiale. Elle se rend à Paris, mais c'est pour se heurter à une belle-mère rapace. Pour lui permettre d'accomplir le voyage, François Frigon s'est endetté. Et maintenant il lui faut payer : le commerce des fourrures, espère-t-il, le lui permettra. Confiant ses enfants à des voisins, abandonnant sa ferme, il part chaque année vers les régions inconnues. Mais ces voyages répétés ne l'enrichissent pas, s'il faut en croire les documents qui nous permettent de jeter un regard indiscret sur sa vie. En 1692, il hypothèque sa terre pour régler des dettes pressantes. Quelques mois auparavant, il a obtenu du père Raffeix, procureur des jésuites, une réduction des cens et rentes qu'il doit sur sa terre de Batiscan. Vers le même temps, le juge de Champlain le condamne à payer, en raison d'un contrat, une somme de deux cents livres à deux associés d'un voyage de traite infructueux. Sera-t-il plus heureux à ce voyage de 1695, qui se prépare en juin? Pour la première fois, son fils aîné Jean-François l'accompagne, ainsi que deux voisins, et le notaire les nomme « associés-voyageurs». A Montréal, ils achètent des marchandises pour un montant de « huit mil seize livres, dix sols, huit deniers», au marchand Antoine Trottier-Desruisseaux. La somme sera remboursée « *au retour de leur voyage qui sera — moyennant Dieu — l'année prochaine mil six cent quatre vingt seize*». Antoine Trottier doit, en vertu du contrat, assurer la subsistance et le vêtement des enfants de Frigon pendant la durée du voyage.

Les voyages en canot.

Un *Mémoire* anonyme daté de 1705 décrit ainsi les voyages en canot : « Les coureurs de bois mènent eux-mêmes avec de petits avirons de bois dur, fort propres et légers ; l'homme de derrière gouverne, les deux autres pagaient en avant de lui. Un canot bien mené peut faire plus de quinze lieues par jour dans une eau dormante. Il en fait davantage en descendant le courant des rivières; il en fait peu quand il monte le courant... Quand on rencontre des cascades ou des chutes d'eau qu'on ne peut pas franchir avec le canot, on gagne la terre; on décharge les ballots, on les porte sur le dos et sur les épaules aussi bien que le canot, jusqu'à ce que les sauts et les cascades soient passés et qu'on retrouve la rivière propre à se rembarquer. C'est ce qu'on appelle faire des portages. Quand on trouve un vent favorable, c'est un grand secours pour le canotier, qui ne manque pas de mettre une voile dont chaque canot est pourvu, pour s'en servir à cette occasion et pour faire une tente à terre, où l'on descend tous les soirs pour manger et se reposer. C'est dans ce canot que ces trois hommes s'embarquent à Québec ou à Montréal pour aller à trois cents, quatre cents et jusqu'à cinq cents lieues de là, chercher des castors chez les sauvages qu'ils n'ont très souvent jamais vus. »

Tous ceux qui voient à l'œuvre les chasseurs de fourrures ne cessent d'admirer l'inépuisable endurance de ces hommes de fer, qui allient l'astuce de l'Indien à la finesse native du Français. Frontenac, qui les observe, s'étonne d'abord puis est émerveillé, quand il constate qu'il ne s'agit pas seulement d'un petit nombre : ils sont tous robustes, trapus, tout en nerfs. « On ne saurait comprendre sans l'avoir vu, observe-t-il au retour d'un voyage au lac Ontario, la fatigue de ceux qui traînent ces bateaux, étant la plupart du temps dans l'eau jusqu'aux aisselles et marchant sur des roches si tranchantes que plusieurs en eurent les pieds et les jambes tout en sang; mais leur gaieté ne diminuait point et, aussitôt arrivés au camp, il y en avait qui se mettaient à sauter, à jouer aux barres et autres jeux de cette nature. Ils fument continuellement, chantent des chansons de leur pays, qu'ils ont apprises de leurs pères et qui viennent de leurs ancêtres venus de France. A toutes les deux heures, ils débarquent de leurs canots et se reposent de cinq à dix minutes. Ils calculent les distances par le nombre de pipes qu'ils fument entre deux arrêts. »

De plus, ils ont le goût naturel du risque. « Dans les grands lacs ils ont la hardiesse de traverser directement des baies larges, même sur une distance de plusieurs lieues, au lieu d'allonger leur route en longeant les côtes. » Dans ces mers intérieures, ils ont acquis l'expérience des vrais marins. Un coup d'œil à l'horizon leur permet de déceler la température douze heures d'avance, secret qu'ils ont arraché aux indigènes de la région et qui est presque infaillible.

Le voyage d'hiver.

Le voyage d'hiver exige une technique spéciale et beaucoup d'endurance ; car il faut compter à la fois avec le froid, les tempêtes et la rareté du gibier. Deux objets sont indispensables : la raquette et la traîne. Munis de ce maigre équipement, quelques Français, dont Thomas Godefroy et un missionnaire, accompagnent une troupe d'Indiens Attikamègues vers une région montagneuse encore inexplorée en 1651. C'est une expédition relativement courte, à peine mille kilomètres aller et retour. Le départ a lieu en plein cœur de l'hiver mais un printemps hâtif vient leur créer des complications inattendues. Le jésuite note sur des feuilles, qu'il conserve précieusement dans l'étui de son bréviaire, les détails quotidiens de la randonnée : « Le temps était beau, mais il n'était pas bon pour nous, à raison de l'ardeur du soleil qui faisait fondre les neiges, ce qui retardait nos traînes et chargeait nos raquettes, et même nous mettait en danger d'enfoncer dans l'eau. Je fus surpris d'une glace qui manqua sous mes pieds; sans l'assistance d'un soldat qui me prêta la main, je n'eusse pu me sauver du naufrage, à cause de la rapidité de l'eau qui coulait dessous moi. Le chemin de cette première journée fut parmi de continuels torrents rapides, et parmi des chutes d'eau qui tombent du haut des précipices, qui faisaient quantités de fausses glaces très dangereuses et très importunes, à cause que nous étions contraints de marcher le pied et la raquette en l'eau, ce qui rendait les raquettes glissantes, alors qu'il fallait grimper sur des rochers de glaces, proche des sauts ou des précipices. »

Chaque jour apporte ses avantages et ses désagréments. Le troisième jour, alors que les voyageurs marchent depuis l'aurore sans avoir pris de nourriture, un mirage transforme les arbres en Iroquois. Le soir, le jésuite et ses compagnons veulent camper sur une île pour se protéger des éventuels agresseurs. Les provisions de bouche viennent à manquer. Pour ne pas surcharger les traînes on n'avait prévu que le strict essentiel : de la farine de blé d'Inde, des pois secs et des biscuits de mer. On comptait sur la chasse et la pêche, mais le gibier et le poisson sont rares. Pour calmer la faim, on en est réduit à déterrer les racines des arbres dans le sol gelé. « Le cinquième et le sixième jour furent bien différents et néanmoins semblables pour la fatigue des chemins; le premier fut tout pluvieux, et le suivant fort beau, mais l'un et l'autre étaient fort incommodes, à cause que les neiges fondues aux rayons du soleil chargeaient nos raquettes et nos traînes; pour éviter cela, il fallut, les dix jours suivants, partir de grand matin avant que les glaces et les neiges fondissent. » De grand matin, cela veut dire « de trois heures dans la nuit jusqu'à une heure après midi ». A l'issue de cette marche de dix heures qui a permis de parcourir trente kilomètres, chaque voyageur « se réconforte d'une sagamité, d'une galette bouillie dans l'eau et de la moitié d'une anguille boucanée ». Le treizième jour fut le plus laborieux de tous. « Nous partîmes encore sur les trois heures du matin par des chemins horribles au travers de broussailles si épaisses qu'il fallait à chaque pas chercher où appuyer le pied ou la raquette. Je m'égarai diverses fois, à cause que la nuit m'empêchait de suivre les pistes de ceux qui marchaient devant moi. Ensuite nous trouvâmes des lacs tout glissants, où il était très dangereux de marcher sans raquettes, crainte d'enfoncer sous les glaces, mais il était aussi extrêmement pénible de marcher en raquettes à cause de la glace formée et de la neige fondue. » A midi, le groupe s'arrête exténué, après avoir parcouru dans ces pénibles conditions une douzaine de milles, soit vingt kilomètres. Pour toute ration, on partage la viande d'un castor tué le matin. Ce n'est qu'à la fin du quinzième jour que les voyageurs arrivent au but de leur randonnée, le campement des Indiens Attikamègues. Ils auront parcouru près de cinq cents kilomètres, et maintenant il leur faut revenir.

L'adaptation à la vie des Indiens.

Les scènes que décrivent les rédacteurs des *Relations* rendent plus étrange encore le phénomène de l'adaptation souple et rapide des explorateurs et des coureurs des bois à la vie et aux mœurs des indigènes. Alors que les missionnaires se plaignent constamment du manque de confort et d'hygiène des campements indiens, eux semblent facilement s'y adapter. L'atmosphère des wigwams leur plaît; on a vu des adolescents nouvellement arrivés passer des années au milieu des tribus indiennes : ainsi les jeunes Canadiens qui se réfugient dans les bois lors de l'occupation anglaise de 1629 à 1632, et qui gagnent la sympathie des Indiens. Ils participent à leur vie, à leurs coutumes, à leurs caprices. Un chef indien défie le prisonnier à une course en raquettes sur une distance de cinq kilomètres. Godefroy gagne. L'été suivant le défi concerne une course à pied. Godefroy est encore vainqueur et va embrasser le vaincu, ce que les Indiens n'avaient encore jamais vu.

Doués d'une vive intelligence, remplis d'initiative, observateurs sagaces, la plupart de ces jeunes gens non seulement bénéficient de l'expérience des Indiens à se tirer d'affaire avec peu de ressources, mais la perfectionnent. Ils adoptent tout naturellement les moyens de transport indigènes, le canot l'été, la raquette l'hiver. Ils modifient leurs vêtements pour les rendre plus pratiques à la marche et aux déplacements. Leur sagacité leur permet d'apprendre vite la science de la forêt, et bientôt ils passent maîtres en ce domaine.

L'astucieux Radisson.

Immobilisés subitement par l'hiver dans la baie de Chagouamigou, en pleine forêt inconnue, sur la route de la baie d'Hudson, Radisson et des Groseilliers doivent recourir à toute leur expérience pour se tirer d'embarras. Tout d'abord, il leur faut bâtir en deux jours un abri. Radisson lui-même en a fourni la description. De forme triangulaire, ce refuge borde une rivière; la base en est tournée vers l'eau. Les murs sont de troncs d'arbres non écorcés; le toit, de branches entrelacées. On fait le feu au milieu, sur le sol, et la fumée s'échappe par un trou qui tient lieu de cheminée. A droite du foyer, deux billots équarris recouverts de rameaux de sapin: c'est le lit. A gauche, un autre billot équarri: c'est la table. Complément de ce mobilier sommaire : des armes à feu, les vêtements et les marchandises d'échange. Un poste isolé dans un tel endroit a besoin d'un dispositif spécial de protection. Radisson tend autour du fort des fils soigneusement cachés dans les herbes; il y fixe des clochettes prises dans son bazar de pacotille destinée aux échanges. Avec cela, les deux compagnons peuvent dormir à poings fermés, sans crainte d'une surprise. Toute tentative d'attaque serait annoncée par un carillon d'appel aux armes. Radisson, plus jeune et plus agile, se charge du ravitaillement; il va aux environs chasser le lièvre au collet ou pêcher sous la glace de la rivière. Des Groseilliers fait le guet au logis. Il faut éviter le plus possible le coup de fusil. Il arrive fréquemment aux voyageurs d'être réveillés en sursaut au milieu de la nuit par la sonnerie des grelots. Des Indiens? Non, ce sont simplement des animaux sauvages qui, attirés par l'odeur humaine, ont franchi le barrage. Toutefois les Indiens Saulteux et Ojibways des alentours ont vite appris la présence d'étrangers sur leur territoire de chasse. Ils viennent silencieusement rôder autour du fort, puis s'approchent. Radisson se rend compte que son système de défense a besoin d'être perfectionné. A l'aide d'un tube en écorce de bouleau, il sème de la poudre à fusil dans une rigole circulaire creusée tout autour du fort. Un soir, devant une troupe d'Indiens, il sort un tison du foyer et le lance dans la rigole: aussitôt surgit de terre un étrange cordon de feu qui illumine de tous côtés le frêle abri. L'effet sur les indigènes est magique. Ces deux étrangers sont certainement doués d'une puissance mystérieuse et il faut les respecter.

Une troupe d'Indiens de la nation des Cris s'offre à escorter ces mystérieux demi-dieux à longue barbe vers leur pays, plus à l'ouest : le territoire du Manitoba d'aujourd'hui. Les voyageurs sont déjà à plus de deux mille kilomètres de marche et de canot de leur point de départ. Ils n'hésitent pourtant pas à pousser plus loin. Toujours nantis de leur pouvoir magique, ils sont l'objet d'attentions spéciales que Radisson, plus tard, se plaira à rappeler: « Nous étions de vrais Césars. Personne ne s'avisait de nous contredire. Nous marchions soulagés de tout fardeau, tandis que ces misérables s'estimaient heureux de porter nos bagages, dans l'espoir d'obtenir un anneau de cuivre, une alêne ou une aiguille... Ils admiraient toutes nos actions plus que les fous de Paris n'admirent celles de leur roi... Ils poussaient des exclamations, nous appelant des dieux et des diables. Nous cheminâmes quatre jours à travers les bois. Le pays était magnifique, avec des parties ressemblant à des parcs. Enfin nous arrivâmes à une lieue des loges des Cris. Nous passâmes la nuit à cet endroit, afin de pouvoir faire notre entrée dans le campement en grande pompe le lendemain. Les Indiens les plus rapides coururent en avant pour prévenir le peuple de notre arrivée. »

Les voyageurs sont accueillis solennellement au campement indien. Des jeunes Peaux Rouges les précèdent, porteurs de cadeaux offerts à tous les membres de la tribu. Des couteaux, des sabres, des haches, pour les hommes; des aiguilles, des peignes et surtout des miroirs, pour les femmes et les jeunes filles. Les Indiens à leur tour dévoilent leurs richesses : des ballots de fourrure de castor dont ils ne savent plus que faire. Les Français les acceptent avec une émotion et une joie à peine voilées. Mais voici qu'arrive l'hiver. Les lacs et les rivières gèlent; la route devient impraticable avec un tel chargement. Il faut attendre le printemps pour ramener à Québec la précieuse récolte. D'ici là il faut aussi partager la vie de la tribu, ses privations, ses misères. Les Indiennes sont complaisantes, mais il faut aussi manger. Et le gibier se fait rare pour ces centaines de bouches à nourrir. En janvier, c'est déjà la famine.

Des centaines d'Indiens succombent au cours de ces mois d'hiver. Les Français, soutenus par l'assurance d'un départ prochain, tiennent. Enfin, voici le printemps : le gibier ne manque plus, ils refont leurs forces et prennent le chemin du retour avec leur précieuse cargaison de fourrures.

Un ennemi minuscule : le moustique.

Pendant que les voyageurs des pays du Nord ont à se défendre contre le froid et de la faim, ceux qui gagnent le Mississippi rencontrent un ennemi plus insidieux encore et plus pervers : l'invasion des moustiques. Le père Gabriel Marest, qui a connu la vie nordique puisqu'il accompagna d'Iberville à la baie d'Hudson en 1694, assure que le froid est plus supportable que les moustiques. Son successeur au pays des Arkansas, le père Paul du Poisson, originaire comme lui de la Champagne, a tracé des ravages des moustiques une description pittoresque et détaillée : « Le plus grand supplice, sans lequel tout le reste n'est qu'un jeu, mais qui passe toute croyance, ce que l'on ne s'imaginera jamais en France, à moins qu'on ne l'ait expérimenté, ce sont les maringouins, la cruelle persécution des maringouins. La plaie d'Egypte, je crois, n'était pas plus cruelle : *dimittam in te & in servos tuos & in populum tuum & in domos tuas omne genus muscarum & implebuntur domus Aegyptiorum diversi generis & universa terra in qua fuerint.* Il y a ici des *frappe-d'abord* ; il y a des brûlots, qui sont de très petits moucherons, dont la piqûre est si vive ou plutôt si brûlante qu'il semble qu'une petite étincelle est tombée sur la partie qu'ils ont piquée. Il y a des *moustiques*, ce sont des brûlots, à cela près qu'ils sont encore plus petits, à peine les voit-on ; ils attaquent particulièrement les yeux. Il y a des *guêpes*, il y a des *taons* ; il y a, en un mot, *omne genus muscarum.* Mais on ne parlerait point des autres sans les maringouins. Ce petit animal a plus fait jurer depuis que les Français sont au Mississippi que l'on n'avait juré jusqu'alors dans tout le reste du monde. Une bande de maringouins s'embarque le matin avec le voyageur ; quand on passe à travers les saules ou près

des cannes, comme il arrive presque toujours, une autre
bande se jette avec fureur sur la pirogue, et ne la quitte point.
Il faut faire continuellement l'exercice du mouchoir, ce qui ne
les épouvante guère; ils font un petit vol, et reviennent sur-le-
champ à l'attaque. Le bras se lasse plutôt qu'eux. Quand on
met à terre pour dîner depuis dix heures jusqu'à deux ou trois
heures, c'est une armée entière que l'on a à combattre. On
fait de la *boucane*, c'est-à-dire un grand feu que l'on étouffe
ensuite avec des feuilles vertes. Il faut se mettre dans le fort
de la fumée si l'on veut éviter la persécution. Je ne sais lequel
vaut mieux du remède ou du mal. Après dîner, on voudrait
faire un petit sommeil au pied d'un arbre, mais cela est absolument impossible : le temps du repos se passe à lutter contre
les maringouins. On se rembarque avec eux et, au soleil
couchant, on met à terre avec eux. Alors ce n'est plus une
armée, mais plusieurs armées que l'on a à combattre. On
est mangé, dévoré, ils entrent dans la bouche, dans les narines,
dans les oreilles. Le visage, les mains, le corps en sont couverts.
Leur aiguillon pénètre l'habit et laisse une marque rouge sur
la chair qui enfle à ceux qui ne sont pas encore faits à leurs
piqûres. Après avoir soupé à la hâte, on est dans l'impatience
de s'ensevelir sous son baire[1], quoique l'on sache qu'on va
y étouffer de chaleur. Avec quelque adresse, quelque subtilité
qu'on se glisse sous ce baire, on trouve toujours qu'il y en est
entré quelques-uns, et il n'en faut que quelques-uns pour
passer une mauvaise nuit. »

Le vêtement.

Le coureur des bois, tout comme l'explorateur, se contente
de quelques vêtements éprouvés par l'usage et qui sont les
mêmes pour tous : des mitasses, un brayet, des mocassins.
Les mitasses sont un genre de guêtres de drap ou de peau de

1. Nom donné, dans la région du Mississippi, au tissu de la tente de couchage.
Par extension le mot désigne la tente elle-même. « La première chose que l'on fait
en mettant à terre, c'est de faire son baire en diligence » (Lettre du père du Poisson,
3 octobre 1727).

chevreuil. Très résistantes, elles remplacent avantageusement les bas. Les voyageurs à l'imagination fertile y brodent des motifs et des symboles de tous genres qu'ils exhibent fièrement, comme des trophées, à leur retour de voyage. Le brayet, de fabrication indigène, est une culotte courte, habituellement de drap épais renforcé au siège et aux genoux de pièces de cuir souple. Quand il faut se défendre des moustiques ou du froid, on allonge le brayet de façon à l'engager sous la mitasse. Le mocassin est un soulier sans semelle ni talon, fait de peau de bœuf ou d'orignal, traitée de façon à lui garder sa souplesse au froid et à l'humidité. Il est certainement l'article d'utilité quotidienne, imité des Indiens, qui a rendu les plus grands services aux Français, et qui a toujours été en usage, non seulement chez les coureurs des bois, mais aussi chez les habitants. On le désigne aujourd'hui de diverses façons : souliers de bœuf ou de «beu», bottes sauvages, souliers sauvages, souliers tannés. Le mocassin est, comme le maïs, un véritable produit d'Amérique. Les Indiens ont trouvé un procédé à la fois économique et pratique pour donner au cuir de peau d'orignal ou d'élan la souplesse désirée : la mastication par les femmes.

Les coureurs des bois s'ingénient à trouver divers procédés techniques qui permettent de rendre plus étanches les cuirs servant à la fabrication des mocassins. Ils perfectionnent la « babiche», fine lanière de peau de chevreuil que les Indiens utilisent couramment en guise de fil, et à laquelle les Français préfèrent la peau séchée d'anguille, plus mince, plus résistante et plus malléable.

Les autres parties du vêtement ne sont qu'accessoires, et chaque voyageur complète son habillement selon sa fantaisie. Le gilet, de laine ou de coton, toujours de couleur voyante afin qu'un chasseur distrait ne prenne pas son compagnon pour une bête des bois, est utilisé aux heures de repos. Lorsqu'il pagaie, le coureur des bois aime avoir le torse nu, et peu à peu sa peau, cuite par le soleil et le vent, devient moins sensible aux piqûres des moustiques.

L'équipement et la nourriture.

L'équipement de chaque voyageur est réduit au minimum, car il faut laisser le plus d'espace possible pour les marchandises. Lorsqu'il précède La Salle au fort Frontenac pour préparer l'expédition du Mississippi, le père Hennepin a pour tout bagage « un autel portatif, une couverture et un paillasson ». Il n'a même pas de bure de rechange. Chaque canot ne porte qu'un seul fusil et une couverture de laine ou de peau d'ours ou d'orignal, laquelle n'est utilisée que lorsqu'il faut soigner un voyageur malade. Seul, ce dernier a également droit à une ration d'eau-de-vie, précieuse liqueur réservée aux Indiens et transportée avec beaucoup de précaution. Lorsqu'il pleut et qu'il faut coucher à la belle étoile, on s'abrite sous les canots renversés et soutenus à chaque bout par des supports. En hiver, on creuse un trou sous la neige. Le sol est alors garni de branches de sapin ou de cèdre pour éviter le contact de la terre gelée. Le toit de neige durcie offre d'habitude une protection suffisante contre le froid et les vents.

La même politique d'économie s'applique au transport des vivres. Il ne faut en prévoir que pour les cas d'extrême nécessité, mais le voyageur blanc est plus prévoyant que l'Indien. Du moins assure-t-il la nourriture de base, toujours la même : biscuits de froment, lard salé, pois et galettes de maïs. Le même principe s'impose dans l'organisation des voyages lointains. Lorsqu'il entreprend l'expédition qui le conduira au Mississippi, Cavelier de la Salle demande qu'on lui apporte à l'endroit du départ une poche et demie de farine, une demi-poche de blé, une demi-brique de savon, une petite chaudière pour faire la soupe, un quart de minot de blé d'Inde broyé. « Si le sauvage a tué de la viande, je vous prie d'en envoyer à la barque et de recommander à ceux qui la porteront de n'en pas manger et pour cela en écrire la quantité. » Dans la même lettre on trouve cette autre recommandation : « Que tous ceux qui s'en vont emportent le moins de vivres qu'il se pourra et en prennent le surplus si nécessaire par les chemins, et je vous prie de leur recommander encore de ménager le plus qu'ils pourront. »

Il faut donc avant tout compter sur la pêche et la chasse quotidiennes, surtout le lièvre et le castor, ce dernier offrant une viande grasse, nourrissante et agréable au goût, car elle a l'arôme du sapin. Ces Français en arrivent vite à s'adapter à la philosophie indienne en ce qui concerne les vivres. Ils peuvent, des semaines entières, se nourrir uniquement de lichen et d'écorce. Un seul mets les dégoûte, dont pourtant se régalent les sauvages en période de famine : la viande gâtée. Plutôt que d'en manger, des coureurs de bois affamés ont mastiqué pendant des heures le cuir de leurs mocassins et de leurs vestes.

Un ami fidèle : le bouleau.

Le bouleau blanc, qui reste discret au milieu de la riche et somptueuse forêt canadienne, est le plus fidèle ami du voyageur indien et le deviendra également du coureur des bois, quand ce dernier se sera rendu compte de la variété de ses usages. On a vu que son écorce est le matériau principal du canot algonquin. Elle sert aussi à construire les wigwams, ces huttes coniques que les peuples nomades rendent assez étanches pour y passer les mois d'hiver. Les coureurs des bois auront recours au même moyen pour se garantir du froid. Ils imiteront également l'Algonquin en se protégeant le front d'une feuille de bouleau lors des portages. Le tissu doux et spongieux de cette feuille absorbe la sueur et retarde l'échauffement. L'écorce sert aux Français à un autre usage, connu, lui aussi, des Indiens : elle tient lieu de papyrus. Les chasseurs de fourrures y inscrivent, au moyen d'une barre de glaise noire durcie au feu ou d'une racine d'arbre carbonisée, leurs notes de voyage; ils y tracent leurs cartes de découvertes, font le calcul de leurs transactions, envoient à leur famille, s'ils sont sur le point de mourir (et s'ils savent écrire) leurs dernières volontés.

III. — Le peuplement au cœur de l'amérique

Le poste de Michillimakinac.

Dès le milieu du XVII° siècle, le site stratégique de Michilli-makinac est à la fois le lieu de rencontre obligatoire des voyageurs et le point de départ de nouvelles découvertes. Situé au sud du détroit qui relie le lac Huron au lac des Illinois (aujourd'hui lac Michigan), et à proximité du lac Supérieur, il est à quelque deux mille kilomètres de Québec.

Les coureurs des bois qui veulent aller plus loin pour recueillir des fourrures doivent aussi nécessairement s'y arrêter. En 1683, à la suite de recommandations multiples, le gouverneur de la Nouvelle-France accepte d'y installer en permanence une garnison militaire. Dès lors le poste est qualifié de « Gibraltar des régions du centre de l'Amérique ». Tout autour s'étendent les grands lacs Supérieur, Huron, Michigan, Erié et Ontario, qui forment une circonférence de près de trois mille kilomètres.

Près du poste, les Indiens ont dressé leurs tentes. Michilli-makinac est le rendez-vous général. C'est un village perpétuellement en mouvement, dont la population se gonfle et se dégonfle, à l'exemple de la marée des eaux qui l'entourent. A certaines époques, le bourg est plus peuplé que Québec et il y règne une bourdonnante activité. C'est là qu'en 1671, le délégué de l'intendant Talon, M. de Saint-Lusson, assemble les représentants de quatorze nations, et au cours d'une cérémonie, prend solennellement possession « de tout le pays jusqu'à la mer du Sud », pays qu'ont déjà parcouru de hardis voyageurs, traitants et découvreurs.

Unissant leur expérience technique, les Indiens et les Blancs ont, au cours des ans, fortifié l'emplacement. Quand paraissent les édits qui ordonnent aux trafiquants de fourrures de regagner les rives du Saint-Laurent, nombreux sont les coureurs des bois qui préfèrent conserver leur liberté et décident de s'établir à Michillimakinac, à Pontchartrain ou dans les autres postes de la région.

Le métissage.

Dès lors se révèle un nouvel aspect social de la vie canadienne, dû à la promiscuité des groupes indiens dont ces voyageurs ont déjà adopté la façon de vivre et les coutumes. Quelques enragés voyageurs préfèrent abandonner femmes et enfants demeurés dans les seigneuries du bas pays et continuer leur vie aventureuse. Mais la plupart des tenants de la vie libre sont des célibataires qui, cohabitant avec des Indiennes, sont à l'origine du métissage canadien. Le missionnaire de passage n'éprouve aucune difficulté à régulariser ces unions et à baptiser les enfants. Si on excepte les moments où le troc des fourrures donne lieu à des beuveries publiques, le village reflète une atmosphère bourgeoise. Le voyageur a installé sa « squaw » dans une cabane d'une seule pièce, mais où ne manque pas l'indispensable : un foyer de pierre, un lit fait de bois de bouleau, un berceau au cas où la compagne serait enceinte. Le voyageur sait que l'Indienne qu'il a « adoptée » sera pour lui une servante autant qu'une épouse. Elle sait écraser le blé d'Inde qui servira à faire la sagamité. Elle fait le tri des fourrures, fabrique les mocassins, répare les canots endommagés. Cette Indienne que le voyageur a choisie est bonne ménagère. Elle n'a jamais vécu une vie « de luxe » et sait que si son compagnon la quitte, elle devra reprendre l'existence monotone des gens de sa tribu.

Un nouveau peuplement.

L'exemple de Michillimakinac se répand un peu partout. Les relations de voyage ainsi que la correspondance des gouverneurs et des intendants signalent continuellement, au centre de leur territoire américain, la présence de Français qui vivent à la façon indienne. « Nous apprenons, écrit l'intendant Bégon en 1715, que cent Français qui, depuis deux ans sont montés furtivement à Michillimakinac, après avoir consommé les marchandises des négociants qui les ont équipés, sont passés aux Thamarois sur le fleuve du Mississippi, où il y en a déjà quarante-sept établis. » Cette affirmation est appuyée par une lettre du père Gabriel Marest qui note la présence de nombreux Français chez les tribus indiennes de la même région : « Les Illinois sont beaucoup moins barbares que les autres sauvages; le christianisme et le commerce des Français les ont peu à peu civilisés. C'est ce qui se remarque dans notre village dont les habitants sont presque tous chrétiens. C'est aussi ce qui a porté plusieurs Français à s'y établir, et tout récemment nous en avons marié quelques-uns avec des Illinoises.» Pendant que pleuvent les ordonnances de rapatriement, le croisement des races s'accentue, avec l'approbation des chefs locaux et des missionnaires compréhensifs qui, eux, sont sur place et voient avec satisfaction croître cette semence qui est en somme le produit de leur apostolat.

Ainsi, quelques dizaines d'années à peine après que Champlain puis Colbert ont manifesté l'espoir de former une nouvelle race en alliant le Français aventurier et l'Indienne sédentaire, ce rêve commence à se réaliser. Mais il a le malheur d'éclore à des milliers de kilomètres, trop loin pour les courtes vues des autorités. Le gouverneur s'obstine à vouloir administrer la Nouvelle-France à partir de Québec, alors que le nerf vital est au centre même de ce nouveau pays. Ainsi, peu à peu, les commandes de l'Amérique échappent à la France.

Pendant que l'Angleterre intensifie l'émigration vers ses possessions américaines, à la demande de ses représentants coloniaux, la France non seulement restreint la sienne sous prétexte de pays européens à surveiller, mais cherche à ramener vers Québec les hardis pionniers qui sont en train de conquérir tout un continent.

Quand en 1763 la France abandonne à l'Angleterre son territoire canadien, ce n'est pas uniquement le mince établissement des rives du fleuve Saint-Laurent et ses quelque soixante mille habitants. Elle cède aussi sans le savoir plus de quarante avant-postes et forts commerciaux établis au cœur de l'Amérique et qui lui auraient permis, si seulement elle les avait équipés, de fortifier et d'affermir son emprise civilisatrice et économique.

IV. — La traite de l'eau-de-vie

L'eau-de-vie, monnaie « liquide ».

L'eau-de-vie n'est pas utilisée seulement pour faciliter le commerce des fourrures, du moins au début. Elle sert régulièrement à obtenir de la viande d'orignal et des objets d'utilité courante : raquettes, souliers mous, mitasses, couvertures. La boisson est devenue monnaie courante, monnaie quotidienne. Aussi les abus ne tardent pas à s'intensifier dans les paroisses du bas pays fréquentées par les tribus indiennes, et les autorités doivent sévir. Les archives nous ont conservé quelques bribes de ces enquêtes locales.

Nicolas Gastineau, sieur du Plessis, ancien juge civil et criminel au Cap, grand traiteur lui-même tant dans les pays d'en haut que dans les rivières d'en bas, déclare avec une désarmante franchise « avoir vu quelques fois des sauvages soûls et ivres, a dit qu'il se peut faire qu'il peut y avoir contribué, mais par surprise, d'autant qu'ayant bu ailleurs ils se déguisaient si bien qu'il était difficile de les connaître, tellement qu'il arrivait que le sieur déposant ayant donné de la bière aux dits sauvages suivant l'ordonnance, qu'il est arrivé que quelques-uns en avaient plus qu'il ne leur en fallait ou du moins le faisaient paraître... ». Puis Gastineau ajoute que d'autres que lui débitent de la boisson aux sauvages, par exemple Barthélemy Bertaut, Michel Gamelain (son beau-frère), Jean Péré, Benjamin Anseau, et surtout Mme de la Poterie, l'épouse du gouverneur local. Pendant une bonne partie de l'été précédent, dit-il, cette grande dame a traité de la bière aux sauvages « d'une telle manière qu'ils y allaient par flottes et que là ils s'enivraient et se battaient et faisaient autres désordres, qu'ils pissaient dans la maison et dégueulaient à la porte et se battaient au Cap lorsqu'ils étaient de retour, que la dite demoiselle de la Poterie a amassé de pleins coffres de pourselines, grandes quantités d'orignaux et de castors, quantité de souliers sauvages et autres hardes sauvages, langues d'orignal, mufles, et en un mot que tout était porté par les dits sauvages chez la dite demoiselle...»

Plusieurs enquêtes de 1665 à 1667 fournissent des détails inédits sur la façon de vivre et de commercer de ces petits trafiquants. Le père Druillettes a parcouru en tous sens les bourgades indiennes de la région, et a pu se rendre compte des ravages que l'eau-de-vie distribuée par les traitants causait parmi ses ouailles. Son action, tout au long de l'enquête, apparaît discrète mais ferme.

Le 3 février 1667, il réussit à emmener de son village, loin dans la forêt, une sauvagesse nommée Christine « pour être ouïe et entendue sur la traite des boissons où il se trouvait qu'elle a été présente dans les bois ». Christine, « après remontrance à elle faite par le père Druillettes de dire la vérité », et par le truchement de l'interprète Jean Crevier, raconte que le mardi précédent, sept Français, tant soldats volontaires que domestiques, se sont rendus par la rivière des Trois-Rivières auprès des hommes de sa tribu et ont apporté à ceux-ci de la boisson dans une petite gourde, une bouteille de terre et un gosier d'orignal; le gosier d'orignal pouvant contenir une pinte, et les deux autres récipients un demiard chacun. « Enquise s'ils avaient fait aucuns désordres, a dit non, avoir bu, sinon que son gendre et sa fille s'étaient battus. »

Les dépositions des témoins sont également explicites sur le fait que les Indiens eux-mêmes ne veulent traiter qu'avec ceux qui leur offrent de la boisson en échange de leurs marchandises. Aussi les Français dont la vertu principale n'est pas l'honnêteté en profitent-ils, et leur exemple entraîne facilement les autres. Qu'on ne s'étonne pas si, dans ces conditions, les traînes des Français sont plus lourdes au retour qu'au départ, et les marchandises plus variées. A l'aller, des barils, des bouteilles et des gourdes d'eau-de-vie que souvent on allonge avec l'eau des rivières en arrivant aux campements des Indiens. Au retour ? Voici ce que disent les traitants mêmes : Jean Cusson a vu revenir les serviteurs de Michel Gamelain du poste de la rivière Sainte-Anne avec « de bonnes viandes grasses, viron deux sacs pleins ave; trois quatre langues d'orignal et autant de mufles avec un beau castor noir». Nicolas Dupuis a vu échanger de l'eau-de-vie par Martin Foisy pour des souliers sauvages et de la graisse. Et le valet du sieur de Bellerive a vendu aux sauvages Garaot une pinte d'eau-de-vie allongée d'autant d'eau pour deux louis et quatre francs.

Les aléas de la traite.

Souliers, argent ou viande, on le devine aisément, ne s'obtiennent pas sans peine ni misère. La neige, le froid et la distance sont les grands ennemis des chasseurs régionaux comme ils le sont de ceux qui partent à des milliers de kilomètres. En 1669, au cours d'un recensement effectué par l'intendant Bouteroue, des habitants des Trois-Rivières, du Cap et de Champlain déclarent à cet officier que des commerçants, habitants et soldats, effectuent des randonnées de trente, quarante et cinquante lieues pour aller trafiquer de l'eau-de-vie avec des sauvages. Ces voyages ne s'accomplissent pas sans incidents de tous genres. Au cours de l'un d'eux, dans la région des Trois-Rivières, Michel Gamelain est mordu au bras et à la jambe par un Indien, après des scènes de beuverie et des rixes sanglantes.

Les vrais responsables de ces incidents locaux sont souvent des notables. Malgré le mauvais exemple qu'ils donnent, les sanctions qu'on leur inflige sont minimes. Mais il faut songer à conserver l'amitié des sauvages pour ne pas perdre le commerce des fourrures. Le même Conseil souverain qui, le 20 juin 1667, condamne Nicolas Gastineau, Jean Le Moyne, Michel Gamelain, Jean-Baptiste et Nicolas Crevier, Benjamin Anseau et François Fafard pour trafic d'eau-de-vie avec les sauvages, ne les accuse pas d'avoir encouragé l'ivrognerie et le scandale public ; il les condamne parce que la loi le veut ainsi et parce que les missionnaires l'y obligent. L'année suivante, soit le 10 novembre 1668, le privilège de débiter et traiter de l'eau-de-vie aux sauvages est accordé à tous les Français de la Nouvelle-France. On peut facilement imaginer les conséquences de cette mesure.

CHAPITRE VIII

LA VIE ÉCONOMIQUE

I. — L'agriculture

L'ÉCONOMIE canadienne dépend exclusivement, au début, de compagnies privées dont le but principal est le commerce des fourrures. Champlain y ajoute, de sa propre initiative d'abord, avec l'aide du roi ensuite, un plan de colonisation.

Louis Hébert, apothicaire de son état, devient le premier colon de la Nouvelle-France. Il débarque à Québec en 1617 et trouve « un beau pays où il y a de bonnes terres ». Bientôt les champs ensemencés « portent de beaux blés, les jardins sont chargés de toutes sortes d'herbes, comme choux, raves, laitues... ». Mais le domaine agricole va demeurer, pendant plus de vingt ans, limité aux défrichements de la famille Hébert. En 1634, Giffard et cent colons du Perche arrivent au Canada. Ce sont de vrais cultivateurs aptes à juger de la fertilité du sol, à décider de l'emplacement des cultures.

Le « rang ».

L'action de ces colons est déterminante. Elle va constituer, au cours des années suivantes, le modèle canadien d'organisation du terroir et de technique culturale.

L'acte de cession délivré par la Compagnie des Cent-Associés accorde à Giffard « une lieue de terre à prendre le long de la côte du fleuve Saint-Laurent sur une lieue et demie de profondeur ». Comment partager ce domaine avec ses compagnons ? Le nouveau colon remarque que le fleuve est la

seule voie de communication, et, se basant sur l'expérience
acquise dans sa province natale où les champs sont disposés en
lanières étroites et débouchent sur le chemin, il décide de di-
viser le terrain en parcelles oblongues qui prendront assise sur
la berge et s'enfonceront vers l'intérieur des terres. Chaque
cultivateur aura ainsi accès au fleuve et défrichera sa terre en
s'éloignant perpendiculairement au rivage. Le « rang » canadien
qui marque encore le plan cadastral de la province de Québec,
va donner un aspect particulier au terroir de la Nouvelle-France.

Les premiers habitants s'établissent sur les bonnes terres
d'argile ou d'alluvions fines. La population croît rapidement,
stimulée par la forte natalité, et bientôt il est nécessaire de
défricher d'autres espaces. On les choisit immédiatement
derrière les premiers « rangs ». Une deuxième ligne de fermes
se développe sur le modèle de la première. Bientôt aux alentours
de Québec, puis jusqu'à Montréal, les « rangs » des colons
garnissent les rives du Saint-Laurent. La richesse de la terre
rassemble une forte population sur la côte de Beaupré et
dans les paroisses « au bord de l'eau ».

« *Faire la terre.* »

Giffard fixe aussi la technique pour « faire la terre ». Il faut
débarrasser d'abord une grande partie du rang de son épaisse
végétation forestière. Partis du fleuve, les défricheurs abattent
à la cognée, mettent de côté les troncs droits qui serviront à
la construction de leurs maisons, brûlent le bois laissé sur place.
Sur cette terre vierge, fertilisée davantage par les cendres,
le colon sème du blé, de l'orge et de l'avoine; plus tard, du
chanvre et du houblon. Pendant trois ans d'affilée, la terre
produit des céréales destinées à l'alimentation familiale. Un
nouveau brûlis de souches, un labour à la charrue permettent
une autre période de trois ans de culture. Un assolement
simple, basé sur le découpage du champ en deux soles égales,
l'une portant des céréales, l'autre des prés à faucher et des
herbages, obéissant à une rotation de trois ans, permet de
nourrir hommes et animaux.

Mais la terre s'épuise à cette cadence. La hache fait alors reculer la forêt qui livre des parcelles nouvelles où le brûlis permet encore plusieurs années de culture. Peu à peu les rendements diminuent ; une seule solution s'offre : étendre la surface cultivée.

L'élevage complète bientôt l'économie de la ferme : chevaux et bœufs pour le trait, vaches pour le lait, porcins pour la viande et le lard, moutons pour la laine. En 1734, les recensements indiquent un cheptel de soixante et onze mille huit bêtes dont près de la moitié sont des bovins. Le bétail fournit le fumier qui enrichit le sol.

Les productions.

Le jardin potager et le verger entourent la maison; au-delà, les bandes jaunes et vertes marquent les champs de blé mûr et les terres à pâture. L'économie agricole, vivrière, tend à l'autarcie car elle répond à tous les besoins familiaux. Certaines régions cependant ravitaillent les villes en blé, en légumes et en fruits.

L'intendant Talon, qui veut prêcher par l'exemple et stimuler une agriculture exportatrice, met en valeur une ferme, « les Islet », sur la rivière Saint-Charles. Il cultive des céréales, du lin, du chanvre, du houblon; il élève des vaches, des veaux, des chevaux et de la volaille. Il parvient ainsi à constituer un petit fret de retour pour quelques-uns des vingt bâtiments qui partent chaque année de Québec vers l'Acadie et les îles des Antilles et qui emportent dans leurs cales de la farine, des biscuits, des pois, des légumes.

La tentative de Talon n'aura pas de lendemain. Le colon continue à cultiver pour son usage personnel les produits « français » auxquels il ajoute des plantes indigènes : le maïs ou blé d'Inde, la pomme de terre et le tabac.

Le blé.

Le blé joue en Nouvelle-France un rôle primordial. Il constitue la base de la nourriture puisque un colon mange,

selon l'intendant Raudot, deux livres de pain par jour. A cause
du long froid hivernal on sème généralement le blé au printemps
et on le récolte à la fin de l'été. Le blé vient bien, il produit
quinze fois la semence.

Comme l'agriculteur limite habituellement les semailles à
ses besoins, en cas de mauvaise récolte il devient acheteur et
risque de s'endetter; celui qui a produit en surplus vend son
blé à un prix élevé. Que fait-il de son argent? Il le thésaurise
selon la bonne vieille méthode du bas de laine et ne l'utilise
guère pour agrandir sa ferme.

Quand il y a pénurie de blé, le pain est cher et de nombreuses
familles sont dans la misère. En 1751, l'intendant Bigot procède
à des distributions gratuites de pain, pois et viande pour calmer
la faim et le ressentiment des malheureux.

L'enquête menée en 1712 par Gédéon de Catalogne montre
le peu de rationalité de l'agriculture canadienne : les champs
sont trop étendus, les méthodes agricoles gardent un caractère
routinier — depuis Giffard elles n'ont pas changé — et les
jours fériés sont trop nombreux de mai à septembre. D'ailleurs
les habitants ne cherchent pas à tirer de la terre plus qu'elle ne
produit d'elle-même. En Nouvelle-France d'autres activités
tentent davantage le colon.

II. — LES RESSOURCES NATURELLES

Les fourrures.

Le Canada recèle d'importantes ressources naturelles. En
premier lieu les animaux à fourrures. D'abord monopole des
compagnies, la traite des fourrures intéresse vite toute la
colonie. Les procédés sont variés : le troc avec les sauvages qui
rendent visite aux colons, les « congés » qui autorisent la chasse
en dehors des territoires habités, les foires de Montréal où
chaque année, comme on l'a vu précédemment, les Outaouis
arrivent avec près de deux cents canots contenant plus de
cent mille peaux.

Le castor l'emporte; les cinq variétés de peau de cet animal
s'emploient dans l'habillement, en particulier dans la confection
de chapeaux. Le massacre des animaux à fourrure provoque

un déplacement des terrains de chasse de la vallée du Saint-Laurent vers les Grands Lacs. Chaque année plus de quarante mille peaux de castors viennent échouer à la foire de Montréal.

La forêt.

La forêt de feuillus et de conifères est une des plus belles que l'on connaisse. Ses essences — le chêne, le pin rouge, l'épinette — sont très appréciées. Le bois provient du défrichement et surtout des coupes qui sont effectuées sur commandes des constructeurs de bateaux. L'abattage a notamment lieu dans la région de Montréal et dans la vallée du Richelieu. Il est tel qu'en 1722 deux habitants de Québec, Jacques et Joseph Carcy, proposent de fournir au roi des merrains blancs, des planches de frêne, des bois tors et courbes, des plançons de chêne pour un total de quarante mille livres. Utilisé par les chantiers navals canadiens, le bois est aussi un produit d'exportation qui intéresse la marine de France puisque celle-ci envoie, en 1724, un lieutenant de vaisseau chargé de l'inspection des futaies.

Les mines.

Les mines ont fait l'objet de recherches multiples. L'or avait été le premier but des expéditions au Nouveau Monde. A défaut d'or on se contente en Nouvelle-France de cuivre, de plomb, de charbon et de fer.

Talon veut que les mines soient exploitées, car elles sont « essentielles aux affaires du roi et à l'établissement du Canada ».

Le cuivre donne beaucoup d'espoir. Plusieurs expéditions prospectent les bords du lac Supérieur sans grands résultats. Des tentatives de Lesueur aux découvertes de Denys de la Ronde, qui recrute des ouvriers allemands, les rendements sont décevants.

Le plomb, repéré à Gaspé et à Baie-Saint-Paul, ne sera pas exploité. Les perspectives du charbon sont meilleures. La mine du Cap Breton, en Acadie, d'extraction facile, de houille de bonne qualité, fournit un fret aux navires qui regagnent la France. Colbert, sollicité par Talon, détaxe, pour encourager l'exploitation, le charbon canadien à son entrée dans le royaume. Mais les mineurs qualifiés manquent et l'exportation est réduite aux possibilités des quelques bateaux qui mouillent au Cap Breton. Au total rien de bien considérable.

Le fer est l'atout principal. Talon, infatigable, décèle la présence de pyrite dans les sables noirs des Trois-Rivières. Un rapport enthousiaste à Colbert détermine l'envoi en Nouvelle-France d'un maître de forges, le sieur de la Potardière. L'intendant ne s'est pas trompé : au cours d'une première expérience cent cinquante livres de minerai fournissent cinquante livres de métal. Des forges sont construites sur les bords du Saint-Maurice.

La pêche.

Le golfe et l'estuaire du Saint-Laurent sont des lieux de pêche excellents. Loups marins et marsouins blancs abondent et fournissent une huile de qualité; la morue séchée est un appoint sérieux à l'alimentation de la colonie et particulièrement à celle des militaires.

L'anguille est fort appréciée; en 1646, on en prend quarante mille qui sont revendues un demi-écu le cent. C'est un mets habituel chez les petites gens.

Talon voudrait que les habitants s'intéressent à la pêche. Il remarque tristement « qu'ils ne sont que des paralytiques en face de ce trésor ». Des pêcheries fixes permettraient de ravitailler les îles des Antilles en poisson séché et fumé. De la pointe de Lévis à la côte du Labrador quelques établissements s'installent parfois sous le patronage des communautés religieuses. Mais l'exploitation reste difficile en dépit d'une gratification royale de quatre cents livres par an. Le lieu de pêche qui maintient le mieux ses activités est celui de Baie-Saint-Paul où l'on capture des marsouins blancs à l'aide de barrières qui retiennent les poissons à marée basse; cent soixante marsouins peuvent fournir cent vingt barriques d'huile; mais comment expédier cette marchandise?

III. — Les industries

Les artisans.

Le Canada a ses artisans, parfois nomades, qui de village en village vont offrir des ustensiles de ménage de leur fabrication : le gîte, le couvert, de la menue monnaie les paient amplement.

Les sédentaires sont plus nombreux. Comme la pratique d'un métier ou l'ouverture d'une boutique n'est soumise à aucune autorisation, celui qui sait bricoler ou qui possède quelque aptitude commerciale fabrique des sabots, des souliers, des chapeaux, des meubles, des canots.

Le travail se fait à domicile. Peter Kalm remarque un grand nombre de maisons d'artisans dans les villages.

En 1671, Talon, trop optimiste, note : « J'ai fait cette année de la laine qu'ont portée les brebis que Sa Majesté a fait passer ici, du droguet, du bouracan, de l'étamine, de la serge de seigneur; on travaille des cuirs du pays près du tiers de la chaussure, et présentement j'ai des productions du Canada, de quoi me vêtir des pieds à la tête. »

Les manufactures.

Voici l'objectif que s'est fixé l'énergique intendant : « Il faut que sans sortir du bourg, toutes les choses nécessaires tant à la nourriture qu'au logement et vêtement se trouvent pour la commodité de celui qui l'habite. »

Ateliers de tissage, de tannerie, fabriques de souliers utilisent les uns le chanvre, le lin, la laine, les autres le cuir des bœufs ou des orignaux.

La production dépend, dans une large mesure, de l'action persuasive de l'intendant. Quand Talon, Raudot Hocquart dirigent l'économie, les manufactures prospèrent; sous d'autres administrateurs, elles sommeillent ou périclitent.

La tannerie de Bissot, à Lévis, fait huit mille paires de chaussures par an, destinées en partie aux militaires. Le successeur de Bissot, Charest, n'est pas moins actif. Les trois chapeliers de Québec fabriquent près de quinze cents chapeaux par an, au point qu'en 1736 cette industrie est interdite pour ne pas gêner celle de la métropole.

Mme de Repentigny.

Le tissage est marqué par l'entreprise d'une femme énergique, Mme de Repentigny, qui prend l'initiative d'établir une fabrique de draps et d'étoffes. Il lui manque des artisans expérimentés. Lorsqu'elle apprend que huit Anglais prisonniers des Indiens connaissent la technique du tissage et le secret de la teinture, elle rachète leur liberté et les embauche.

Comme le lin et le chanvre sont encore passablement rares, l'ingénieuse femme conçoit l'idée de se servir de l'écorce de certains arbres, des orties, de la laine de bouc et des cotonniers sauvages qui poussent dans les champs incultes. A force d'expériences, elle découvre des matières tinctoriales nouvelles à base de « terre bleue ». Elle tire parti de la laine des bœufs illinois pour faire des serges sur fil, et met au point un procédé qui assure l'amollissement des peaux de chevreuil sans les traiter à l'huile.

Mme de Repentigny incite d'autres femmes à suivre son exemple. Vingt-huit métiers à Montréal tissent cent vingt aunes de drap par jour. Ces ateliers de tissage auront une existence éphémère car les femmes des colons fabriquent elles-mêmes à domicile la garde-robe familiale. Et puis le chanvre est cher. Il vaut soixante livres le quintal, celui de Bretagne dix-huit seulement.

Les brasseries.

Dès les premières années on fabrique de la bière. On connaît l'existence d'une brasserie coopérative des habitants de Québec dès 1634. Les jésuites, en 1646, ont commis le frère Ambroise Cauvet à faire « le cru et la bière ». Le séminaire de Québec a sa propre brasserie vers 1680. Tous ne font que suivre l'exemple des premiers missionnaires récollets qui fabriquaient de la bière à Notre-Dame-des-Anges en 1620. La préparation de ce breuvage populaire se nationalise, si l'on peut dire, vers

1666, quand l'intendant Talon songe à fonder une brasserie d'État. Il l'établit, non pour encourager les habitants à consommer plus de bière, mais dans un souci économique : pour écouler le surplus de la récolte de blé et restreindre l'importation des vins. La brasserie a une capacité de production de quatre mille barriques de bière dont deux mille seront exportées. Elle utilise douze mille minots de blé, ce qui fournit aux habitants un débouché pour les céréales. La bière est d'un prix élevé : vingt-cinq livres la barrique. Talon ne réussit qu'à demi dans sa louable entreprise.

Les chantiers navals.

Les chantiers navals reçoivent toute l'attention du grand intendant de la Nouvelle-France qui les considère comme la plus solide des bases industrielles. Ils permettent en effet l'installation d'entreprises annexes : des goudronneries, des corderies, des clouteries et ferronneries. La forêt immense avec ses chênes, ses pins, ses épinettes, fournit la matière première.

En 1664, à Québec, on construit un brigantin pour le compte du roi. Talon, trois ans plus tard, met en chantier un navire de cent vingt tonneaux. Colbert lui adresse des instructions pour « bâtir dans trois ou quatre ans, trois ou quatre bons vaisseaux de guerre». Un bâtiment de quatre cents tonneaux, portant quarante-six pièces de canon est lancé.

Il faut attendre 1738 pour que les chantiers navals de Québec reçoivent des commandes importantes de la marine.

On construit alors une flûte de cinq cents tonneaux qui est baptisée le *Canada*. Le bois provient des chênes blancs et des pins de la région de Montréal; les clous viennent des forges du Saint-Maurice; les mâts de pin rouge ont été coupés près de la rivière Chambly. Sous la direction du maître constructeur Levasseur, officiellement envoyé par le roi, les ouvriers travaillent d'arrache-pied. Bientôt les agrès, importés de France, sont placés. L'équipage de quatre-vingts marins arrive de Saint-Malo.

Le *Canada* prend le large, fait la traversée de l'Atlantique jusqu'à Rochefort où sa construction, ses aménagements sont jugés satisfaisants, même si son coût de fabrication (217 707 livres) paraît excessif !

D'autres vaisseaux suivent. Le *Caribou* pour lequel on utilise des courbes d'épinettes, le *Castor*, frégate de vingt-six canons. L'élan est pris, on aménage un nouveau chantier naval à Cul-de-Sac pour construire le *Saint-Laurent* qui porte soixante canons. La dernière commande est celle de l'*Algonquin*, d'un armement de soixante-douze bouches à feu.

Mais en 1752, une décision est prise : aucune construction pour la marine ne se fera dorénavant à Québec. Motif : l'inspection de deux navires lancés à Québec, le *Caribou*, le *Saint-Laurent*, a révélé une mauvaise qualité du bois. Les bois de construction, transportés par flottage, ont été séchés trop rapidement; cela les a détériorés. Les chantiers navals vivent alors modestement des contrats des particuliers.

Un sous-produit du bois, le goudron, obtenu par distillation des souches d'arbres, est d'abord fabriqué par des ouvriers spécialisés. Son prix de revient est trop élevé : cinquante livres le quintal, alors qu'à Rochefort il vaut vingt livres. Mais les Canadiens prennent la relève des spécialistes, le produisent à meilleur marché: il peut être exporté en bonnes quantités.

Les forges du Saint-Maurice.

Le minerai de fer trifluvien s'étant révélé d'excellente qualité, une société est constituée; les « Forges du Saint-Maurice». Les débuts sont difficiles, les rendements insuffisants, faute de maîtres de forges expérimentés. Olivier de Vézin arrive à Trois-Rivières en 1735. Malgré sa compétence, les résultats restent peu encourageants, l'eau manque pour alimenter régulièrement le fourneau.

La compagnie fait faillite; le gouvernement royal assume alors la marche de l'entreprise. Dès 1746 l'exploitation prend de la vigueur. Les artisans des forges fabriquent en un an, pour l'Etat et pour les colons, quatre cent mille livres de fer, soixante-dix-sept livres d'acier (à titre d'expérience, mais le grain est trop gros), dix enclumes, trois cents bombes à mortier, cinq mille cinq cents boulets, quatre grandes chaudières, trois cent cinquante-huit marmites, treize marteaux, deux cents poêles. On coule même six canons que l'on expédie en France, où l'on juge que leur construction laisse à désirer. En 1750 les forges accusent un déficit de vingt-cinq mille livres. Peter Kalm, qui les visite, reconnaît à l'entreprise un grave défaut : sa mauvaise administration, résultat de nombreux abus; les frais de main-d'œuvre sont beaucoup trop élevés. Les commandes, désormais, se limiteront aux objets usuels qu'emploient les habitants de la Nouvelle-France.

Un abbé entreprenant.

Toutes ces tentatives d'industrialisation, la plupart vouées à l'échec ou à un demi-succès, ont pourtant donné l'occasion à quelques Canadiens de se lancer dans les affaires et de préfigurer les pionniers du « business » américain. Tel est l'abbé Lepage. Originaire de l'île d'Orléans puis séminariste à Québec, il est nommé curé de l'île Jésus, près de Montréal.

Comme beaucoup de paroisses canadiennes, la sienne est pauvre. L'abbé ne se contente pas d'assurer son ministère spirituel, il veut donner de l'ouvrage à ses ouailles.

Il achète pour dix mille livres la seigneurie de Terrebonne. Il emprunte huit mille livres pour faire édifier des « moulins à farine ». Elevé par l'évêque à la dignité de chanoine, au lieu de siéger au chapitre, il s'occupe de ses affaires. Aux remontrances de ses supérieurs, il répond en réduisant ses fonctions ecclésiastiques et en augmentant d'autant ses activités industrielles. Il fait procéder à des coupes de bois pour honorer les commandes de bordages de chêne et de pin passées par le roi, il fabrique du goudron, se lance dans la pêche à la morue, exploite une carrière d'ardoises, envisage de construire des vaisseaux pour le compte de la marine. Des embarras financiers, dus à un ralentissement de la production de ses moulins — les eaux ont baissé — ne l'empêchent pas de songer à établir des forges dans la seigneurie. Mais les autorités de Québec, sur l'ordre du roi, s'y opposent. L'abbé Lepage offre alors de se charger de l'exploitation des forges du Saint-Maurice. Nouveau refus.

Pressé par ses créanciers il doit vendre, en 1745, toutes ses entreprises pour soixante mille livres. Ce qui ne l'empêchera pas, plutôt que de prendre sa retraite, de bâtir encore un moulin à scier, qu'il exploitera jusqu'à sa mort en 1762.

IV. — Le commerce

Le commerce intérieur de la Nouvelle-France est réduit. Les marchandises circulent peu, les grandes ventes ont lieu à l'arrivée des bateaux de France.

Une ordonnance réserve aux achats des particuliers les premiers jours de vente, ceux des marchands suivent.

Les Canadiens limitent leurs achats, car la plupart des objets usuels sont fabriqués à la maison. De plus l'argent est rare et les prix sont élevés, les marchands n'hésitant pas à prendre de 55 à 120 % de bénéfices. Pourtant les droits de douane à l'importation ne frappent que les vins, les liqueurs, l'eau-de-vie.

Le commerce extérieur porte, pour la plus grande part, sur les fourrures.

Les compagnies qui détenaient le monopole des fourrures ont réalisé de substantiels profits. En cinq ans, de 1632 à 1637, la Compagnie des Cent-Associés fait un bénéfice de soixante mille livres après avoir payé dix mille livres seulement pour l'administration d'une colonie qu'elle s'est engagée à peupler et à défendre. La Compagnie des habitants gagne, la première année, trois cent vingt mille livres dont 80 pour cent restent heureusement à la colonie.

En 1669, la liberté du commerce est accordée. Les marchands qui font des expéditions à leurs correspondants de La Rochelle doivent acquitter aux commis du roi le «droit du quart» pour les castors et du dixième pour les orignaux.

En 1670, cette taxe rapporte soixante-dix mille livres malgré la baisse du prix du castor sur les marchés de France.

Le castor.

Les fermages, les congés, les monopoles, la contrebande, les courses dans les bois, les visites des sauvages dans les fermes des colons, les foires de Montréal sont autant de moyens pour drainer le castor vers le port d'embarquement de Québec. Tous les habitants participent à ce commerce qui est la vraie source de revenus de la colonie, celui qui intéresse toutes les classes de la société; chacun y trouve ce qu'il cherche, argent ou aventure.

Les taxes sur le castor devraient assurer une partie du budget de la colonie. Mais des représentants de petits groupes passent clandestinement en France avec des cargaisons de peaux pour échapper au droit du quart imposé par le magasin du roi.

Les autres exportations.

Le Canada exporte aussi du blé, de l'huile de loup marin ou de marsouin blanc, du goudron, du bois de construction, principalement des mâts et des bordages pour la marine.

L'exportation du gin-seng, qui aurait pu être une excellente source de revenus au XVIIIe siècle, cesse, car la qualité du produit, trop hâtivement séché, ne satisfait pas les importateurs chinois.

Il arrive que des capitaines de bateau refusent d'embarquer certaines marchandises, comme les mâts, sous prétexte qu'ils manquent d'aménagements propres à les transporter; ou bien ils raccourcissent les mâts qu'ils prennent à leur bord.

Le connaissement de la cargaison de trois navires qui quittent Québec en 1669 mentionne : des planches, du poisson vert et sec, des anguilles salées, du saumon salé, de l'huile de marsouin, du bois, de la bière, cinq barriques de farine.

Ces bateaux mettent le cap sur Cayenne, l'île de la Tortue, la Guadeloupe. Talon pense que ces denrées canadiennes se vendront dans les Antilles. De là, un nouveau fret de produits coloniaux, sucre et tabac, sera envoyé en France. Puis les navires reviendront à Québec avec des draps, des étoffes, des vins, de l'eau-de-vie, des articles de ménage, de la quincaillerie, des armes, des médicaments, des matériaux de construction. Ainsi l'intendant espère-t-il réduire le déficit de la balance commerciale de la Nouvelle-France qui atteint plus de cinq cent mille livres par an.

Ce commerce triangulaire languit. L'âpreté au gain qui caractérise le petit groupe de marchands de Québec, possesseurs exclusifs de magasins de vente, leur politique uniquement axée sur un bénéfice immédiat affaiblissent le commerce de la Nouvelle-France.

Le système monétaire.

L'économie de troc a retardé l'établissement au Canada d'un système financier à peu près sain. Au début, la monnaie de fait a été le castor, dont les peaux servaient à l'achat des objets d'importation, des denrées alimentaires, voire à l'acquisition de terres ou à la constitution d'une dot pour une fille. D'où l'importance de la traite des fourrures pour tous les habitants de la Nouvelle-France.

Talon admet la validité de ce système qui, selon lui, « oblige chacun à travailler de ses bras pour subsister ». Mais le prix du castor subit des fluctuations. Il baisse en 1665. Les marchands français n'acceptent plus les paiements en nature. Ils exigent du numéraire, et la colonie n'en a pas.

Le Conseil souverain à Québec et le gouvernement royal prennent alors deux mesures pour attirer des pièces d'or et d'argent en Nouvelle-France. La monnaie française vaudra au Canada vingt-cinq pour cent de plus qu'en France et la Compagnie des Indes Occidentales frappera cent mille écus d'une « monnaie canadienne » qui n'aura cours que dans les colonies. Mais tout ceci paraît suspect aux marchands français, principalement aux commerçants de La Rochelle qui n'acceptent qu'avec réserve les pièces de cuivre d'outre-Atlantique.

La monnaie de cartes et autres formules.

Cette pénurie de devises affecte gravement le commerce entre la France et le Canada. Deux sources d'argent liquide existent pourtant et vont améliorer la situation. A partir de 1664, les frais de l'intendant et le traitement des soldats du régiment de Carignan sont réglés en espèces.

Les subsides que le roi envoie chaque année pour solder les dépenses administratives dépassent largement cent mille livres et contribuent à regarnir d'argent frais les coffres du pays. Mais les fonds royaux n'arrivent qu'à l'automne, après l'étude du budget, alors que les dépenses courent depuis janvier. Il faut donc trouver un procédé plus pratique. En 1685, l'intendant Jacques des Meulles a l'idée d'utiliser des cartes à jouer comme monnaie. Il les coupe en deux, signe, cachette à son chiffre chaque morceau, et en garantit le remboursement à l'arrivée des « fonds du roi».

Ce n'est qu'un expédient provisoire, mais devant le succès de confiance qu'il remporte, on l'utilise régulièrement. Le public l'apprécie au point de thésauriser ces cartes, ce qui fausse le système. Aussi l'intendant, pour compenser le déficit, doit-il émettre de nouvelles cartes et dépasser la valeur du fonds du roi qui garantit le remboursement. D'émission en émission, la circulation de cette monnaie atteint près de deux millions en 1714. C'est l'inflation.

En 1729, la population réclame le rétablissement du système des cartes. Quatre cent mille livres sont fabriquées, dont cent cinquante mille devront servir au commerce intérieur de la colonie.

Pour récupérer des pièces d'or et d'argent, l'intendant utilise un autre moyen, qui s'apparente à une lettre de change. Il signe aux commerçants des « billets de caisse» en échange de versements en espèces. A l'arrivée des bateaux, les marchands paient leurs achats avec ces billets qui seront remboursés à Paris par le trésorier de la marine. Bonne formule, à condition de se montrer prudent. Ce qui n'est pas le cas, car en 1747 l'intendant signe pour deux millions six cent mille livres d'ordonnances de ce genre, et pour trente millions en 1759. C'est un gouffre !

Le délabrement du système monétaire provient de l'absence de numéraire. Quand la circulation monétaire existe, elle conduit à l'inflation, car la monnaie n'est pas saine et le commerce en est durement affecté.

Les impôts.

Cette situation ne simplifie pas, on s'en doute, la perception des impôts ni l'établissement d'un budget.

Les Canadiens ont pris dès le début une attitude hostile à tout paiement de taxe. Mgr de Laval a connu de multiples difficultés quand il a voulu obtenir le versement d'une dîme d'un vingt-sixième. Les habitants paient le cens au seigneur mais refusent de faire des corvées ou de loger des soldats sans rémunération.

Les revenus de l'État sont minimes en regard de ses charges, qui sont six fois plus élevées. Le roi tente de lever des taxes avec une régularité tenace, mais les habitants, par la voix de l'intendant, opposent chaque fois leur état de pauvreté aux exigences royales. Le déficit est tel que Louis XV doit imposer une mesure bien faible, mais qui n'en soulève pas moins des récriminations. Il institue un droit de douane de 3 % qui sera uniformément perçu sur les marchandises importées ou exportées. Cette taxe rapporte six cent cinquante mille livres au trésor royal en 1755.

Faiblesse chronique de la colonie.

L'économie canadienne n'a pas de structure solide. L'agriculture est négligée; le colon canadien ne s'y emploie que par nécessité. Cultiver la terre, c'est d'ailleurs braver quotidiennement la menace de l'Iroquois embusqué. Aussi l'agriculteur n'accepte-t-il ce risque que pour nourrir sa famille.

L'exportation et l'industrie ne peuvent absorber une trop grande production. Aussi le colon préfère-t-il se livrer au trafic des fourrures dont les revenus compensent les dangers. Parmi ces habitants de la Nouvelle-France, beaucoup sont d'anciens soldats du régiment de Carignan qui n'ont pas troqué définitivement le fusil pour le manche de la charrue.

Les ressources naturelles et les industries n'ont pas été exploitées et développées de façon rationnelle. Les ouvriers qualifiés et les capitaux ont toujours fait défaut. Les uns et les autres auraient dû venir de la métropole; dans ce domaine, le gouvernement royal n'a pas eu de politique à longue échéance. Les crédits ont été livrés aux abus de certains administrateurs. Un système monétaire déficient achève de rendre très vulnérable l'économie de la Nouvelle-France.

Pourquoi n'a-t-on pas pris les mesures qui s'imposaient? Il semble que le castor ait été considéré comme une manne inépuisable, digne de solliciter tous les efforts. Erreur qui détournera les soldats-laboureurs de la mise en valeur du sol et de l'exploitation du sous-sol.

Militairement menacée, la colonie est en 1760 économiquement faible. La victoire des Anglais changera la vocation naturelle du colon. Le commerce des fourrures passe aux mains des vainqueurs. Le Canadien réintègre définitivement sa ferme, obligé de se limiter, par défaut, à l'activité agricole.

CHAPITRE IX

LES MOYENS DE TRANSPORT

I. — La traversée de l'Atlantique

LES PASSAGERS des petits navires qui aux XVIe et XVIIe siècles réussissent la traversée de l'Atlantique se demandent certainement si ce pays inconnu dont ils aperçoivent les côtes à la hauteur de Terre-Neuve peut leur faire courir des dangers plus grands que ceux qu'ils viennent d'affronter. Les rochers abrupts, les détroits agités par des courants contraires les inquiètent. Mais voici que les larges eaux de l'embouchure du fleuve Saint-Laurent les accueillent; les rives se rapprochent. Ils peuvent enfin respirer. Ils se rendront bientôt compte qu'ils risquent moins sur les rivières et dans les forêts de la Nouvelle-France que sur l'Atlantique. La route maritime vers le Canada ou les îles est, au dire des marins, la plus redoutée. « J'ai été sept fois en Canada, écrit le capitaine Vaudron en 1716; et quoique je m'en sois bien tiré, j'ose assurer que le plus favorable de ces voyages m'a donné plus de cheveux blancs que tous ceux que j'ai faits ailleurs. C'est un tourment continuel de corps et d'esprit. »

D'un port français à Québec, la traversée est d'une durée fort variable et le voyage est soumis à toutes sortes d'aléas : température, direction du vent, vagues, irruption des icebergs et des corsaires. Une des traversées les plus courtes, probablement la plus courte même de l'époque, est celle accomplie par Champlain en 1610. Parti de Honfleur le 8 avril, le navire arrive à Tadoussac dix-neuf jours plus tard, le 26. En 1687, un vaisseau qui transporte le chevalier de Vaudreuil traverse en vingt-sept jours. Par contre, d'autres voyages durent plus de trois mois; on en signale un de cent douze jours. La route du retour en France est plus facile et plus calme, étant donné la permanence des vents d'ouest.

Au début du XVIIe siècle, les navires ne dépassent guère deux cents tonneaux. Ils mesurent environ quatre-vingt-dix pieds sur trente. Une centaine de personnes, y compris l'équipage, peuvent y prendre place, dans des conditions de confort plus que modestes. Groupés dans l'entrepont, entre les soutes de la cale et la plate-forme supérieure, les voyageurs couchent pêle-mêle sur de minces matelas. Les hommes célibataires habitent l'avant; au centre logent les « gens mariés », la section arrière est réservée aux femmes. Par beau temps, les écoutilles et les fenêtres des sabords restent ouvertes pour permettre l'aération. Mais lorsque le froid ou la mer démontée obligent à les fermer, l'atmosphère devient irrespirable. Quelques rares navires ont, le long des cloisons, d'étroites cabines fermées par un rideau et comprenant pour tout meuble un lit étroit. On y loge les gens de qualité, les personnes de santé frêle ou les religieuses. Le capitaine du navire qui transporte Marie de l'Incarnation et ses compagnes en 1639 leur prête sa propre cabine « qui est belle et spacieuse ». Celle qu'occupe le père Le Jeune lors du voyage de 1632 l'est beaucoup moins : « Elle est telle, écrira-t-il, que nous n'y pouvions être ni debout ni à genoux, ni assis et, ce qui est pire, l'eau, pendant la pluie, me tombait parfois sur la face. »

Les incommodités du voyage.

Une traversée de 1632 est ainsi racontée par un passager : « Nous eûmes au commencement un très beau temps, et en dix jours nous fîmes environ six cents lieues, mais à peine en pûmes-nous faire deux cents les trente-trois jours suivants... Nous étions des trois ou quatre jours à la cape, comme parlent les mariniers, notre gouvernail attaché, en laissant aller le vaisseau au gré des vagues et des ondes qui le portaient parfois sur des montagnes d'eau, puis tout à coup, dans les abîmes... »

Une petite religieuse, sœur Cécile de Sainte-Croix, accompagne Marie de l'Incarnation et son groupe héroïque en 1639. Le navire qui les porte quitte Dieppe le 4 mai et n'arrive à Tadoussac que le 15 juillet suivant. Donc plus de soixante-douze jours en mer et, lorsqu'elle en note les principales péripéties, sœur Cécile en est encore tout effrayée : « Nous eûmes une furieuse tempête qui dura quinze jours avec fort peu d'intervalle, si bien que toute la semaine des Rogations, compris le jour de l'Ascension, nous fûmes privées d'ouïr la sainte messe et de la sainte communion…; le vaisseau était tellement agité durant tout ce temps qu'il était impossible de se tenir debout, ni faire le moindre pas sans être appuyée, ni même être assise sans se tenir à quelque chose, ou bien on se trouvait incontinent roulée à l'autre côté de la chambre. On était contraint de prendre les repas à plate terre et tenir un plat à trois ou quatre, et même ainsi, on avait bien de la peine de l'empêcher de verser… J'ai été tellement incommodée pendant ce temps-là d'une quantité de baves qui me sortirent par la bouche, particulièrement lorsque j'étais couchée, que je ne crois point exagérer de vous dire que j'en ai bien jeté un seau, si bien que je n'avais de plus grand ennemi que le lit. Aussi pendant les grandes tempêtes je ne me couchais point; j'aimais mieux demeurer jour et nuit appuyée contre quelque chose, car il n'y avait pas moyen de tenir la tête debout. »

En arrivant dans le golfe Saint-Laurent et lorsque les rives boisées du Nouveau Monde sont en vue, les religieuses croient être au bout de leurs tribulations. Mais le navire ne se rend pas à Québec; il jette l'ancre à Tadoussac. Le reste du voyage s'effectue dans une barque de pêcheur où tous, religieux, religieuses et autres passagers sont entassés dans le tillac, « qui est tout l'espace disponible, le reste étant plein de morue, qui rendait une assez mauvaise odeur. Pendant les quelques jours et quelques nuits que nous y restâmes, nous souffrîmes beaucoup de nécessité », note discrètement l'annaliste. « Le pain nous ayant manqué, on fut obligé de ramasser les miettes de la soute, où il y avait plus de crottes de rat que de biscuit; nous prîmes la peine de les éplucher pour en avoir

un pain que nous mangions avec de la morue sèche toute crue,
n'ayant pas de quoi la faire cuire.»

Les maladies.

Cependant, les voyageurs redoutent moins encore les
tempêtes, les icebergs et les corsaires barbaresques que les
épidémies. Les déplorables conditions d'hygiène engendrent
la dysenterie, le scorbut, la furonculose. Il est rare qu'on n'ait
pas à enregistrer de nombreux décès. Quand accoste à Québec
le vaisseau qui transporte Mgr de Saint-Vallier, le nouveau
gouverneur Denonville et un corps de cinq cents officiers
et soldats, beaucoup parmi ceux-ci sont morts et ceux qui
arrivent au port sont malades. Ils sont immédiatement conduits
à l'Hôtel-Dieu, « et on doit en placer jusque dans la chapelle,
dans les hangars et les poulaillers». Dans son récit *Quebec
to New Orleans*, le père Schlarman rapporte qu'en 1732 un
navire doit demeurer en mer vingt-quatre semaines et que
cent passagers sur cent cinquante-quatre ont succombé.

II. — LE TRANSPORT PAR VOIE FLUVIALE

Le voyage d'été.

Les cours d'eau, particulièrement le fleuve Saint-Laurent,
servent longtemps d'unique route de voyage, et personne
ne s'en plaint. Le moyen de transport par voie d'eau est tellement normal qu'on ne songe pas à l'aménagement d'un chemin
de terre. Ce nomade qu'est l'Algonquin a depuis longtemps
imaginé un véritable chef-d'œuvre de souplesse et de légèreté :
le canot d'écorce de bouleau. Le colon français l'adopte sans
hésiter et son maniement lui devient aussi facile qu'à l'Indien.
Les chevaux sont rares en ce début de colonisation, et les bœufs
sont utilisés uniquement pour l'essouchement et le labour.
Les autorités ont bien ordonné l'ouverture d'un chemin public,
mais il reste longtemps fragmentaire. A peine un sentier
raboteux de place en place, à travers les galets et les sables de
la rive, et qui ne sert qu'au transport des charges lourdes,
sur de courtes distances. Personne du reste ne s'alarme de la

distance à parcourir. « On part à pied ou en canot pour aller de Québec à Montréal ou aux deux extrémités des grands lacs, d'un cœur aussi gai, d'une allure aussi leste que s'il s'agit de se rendre à l'habitation voisine. »

Le canot.

Cette embarcation à la fois frêle et robuste est l'objet de soins constants. Ses flancs sont à la merci d'une pierre à fleur d'eau, d'un tronc d'arbre qui émerge d'un billot à la dérive. Aussi a-t-on soin d'emporter une trousse de réparations qui contient un rouleau d'écorce de bouleau, des lanières de peau ou de racine, de la gomme de sapin ou d'épinette. Quand l'avarie se produit dans une région rocheuse, une couche d'ocre assure l'étanchéité de la cicatrice.

L'écorce de bouleau sans loupe sert aussi de voile, et la rampe doit être disposée de façon mobile, étant donné la légèreté et l'étroitesse du canot. Quand le vent est favorable, un canotier habile peut conduire sa frêle embarcation de Québec à Montréal, ou sur les lacs, sans presque donner un coup d'aviron, se contentant de la diriger de l'arrière à l'aide d'un aviron.

Les barques à voile deviennent aussi à la mode, surtout à partir de 1660 alors qu'augmente la population. La Hontan observe que, parti de Québec dans « un petit bâtiment à voile », il arrive à Trois-Rivières cinq ou six jours plus tard. L'inconvénient est qu'on ne peut voyager que de jour, qu'il faut attendre la marée, contourner les endroits rocheux. « Je n'étais pas fâché qu'on mouillât l'ancre tous les soirs, note le même voyageur, car l'obscurité ne m'empêcha pas de voir un nombre infini d'habitations des deux côtés du fleuve, qui ne sont éloignées les unes des autres que d'une portée de mousquet. »

Le cajeux.

Un autre moyen de transport maritime est le *cajeux*, sorte de radeau formé de pièces de bois solidement liées, de fabrication rudimentaire et qui porte facilement une voile. Il sert surtout au transport des marchandises lourdes, à traverser les lacs et les rivières où les rapides sont particulièrement dangereux. « Notre canot nous ayant été enlevé par un coup de vent, note l'auteur de la *Relation* de 1669, nous fut ramené par un autre, lorsque, éveillés par le bruit, nous pensions à faire un cajeux pour l'aller querir. » Trop lourd pour le transport dans les portages, le cajeux est souvent abandonné sur la rive, quitte, pour les voyageurs, à en fabriquer un autre lorsque nécessaire. Les cajeux fabriqués en bois de cèdre sont utilisés comme brûlots contre les navires ennemis en face de Québec, au cours de la guerre de Sept Ans. On les charge de bûches enflammées et on les laisse aller au gré du courant ou de la marée : tentative désespérée, car l'ennemi, d'un boulet de canon, a vite fait d'anéantir ces radeaux de fortune.

III. — LE TRANSPORT PAR VOIE DE TERRE

La traîne.

Le premier véhicule de transport terrestre est la traîne, utilisée aussi bien l'été que l'hiver pour les courts voyages et les charges lourdes. Fabriquée généralement en bois de frêne, elle prend des proportions diverses selon l'usage auquel on la destine. La traîne sur patins diffère de la traîne sauvage inspirée de la méthode indienne, qui sert dans les voyages de traite et est tirée par les hommes ou les chiens. Plus tard viennent la charrette et le tombereau, fabriqués la plupart du temps à la ferme même, à l'exception des roues que fournit le charron de la seigneurie. L'habitant se sert de la charrette pour la fenaison, la récolte du grain et le transport du blé au moulin, mais rarement pour les longs voyages.

La calèche.

Lorsque la route devient partiellement carrossable, vers 1735, la calèche fait son apparition. Elle connaît déjà une certaine vogue à Québec et à Montréal, pour les déplacements du gouverneur, de l'intendant et des hauts fonctionnaires. Elle ne diffère guère, au début, de la calèche française. Pour le transport sur le chemin royal, on en arrive à agrandir considérablement la circonférence des roues aux périodes de dégel, afin d'éviter qu'elles ne s'embourbent. Les déplacements sur une courte distance se font au moyen d'une calèche simplifiée, qu'on nomme « cabrouet », et qui consiste en un siège sans dossier simplement fixé à un essieu monté sur roues.

Rapidement la calèche gagne les campagnes et devient d'usage courant. Au fur et à mesure que la route s'aplanit et permet la vitesse, le véhicule devient plus léger, plus souple, plus élégant, qualités remarquées par les voyageurs étrangers. En 1755, l'officier d'Aleyrac note que « tous les habitants ont une voiture d'été ou calèche, faite à peu près comme un cabriolet. Pour peu qu'ils aient quelque chemin à parcourir, et dans quelque saison que ce soit, ils ne vont jamais à pied ». Déjà l'habitude se prend d'utiliser la calèche légère plutôt que de monter à cheval. En 1756, lorsque Montcalm, faute de vents favorables, doit débarquer à une dizaine de lieues de Québec, un habitant le conduit dans la capitale « dans une des petites voitures du pays, charrettes ou calèches, qui sont comme nos cabriolets, conduites par un seul cheval ». Le commandant remarque à quel point celui qu'il utilise est fringant et vigoureux : « L'espèce des chevaux est dans le goût de ceux des Ardennes pour la force, la fatigue et même la tournure. »

La calèche, comme d'ailleurs la carriole, est presque toujours ouverte. Malgré les caprices de la température, on n'en rencontre que très peu à cabine fermée. Ces dernières ne sont d'habitude utilisées que lorsque les personnes de la haute société se rendent à leurs réunions mondaines et craignent de gâter leurs toilettes. Aussi ne voit-on presque jamais circuler sur la grand-route ces voitures à châssis fermé. Les voyageurs préfèrent s'habiller de façon à braver la fraîcheur et la « poudrerie », quitte à se réfugier n'importe où si un orage éclate. Même s'il existe, tous les trente ou quarante kilomètres, des relais ou des auberges, les habitants des campagnes s'attendent, à toute heure du jour et de la nuit, à voir arriver des voyageurs, et les accueillent toujours bien. C'est souvent, pour ces campagnards, l'occasion de recevoir des nouvelles de Québec, de

Montréal, même de France, et ces renseignements acquittent, dans leur esprit, le gîte et les repas qu'ils sont heureux d'offrir. De là vient la réputation d'hospitalité des habitants de la campagne canadienne.

La carriole.

En Europe et particulièrement en France, s'il faut en croire les dictionnaires, « carriole » a un sens péjoratif. Ce mot désigne une « mauvaise voiture », de peu d'élégance. En Nouvelle-France, où elle ne sert qu'en hiver, la carriole est, tout au contraire, le plus populaire, le plus élégant et le mieux adapté au transport sur neige. On l'a identifiée au « tarantass » des provinces russes du nord, mais ce dernier peut s'adapter indifféremment sur roues ou sur lisses, et servir même en été dans les mauvais chemins. La carriole canadienne n'a tout d'abord été qu'un traîneau de fabrication rudimentaire, construit par les propriétaires eux-mêmes. Puis les menuisiers et les charrons s'en mêlent, et peu à peu elle acquiert de l'élégance dans ses lignes. Les patins deviennent plus minces et plus élevés, ce qui permet d'avancer aisément dans les bancs de neige. Voici que les militaires viennent mettre à la mode ce moyen de transport utilisé jusque-là surtout par les ruraux et les artisans un peu fortunés des villes. Invités à une noce à une trentaine de milles de Québec en 1753, des officiers de la garnison s'y font conduire en carriole et avouent que ce voyage leur a procuré un plaisir qu'ils n'ont jamais connu dans toutes leurs campagnes sur les terres d'Europe. Les hauts fonctionnaires eux-mêmes trouvent ce moyen de locomotion pratique et d'une élégance naturelle en ce pays de neige. Les adjoints de Bigot, à l'époque des extravagances des derniers mois de la guerre de Sept Ans, la consacrent voiture des gens de Cour. Le 19 mars 1759, six mois avant la perte du pays, Bourlamaque décrit l'arrivée à Montréal des sieurs Cadet et Péan : « Ils ont fait une entrée d'ambassadeurs, avec six carrioles. Six étaient allées au-devant jusqu'à Repentigny; heureusement le chevalier de Lévis n'en était pas. Les relais attendaient sur la place et, pendant qu'on les changeait, Cadet donnait ses audiences aux habitants de dedans sa carriole. »

Ainsi la carriole est devenue la voiture d'hiver aristocratique, tout en restant le moyen de transport régulier pour les voyages du simple habitant. Les fonctionnaires l'exigent avec des sièges capitonnés et, lorsqu'ils y prennent place, des briques auparavant réchauffées sont disposées sur le parquet et recouvertes d'une toile de lin. Les habitants, eux, placent sur le siège une peau d'ours ou d'orignal qu'on appelle « peau de carriole » et, aux pieds, des bûches préalablement chauffées.

L'endurance du cheval canadien, jointe à la légèreté de la carriole, permet de franchir jusqu'à cent kilomètres par jour, vitesse presque incroyable. Le 29 avril 1716, l'intendant Bégon fait afficher l'avis suivant à la porte de toutes les églises : « Nous faisons défense à toutes personnes, tant ceux qui conduiront les carrioles que ceux qui monteront leurs chevaux, de les faire trotter ou galoper quand les gens sortiront de l'église, avant d'en être éloignés de dix arpents, ensuite pourront donner à leurs chevaux le train qu'ils voudront, lorsqu'il n'y aura personne devant eux. » C'est le premier règlement de sécurité routière imposé en Nouvelle-France.

Le berlot.

Le transport des membres de la famille du colon à l'église, le dimanche, requiert un traîneau plus lourd, habituellement entouré de planches amovibles, qui sert également les jours de semaine pour le transport du bois. C'est le « berlot » ou « berline », dans lequel on se tient habituellement debout et qui peut accueillir dix personnes et même davantage. Pour tirer cette lourde charge, on utilise un cheval de trait ou un bœuf plutôt qu'une bête fringante. Par les froids excessifs, on couvre le dos de la bête d'une couverture légère, remplacée par une peau de fourrure pendant la durée de la messe. Le berlot n'a aucune élégance, mais ses patins bas et larges le rendent « inversable » dans les mauvais chemins.

Chevaux et chiens.

Les voyageurs ont été unanimes à admirer l'endurance du cheval canadien en hiver. Bien que d'une race importée de France, il s'est adapté au rude climat canadien tout aussi bien que l'homme. « Les chevaux semblent être de vraies machines, tant ils sont impénétrables au froid», note La Hontan. L'Anglais Isaac Weld est tout aussi affirmatif : « Le même cheval peut, attelé à une carriole, couvrir plus de quatre-vingts milles (environ 125 km) par jour, tant la neige semble légère sous ses pieds robustes. » Les courses de chevaux sur la glace du Saint-Laurent ou des larges rivières deviennent un des amusements d'hiver les plus en vogue.

L'utilisation du cheval reste tout de même le privilège des autorités, des seigneurs et des habitants aisés. Le missionnaire, le coureur des bois, le colon pauvre des campagnes éloignées, tous ont encore recours à l'attelage de chiens. La Hontan remarque qu'on utilise beaucoup, de Montréal à Québec, des traînes ou des traîneaux « tirés par de gros dogues» sur la glace ou la neige du fleuve. Ces chiens ont la réputation d'être aussi tenaces que les chevaux et aussi résistants au froid. « Les récollets, écrit Lebeau en 1740, se servent d'une autre espèce de traîneaux qu'ils font tirer par des dogues, lorsqu'ils vont à leurs quêtes. La glace du fleuve Saint-Laurent a bien souvent dix pieds d'épaisseur, et si quelquefois le vent en balaie la neige qui le couvre, les habitants vont alors avec une grande facilité, depuis Québec jusqu'à Montréal. Autrement ils se servent de raquettes à la manière des sauvages. »

Autres moyens.

La raquette est en effet d'inspiration indienne, de même que sa compagne indispensable des longues randonnées d'hiver, le *tobaggan* ou traîne sauvage. L'utilisation de cet ingénieux instrument de marche a fort impressionné tous les voyageurs français, et chacun s'est plu à décrire ses procédés de fabrication identiques à ceux des Indiens. « Il n'est pas possible, note

Charlevoix, d'user de ces raquettes avec nos souliers ordinaires;
il faut prendre ceux des sauvages, qui sont des espèces de
chaussons de peau boucanée, plissés en dessus à l'extrémité
du pied et liés avec des cordons.» Le *tobaggan* est de construction facile. Il est formé de minces planchettes de bois
flexible, frêne ou érable, relevées à l'avant et reliées sur le
dessus par des traverses de bois sensiblement plus épaisses.
Chaussé de ses raquettes le, voyageur tire sa traîne à l'aide
d'un câble fixé à des bretelles de cuir ou à une ceinture.

L'entretien des routes.

L'entretien d'une route d'hiver fait l'objet d'une surveil-
lance plus stricte et plus sérieuse d'une seigneurie à l'autre,
à cause du danger constant d'égarement dans les champs de
neige. L'ordonnance la plus complète et la plus détaillée
à ce sujet est édictée par l'intendant Dupuy en 1727 : «Les chemins
étant impraticables en cette saison à cause de la grande quantité
de neige qui tombe, tant sur la terre que sur les rivières et
les ruisseaux lorsque les glaces les ont arrêtés, qui fait que les
voyageurs seraient dans des risques continuels de se perdre
si les chemins n'étaient pas suffisamment balisés; à quoi étant
nécessaire de pourvoir, nous ordonnons aux habitants des côtes
des gouvernements de Québec, de Trois-Rivières et de Montréal, dont les habitations se trouvent sur les grands chemins,
de les baliser, chacun suivant l'étendue de son habitation, en
sorte que les voyageurs ne puissent courir aucun risque de
se perdre, et ce, à peine de dix livres d'amende contre chacun
des contrevenants, applicables aux fabriques des paroisses
sur lesquelles passent ces grands chemins». Les balises, toujours suivant l'ordonnance, devront avoir au moins huit
pieds de haut hors de terre et seront plantées à raison de trois
par arpent de front. Ces balises sont ordinairement des sapins
ou des épinettes qui, grâce à leur couleur sombre et à leurs
branches touffues, peuvent être facilement aperçus de loin.
La même ordonnance défend d'arracher ou de couper ces

balises, « sous peine de punition corporelle et d'être puni
comme voleur ». Il est aussi ordonné « sur les mêmes peines,
à toute personne, de quelque condition et qualité qu'elle soit,
de faire tous les matins et à chaque bordée de neige qui tombera,
aller et venir leurs bestiaux et battre le chemin par les dits
bestiaux entre les balises posées le long de leur habitation ».
En terminant, Dupuy s'étonne de voir les habitants négliger
l'entretien de chemins qui leur sont pourtant fort utiles. « Ce
n'est nullement conforme au bon sens et à la raison, dans un
pays où les neiges tombent tous les ans en aussi grandes
quantités et séjourne autant de temps sur la terre. Les habitants
devraient penser d'eux-mêmes, chaque année, à se procurer
les mêmes secours, sans attendre sur ce sujet une ordonnance
de nous. »

Le « chemin du roi ».

Il faut attendre l'année 1747, soit cent quarante ans après
la fondation de Québec, pour qu'une route à peu près carrossable relie la capitale à Montréal. Le contrat de concession
oblige bien le colon à entretenir un chemin sur toute la largeur
de sa terre « pour la commodité de ses voisins ». Mais cet
engagement se termine aux limites de la seigneurie, et le colon
trace son chemin selon sa fantaisie et ses propres besoins.
Quand le grand voyer de la Nouvelle-France, Pierre Robineau
de Bécancour, reçoit l'ordre en 1706 de visiter les trois gouvernements de Québec, Trois-Rivières et Montréal pour faire
compléter les tracés, il se rend compte que presque tout le
travail est à faire. La plupart des chemins seigneuriaux sont
impraticables; ils sont étroits, tortueux, bons tout au plus
au passage des charrettes et des tombereaux. Le long de la rive
sud du fleuve, de vastes étendues sont désertes et n'ont pas
de chemin du tout. Aussi le grand voyer suggère-t-il aux
autorités d'entreprendre d'abord la construction de la route
de la rive nord, qui est presque tout habitée. Mais il n'obtient
pas grand-chose, et en 1715 il a, pour tout travail, dressé
quelques procès-verbaux.

Son fils le remplace, mais il n'est guère mieux armé que le père. Et comment obliger les habitants des seigneuries à construire des chemins et des ponts dans leurs paroisses respectives? Les colons refusent de fournir leur temps gratuitement, surtout à l'époque de la récolte du foin et des grains. De plus les voisins ne s'entendent pas sur le tracé à suivre. Le grand voyer n'ose plus se montrer dans les campagnes où les habitants l'accueillent avec des fourches, des bâtons ou des haches. Bref, en 1730 on ne dispose encore que de tronçons de route sans symétrie et sans ponts sur les ruisseaux. Les rivières importantes — il y en a une quinzaine — ne sont pas toutes pourvues de bacs. Il faut traverser en canot et prendre une autre voiture sur la rive opposée. L'intendant Dupuy met un mois pour aller à Montréal et en revenir, en 1727.

Un grand voyer à l'œuvre.

Enfin arrive un grand voyer énergique, compétent et meneur d'hommes. A la mort de Robineau de Bécancour, en 1729, le poste est accordé à l'ingénieur Jean-Eustache Lanouiller de Boisclerc, jusque-là contrôleur de la marine et des fortifications à Québec, qui, au cours des trois premières années, accomplira plus de besogne que ses deux prédécesseurs en soixante ans. Fortement appuyé par l'intendant Hocquart, il met en vigueur les « corvées du roi», enjoint aux officiers de milice des paroisses de lui obéir sous peine de sévères sanctions et entreprend d'abord la reconstruction des ponts existants selon une nouvelle technique appropriée au climat. La pression de la descente des glaces au printemps prohibe l'usage de piliers au centre des cours d'eau. Il ne peut donc être question de pont sur les rivières plus larges que quarante pieds, longueur maximum des lambourdes, fixées à chaque rive sur des assises de pierre. Là où les ponts sont possibles, il faut les couvrir de planches pour les protéger contre les intempéries et contre les amoncellements de neige.

Ce travail terminé, le grand voyer entreprend la réfection de la route elle-même. Durant l'été de 1733, il porte à vingt-quatre pieds de largeur, sur cent kilomètres, le chemin entre Portneuf et la Pointe-du-Lac. Il harcèle les riverains, il court d'une paroisse à l'autre et déploie une énergie inépuisable, « restant jusqu'à cent quarante-cinq jours à cheval, depuis le neuf mai jusqu'au premier octobre». Lanouiller est un enthousiaste. En 1737, il prévoit que dès l'année suivante le chemin royal sera ouvert sur toute sa longueur de Québec à Montréal, et que le trajet s'accomplira en quatre jours. C'est trop présumer de l'avenir. Son projet ne sera réalisé que dix ans plus tard, alors qu'il écrira au ministre qu'enfin il a pu se rendre en calèche de Québec à Montréal, au mois d'août. Mais la route n'est guère recommandable encore, et lui-même doit l'admettre : « Ce chemin serait praticable pour les voitures s'il y avait des bacs sur les principales rivières. Le tronçon entre la rivière Maskinongé et Berthier est à refaire presque entièrement, car le terrain est bourbeux et, aux périodes de pluie, il faut le recouvrir de pontons et de pieux de cèdre.»

Cette route de terre n'est utilisée sur toute sa longueur que par les autorités, et encore elle n'est guère populaire. Le comte de Malartic, du régiment de Béarn, part de Québec en calèche le 1er juillet 1755 pour aller à Montréal préparer des logements aux troupes. Il explique la façon de voyager : « On change de chevaux toutes les deux lieues. On les paie vingt sous par lieue pour une personne, quarante sous pour deux personnes. On ne trouve point d'auberge ni de village, mais la route est parsemée de maisons qui, presque toutes, sont logeables, où on est bien accueilli et où on trouve de quoi boire et manger.» Malartic ne parle pas de l'état de la route, mais il préfère revenir à Québec « dans un petit canot».

Le fleuve.

Le fleuve reste en effet la voie de communication la plus pratique et la plus facile, entre Québec et Montréal, et on continue de l'utiliser en toute saison pour les voyages qui ne souffrent pas de retard. Quand la fermeté de la glace le permet, le fleuve sert avec avantage au déplacement sur patins à lames d'acier, à la fois le plus rapide, le plus discret et le plus économique des moyens. Le gouverneur utilise des patineurs pour porter ses ordres aux officiers de Trois-Rivières et de Montréal. Des messagers expérimentés peuvent franchir sans presque se reposer deux cents kilomètres sur la glace vive et sous un vent favorable. L'un d'eux dépasse un jour les bornes de l'endurance. Envoyé d'urgence de Montréal à Québec pour porter une dépêche, il franchit en dix-huit heures la distance de cent quatre-vingts milles (280 km) et meurt à l'arrivée, d'épuisement, disent les uns, d'avoir pris en route un repas trop copieux, prétendent les autres.

La poste.

Le service postal régulier n'est organisé qu'à partir du début du XVIIIe siècle. Auparavant, ceux qui désirent envoyer des lettres doivent attendre le bon vouloir d'un capitaine de navire ou d'un voyageur quelconque. Aussi les lettres n'arrivent-elles souvent à destination que longtemps après leur départ, ou jamais. « Pour nos Français et pour nos pères qui sont au pays des Hurons, écrit le père Le Jeune en 1635, on ne doit attendre la réponse des lettres qu'on leur envoie de France que deux ans après ; voire même, si on nous donne ici des lettres qu'on leur adresse pour leur faire tenir, après le départ des Hurons, qui ne descendent à Québec qu'une fois l'an, les réponses ne seront portées en France qu'au bout de trois ans. » Très souvent, les lettres sont oubliées quelque part ou se perdent en route. Pour être sûrs que les missives importantes parviennent à leurs destinataires, les expéditeurs en font deux ou trois transcriptions qu'ils envoient par des voies différentes. Les archives de Québec possèdent trois lettres absolument semblables écrites par la même personne et reçues toutes trois par le destinataire. Lorsque les vaisseaux arrivent d'Europe au port de Québec, ceux qui attendent des nouvelles

de leurs parents restés dans la mère patrie se rendent en cha-
loupe au-devant du navire et le capitaine remet aux premiers
arrivés toutes les lettres et les colis qui lui ont été confiés.
Dans leur hâte de savoir si quelqu'un du pays leur a écrit,
les gens se chamaillent et se disputent. Pour remédier à cette
situation, l'intendant Hocquart émet une ordonnance défen-
dant aux Québécois d'aller à bord des navires tant que le
capitaine n'est pas descendu à terre. Une personne spécialement nommée à cet effet reçoit lettres et colis, et c'est
d'elle seulement que les intéressés peuvent les réclamer.
C'est le début du service postal organisé.

Service des postes.

Vers 1690, un Portugais canadianisé, Pierre Dasilva, s'offre,
moyennant une modeste rétribution, à servir de postier régulier
entre Québec et Montréal. « Sa diligence et fidélité» sont
remarquées en haut lieu, et bientôt l'intendant lui accorde
une commission officielle de « messager ordinaire pour porter
les lettres de M. le gouverneur général et les nôtres pour le
service du roi dans toute l'étendue de cette colonie, lui permet-
tant de se charger de celles des particuliers pour les rendre
à leur adresse, et en rapporter les réponses. Lui avons taxé le
port de chaque lettre de Québec à Montréal dix sols, et autant
pour le retour, et le reste à proportion, selon les lieux où il
les rendra.» L'intendant fait aussi défense à toute personne
de le troubler dans sa fonction et enjoint aux officiers et soldats
de lui prêter « main forte et assistance». Quand l'intrépide
postier meurt en 1717, après un quart de siècle de service, il
est remplacé par son gendre. Leur parcours comme tous les
autres, s'effectue en raquettes ou en traîne à chiens l'hiver
et en canot l'été.

CHAPITRE X

UN NOUVEAU PEUPLE EN FORMATION

I. — LA VIE SOCIALE

Les civilités.

LES premiers gestes de civilité française en ce pays désert sont d'une émouvante simplicité. Tout naturellement on observe, même à trois mille kilomètres de distance, les habitudes, les coutumes et les traditions de la mère patrie. Ainsi l'usage veut que les souhaits formulés à l'aurore d'une nouvelle année s'accompagnent d'un cadeau, si modeste soit-il. A force d'ingéniosité, on arrive à maintenir la tradition dans cette colonie où l'on manque même du nécessaire quotidien. Le rédacteur anonyme du *Journal des Jésuites* inscrit à la date du 1er janvier 1646 : « On donna à M. Giffard un livre du père Bonnet de la vie de Notre-Seigneur; un petit livre à M. Deschatelets ; à M. Bourdon, une lunette de Galilée. On salua M. le gouverneur, la soldatesque avec leur arquebuse, de même les habitants en corps... Les religieuses envoyèrent des lettres de grand matin pour faire leurs compliments. Les ursulines, force belles étrennes, et sur le dîner, deux belles pièces de tourtière. Je leur ai envoyé deux images de saint Ignace et de saint François Xavier, en émail. »

Chaque année la tradition se renouvelle. Le soir du jour de l'an le gouverneur reçoit. Ses invités sont les jésuites, les notables, quelques marchands. Nous sommes à l'époque de M. de Montmagny, successeur immédiat de Champlain, grand seigneur, père, ami et confident de tous, qui apporte en Nouvelle-France une distinction d'allure et de manières qui ne s'effacera jamais. Quand les missionnaires partent vers les lointaines contrées, M. de Montmagny les accompagne au quai du départ où il reste jusqu'à ce que les canots aient disparu à l'horizon. A l'arrivée des religieuses hospitalières et ursulines, le 1er août 1639, il se rend lui-même au rivage, en costume d'apparat, avec toute sa suite dont son principal lieutenant, Antoine Bréhaut de l'Isle, lui-même chevalier de Malte. Le gouverneur veut être le premier à tendre la main aux nouvelles arrivées et fait tirer du canon en leur honneur. Petits détails qui montrent que la vie de M. de Montmagny est toute d'élégance et de grandeur. Le représentant du roi, fût-il dans un pays perdu et lointain, doit en toute circonstance publique ou privée se montrer digne de cet honneur.

Les mondanités.

Comme il arrive toujours, à l'aimable élégance des années rudes se substituent les mondanités faciles des époques plus calmes. Le danger des grandes guerres iroquoises passé, la joie de vivre éclate sous toutes ses formes. On a accusé, non sans raison, la classe dirigeante d'être une des causes principales de la perte du Canada par la France. En vérité, ce milieu, à de rares exceptions, est plutôt frivole et de mœurs légères. Les fonctionnaires, les officiers et les marchands qui évoluent dans l'entourage du gouverneur et de l'intendant, et créent l'atmosphère du milieu, n'ont jamais traité la Nouvelle-France que comme un poste temporaire. Ils n'ont jamais songé à s'y établir, à en faire une patrie.

Les Canadiennes de naissance ne sont pas lentes à donner le ton aux mondanités. Ces jeunes filles sont jolies, instruites, coquettes, ambitieuses, et les voyageurs se sont plu à les peindre. « Les Canadiennes, remarque déjà Bacqueville de la Potherie en 1700, ont de l'esprit, de la délicatesse, de la voix et beaucoup de dispositions à danser. Elles n'ont l'air ni provincial, ni bourgeois; ce sont de vraies femmes du monde, et même des femmes du monde de Paris. » Les autorités ecclésiastiques ont aussi remarqué qu'elles aiment à étaler leurs attraits: « Certaines d'entre elles, note l'évêque de Québec en 1690, ne se font point de scrupule d'avoir la gorge et les épaules découvertes quand elles sont dans leur maison; nous en avons nous-même rencontré en cet état. »

L'arrivée du gouverneur de Frontenac et de sa suite contribue à donner à la société un ton de petite cour royale. Frontenac veut donner au poste de gouverneur de la Nouvelle-France toute la dignité et l'ostentation possibles. Ce guerrier au ton bourru aime la flatterie et l'atmosphère des salons. Il apprécie fort la compagnie des dames de la société québécoise. Ces élégantes le lui rendent bien, d'autant plus que chacune sait que Mme de Frontenac joue le même rôle à Versailles auprès du roi. En 1689, au lendemain de son retour comme gouverneur, Frontenac « est visité par toutes les dames, dont la joie secrète se remarque autant sur leur visage qu'en leurs paroles», note La Hontan qui lui-même exulte, car il peut recommencer à puiser dans la bourse et à manger à la table du gouverneur.

La cérémonie du contrat de mariage.

C'est ainsi que, dès la deuxième moitié du XVIIe siècle, on se croirait à certains moments en pleine atmosphère de Versailles en se promenant dans les rues de Québec et même de Montréal, quand le gouverneur de ce bourg est tant soit peu mondain ou que l'intendant y séjourne. Une des caractéristiques de cette cour miniature est l'importance que chacun donne aux privilèges attachés à son rang social. Un des événements les plus courus, non seulement dans les villes mais dans les plus humbles seigneuries, est la cérémonie du contrat de mariage chez le père de l'un des futurs ou parfois chez le notaire. Les invitations pour la signature du contrat et la célébration religieuse, qui a lieu d'ordinaire dès le lendemain, sont envoyées plusieurs semaines d'avance en raison des distances aussi bien que de la rareté et de la lenteur des courriers, et il faut une raison bien sérieuse pour n'être pas présent.

Les invités n'hésitent pas à parcourir des centaines de kilomètres, même en hiver, et à s'imposer pour venir les plus grands
sacrifices. La suprême ambition des familles est d'obtenir la
présence du gouverneur et de l'intendant. Quand ces derniers
acceptent, le rôle du notaire se double de celui de chef du
protocole, car il doit établir l'ordre des signatures. « Le notaire
bien avisé prépare sa liste d'invités de longue main et quand,
après la lecture du contrat, il s'agit de prier les invités à signer,
il les appelle d'une voix assurée et selon l'ordre préparé. Malgré
toutes ces précautions, les froissements et les récriminations
arrivent souvent, et le pauvre tabellion a fort à faire pour
contenter ou satisfaire les parties lésées. On pardonne toutes
sortes de fautes, même les exagérations dues à de trop copieuses
libations, mais une injure à la préséance ne s'oublie pas. »

Les préséances.

Cette sauvegarde farouche des prérogatives sociales crée
des incidents absurdes que l'on a justement qualifiés de
« chicanes de préséance ». Le gouverneur prétend avoir droit
de se faire saluer de la pique « tout comme les maréchaux de
France ». L'intendant réclame d'être au même rang que le
gouverneur dans les manifestations publiques. Les lieutenants
du roi de Québec veulent être sur le même pied que les gouverneurs de Montréal et de Trois-Rivières. Les commandants
des forts se disent en droit d'exiger que les aumôniers les saluent
d'une inclinaison de la tête avant de commencer la messe. Les
officiers de milice sont froissés parce que ceux de la marine les
traitent d'inférieurs et qu'ils sont distants. Puis arrivent les
prétentions des marguilliers qui n'admettent pas que les officiers
de justice les précèdent dans les processions. Finalement les
bedeaux se disent humiliés « parce que les chantres de
la paroisse ont leur place dans le chœur tandis qu'eux restent
dans la sacristie ». Préjugés de classe, rivalités de rang social,
qui s'avivent d'autant plus que la population est restreinte et
que tous ces gens se côtoient chaque jour.

Un exemple resté classique des « chicanes de préséance » est l'« affaire du prie-Dieu », en 1694, qui divise en deux camps violemment opposés les partisans de Mgr de Saint-Vallier et ceux du gouverneur de Montréal, M. de Callières. Les pères récollets, voulant inaugurer solennellement leur nouvelle église, invitent l'évêque, le gouverneur, l'intendant, les sulpiciens et tous les notables de Montréal. Le protocole spécifie que le gouverneur général du pays a droit à un prie-Dieu dans l'église à côté de celui de l'évêque. Or M. de Callières prétend être traité comme le gouverneur général quand ce dernier est absent. Telle n'est pas l'opinion de Mgr de Saint-Vallier qui ordonne au supérieur des récollets de déplacer le prie-Dieu qui doit servir à M. de Callières et de le mettre plus à l'arrière. Lorsque le pointilleux gouverneur entre dans l'église, il constate le changement et fait signe à deux de ses officiers de replacer le meuble à sa place originale. L'évêque à son tour fait son entrée. Il se rend compte du coup de tête du gouverneur qui déjà est à sa place. Immédiatement Monseigneur fait demi-tour, se retire et refuse d'assister à la cérémonie.

Un homme cultivé.

L'intendant Raudot a fait revivre à Québec les habitudes d'une longue fréquentation des cénacles parisiens. Homme d'une culture raffinée, il tient en son hôtel un salon littéraire et musical où il aime accueillir fréquemment la petite aristocratie québécoise. L'annaliste des hospitalières, chez lesquelles il se rend souvent pour causer, a tracé de lui un portrait fort sympathique. « C'est un vieillard plein d'esprit et d'une conversation agréable et aisée, qui parle bien de toutes choses. Il connaît l'histoire de tous les pays et s'entretient familièrement avec les moins qualifiés, et même avec les enfants. Il aime beaucoup la jeunesse et lui procure chez lui d'honnêtes plaisirs. Son divertissement ordinaire et celui qu'il fait goûter aux personnes qu'il convie, est un concert mêlé de voix et d'instruments. Comme il est obligeant, il veut nous faire entendre cette symphonie, et plusieurs fois il a envoyé ses musiciens chanter des motets dans notre église. »

Les réceptions.

En de nombreuses circonstances, particulièrement quand se précise l'approche des guerres, chacun se lance dans le tourbillon des mondanités. Claude de Bonnault a raison d'écrire, en observant ce climat social : « Comme si l'on n'était point sûr du lendemain, parce que le risque, pour ces hommes, était pain quotidien, on se pressait de jouir de tout. On voulait vivre de toutes ses forces, on lisait, on écrivait tant qu'on pouvait, on dansait, on jouait aux cartes avec frénésie et l'on aimait. On a beaucoup aimé au Canada en ce temps-là... »

Ces justes commentaires sont inspirés à cet auteur par la lecture de la piquante correspondance de Mme Bégon, qu'il a d'ailleurs lui-même découverte et publiée, et qui nous fait entrer dans l'intimité de la société montréalaise des dernières années du régime français. Ce ne sont que bals, réceptions, danses, orgies, beuveries. Pâle reproduction pourtant des soirées du palais de l'intendance à Québec, où l'intendant Bigot tient la vedette. Montcalm décrit un bal de l'intendant où l'on pouvait admirer « plus de quatre-vingts dames ou demoiselles très aimables et très bien mises». A ces réceptions succèdent les ripailles, les danses, et surtout le jeu. De petits officiers se ruinent. Le faible Montcalm assiste impuissant à ces orgies. Il s'y rend pour se distraire : il s'y ennuie. Au lendemain d'une séance de jeu particulièrement bruyante chez l'intendant, il ne peut s'empêcher de la dépeindre dans une lettre au général Lévis : « J'ai cru voir des fous, ou, pour mieux dire, des gens qui avaient la fièvre chaude. »

C'est au salon de Mme Hertel de Beaubassin, dans la petite rue du Parloir, que Montcalm va le plus volontiers chercher un peu de réconfort, d'amitié et de compréhension. Spirituelle, élégante, réservée dans ses manières et d'un goût sûr, cette dame encore jeune et fraîche devient vite la confidente du général. Bien que la maison soit ouverte à toute l'aristocratie de Québec, discrètement les habitués espacent leurs visites, surtout quand ils se doutent qu'ils troubleraient un tête-à-tête confidentiel. Ils se dirigent alors vers le salon également

hospitalier, mais plus froid, plus sévère, de Mme de
la Naudière, où se commentent les récents événements, même
les débauches de l'intendant.

Bigot et la passion du jeu.

Croirait-on que Bigot joue pour s'enrichir aux dépens des
officiers ? Non, il joue par passion, par frénésie de sensations, et
« la malchance le poursuit plus souvent qu'à son tour ». La nuit
de Noël 1756 se passe à jouer et Bigot « perd avec régularité ».
Un soir de février 1758, il se voit dépouiller de quinze cents
louis en trois quarts d'heure. Comme tous les joueurs effrénés
et malchanceux, il ordonne sans cesse d'essayer de nouveaux
jeux, et au besoin il en invente. Ces procédés deviennent tellement osés ou malhonnêtes que la Cour en est saisie, on ne sait
par quelle source. Une ordonnance vient interdire « les jeux
louches, notamment ceux appelés les trois dez, le Tope et
Tingue, le Passedix, les deux dez, le quinquenove, et le mormo-
nique, le Hoca, la Bassette, le Pharaon, le Lansquenet, la Dupe,
le Biriby, la Roulette, le Pair ou non, le Quinze, les petits
Paquets ».

Montcalm constate que Québec est dans une atmosphère
de réjouissance, « comparé à ce triste gouvernement de Montréal où il faudrait pourtant se résigner à aller faire le carême ».

Plaisirs de Montréal.

Triste, le gouvernement de Montréal ? Le général Montcalm
le connaît, certes, moins bien que Mme Bégon, qui y vit et
qui en vit. Elle qui aime à potiner, s'en donne à cœur joie dans
ses lettres à son gendre qui doit subir sa débordante tendresse.
« Grand dîner hier, chez l'intendant, écrit-elle; tu connais,
cher fils, les dames de notre pays, elles vont en troupe chez
M. l'intendant. Grand dîner chez M. de Longueuil pour les
dames et les officiers. » Dans une autre lettre, elle révèle :
« Je crois que la ville de Montréal est plus endormie que moi
ce matin, car on n'est sorti du bal qu'à six heures. Toutes les

dames de la ville ont dansé jusqu'au jour. M. de Muy m'a dit qu'il ne voulait plus que sa femme et sa fille passent leurs nuits à danser, et à dormir le jour. » Mme Bégon ne peut naturellement s'empêcher de noter que les femmes reconnues comme prudes ne sont pas exemptes de la contagion : « Croiras-tu, écrit-elle à son gendre, que cette dévote de Mme de Verchères a fait danser toute la nuit dernière ? » et elle ajoute son commentaire : « Nos prêtres vont joliment prêcher. Et ce qu'il y a de plus beau, c'est qu'il y a demain bal chez Mme de la Valtrie et après-demain chez Mme de Bragelonne. Voilà de quoi désespérer M. le curé. » En vérité, les curés sont affolés, et non sans raison. Mais, dans l'insouciance générale, ils sont à peu près les seuls à redouter la catastrophe qui se prépare.

II. — La vie amoureuse

L'histoire de la Nouvelle-France est parsemée de figures d'amoureuses et d'aventurières. Dans ce pays neuf, fertile en imprévus de toutes sortes, où le risque fait partie de la vie courante, toutes les passions germent, toutes les libertés s'épanouissent. Incertain du lendemain, on veut profiter du moment présent. Ces vastes projets de conquêtes, de découvertes, de luttes contre les indigènes, cette frénésie de vivre dans un monde neuf, tous ces éléments psychologiques reculent du même coup les limites du plaisir et rejoignent souvent par leurs aveugles excès, mais sur un chemin différent, le mysticisme des fondateurs et des missionnaires.

Aventures galantes.

Le *Journal des Jésuites*, qui est en sorte la chronique quotidienne des premiers temps de la colonie, relate déjà discrètement des bribes d'aventures galantes. « Courville arrêté *propter raptum imminentum* de Mlle d'Auteuil », lit-on à la date du 1ᵉʳ mai 1651. Le 7 mai suivant : « Mlle d'Auteuil est envoyée à Beauport chez M. Giffard », puis en novembre : « Courville est embarqué pour la France. » Intrigués par ces quelques indices, des curieux sont allés aux sources et ont découvert un véritable roman d'amour. Charles Cadieu dit Courville est un aventurier qui s'est créé des relations dans la haute société de Québec. « Mlle d'Auteuil » est en réalité la femme de Denis-Joseph de Ruette, sieur d'Auteuil, fonctionnaire de haute réputation, qu'elle a épousé à Paris le 18 novembre 1647, et qui est au Canada conseiller et procureur général. C'est au cours d'un voyage de son mari et de sa mère en France que Claire-Françoise faillit être la victime, probablement volontaire, d'un enlèvement dont l'auteur est Charles Cadieu dit Courville. Pour la soustraire au danger, on enferme la jeune femme chez les religieuses de l'Hôtel-Dieu, et de là à Beauport, pendant que son amoureux est jeté en prison puis renvoyé en France. Ici s'arrête, en ce qui nous concerne, l'histoire de ce dernier. Quant à Mme d'Auteuil, les documents nous apprennent qu'en 1657 elle obtient une séparation de biens et la permission de passer en France pour régler un procès de famille. Pendant son séjour à Paris, elle met au monde un fils qui, à l'âge de quatre ans, lui sera enlevé par son père. Mme d'Auteuil ne voulut jamais revenir dans son pays d'adoption forcée et se retira dans une propriété à Ville-l'Évêque. Quand en 1674 son fils retourna à Paris pour y étudier le droit, elle refusa de le revoir et entama des procédures pour le déshériter. C'est, on le voit, une tranche de vie réelle qui ferait les délices des romanciers.

De beaux officiers amoureux.

L'intrépide d'Iberville connut dans sa vie conquérante et aventureuse au moins une faiblesse, et ce fut une faiblesse amoureuse. En 1686, une jeune Montréalaise de bonne famille, Jeanne-Geneviève Picoté de Belestre, l'accuse publiquement de l'avoir séduite. Aussitôt l'affaire est portée devant le Conseil supérieur. D'Iberville est accusé du crime « de rapt et séduction », punissable de la peine capitale ou de la condamnation aux galères. Mais le marin est toujours absent. L'affaire a eu lieu avant le départ de l'expédition à la baie d'Hudson,

campagne qui ne se termine qu'en octobre 1687. Au retour
on croit saisir le séducteur, mais on apprend qu'il est en France
où, à la demande du gouverneur, il est allé « rendre compte
à Sa Majesté des affaires de la baie du Nord». En son absence
il est trouvé coupable, et la sentence, passablement adoucie
grâce à ses relations au sein du Conseil, porte qu'il devra élever
l'enfant à ses frais jusqu'à l'âge de quinze ans, et laisser à
la mère l'entière liberté de le voir. En secret, Mlle de Belestre
a toujours espéré que d'Iberville finirait par l'épouser. Quand
enfin elle apprend en 1693 qu'il est sur le point d'unir sa destinée à Marie-Thérèse Pollet, elle se retire chez les religieuses
de l'Hôtel-Dieu de Montréal, où elle meurt en 1721 à l'âge
de cinquante-quatre ans. Elle n'a jamais pu oublier le déshon-
neur qu'elle a introduit dans sa famille.

Le relâchement des mœurs est toutefois restreint quoique
fréquent dans certain milieu. Comme il part souvent de haut,
il est vite remarqué et donne lieu, comme on l'a vu, à des dénon-
ciations publiques du haut de la chaire, ce qui ne réussit
qu'à aviver les passions. Dénoncer le vice de cette façon,
c'est l'attiser. C'est comme souffler sur le feu pour l'éteindre.

Les amours du bel officier François Jordy de Cabanac avec
Marguerite Disy ne peuvent échapper au regard d'aigle de
l'évêque. Marguerite Disy avait épousé Jean des Broyeux en
1677. Elle avait alors quatorze ans, lui vingt-sept, et il est
reconnu comme un grand coureur des bois. Mme des Broyeux
reste seule à son logis de Batiscan avec son jeune fils François,
et sa maison est le rendez-vous des trafiquants de fourrures,
des aventuriers et des militaires. François Jordy devient
rapidement l'ami de la dame, et si peu discrètement que
le curé de la, paroisse s'alarme. De là, lettres à l'évêque et au
gouverneur Frontenac. Ce dernier, pour éviter un scandale
possible, cantonne à Sorel le sieur de Jordy. Dans le même
temps, Mgr de Saint-Vallier publie un mandement par lequel
les églises de Batiscan et de Champlain sont interdites aux
deux amants, le sieur de Jordy et Mme des Broyeux. En apprenant l'arrêt, Jordy revient en hâte à Batiscan avec son ami
Bourgchemin où ils arrivent, comme par hasard, un dimanche

matin. Ils font à l'église une entrée tapageuse. Le curé Foucault, se rendant compte qu'il se passe quelque chose d'insolite dans la nef, se retourne, reconnaît les deux intrus, interrompt brusquement la messe et gagne la sacristie.

Les relations de l'officier et de Marguerite Disy, comme toutes les passions foudroyantes, ne durent pas longtemps. L'incident que nous venons de relater se passe en 1694. Deux ans plus tard Jordy de Cabanac épouse une jeune fille de bonne famille, Marie-Anne Nolan. Il devient major de Trois-Rivières et chevalier de Saint-Louis. M. de Vaudreuil lui décerna cet éloge en 1722 : « Il est de bonnes mœurs et fort réglé dans sa conduite. » Quant à Mme des Broyeux, son mari étant décédé en 1701, elle devient sage puisque la chronique se tait à son sujet. Elle devient même sage-femme, modeste profession que les documents lui attribuent à partir de 1720.

Les mariages « à la gaumine ».

Cette frénésie de liberté et d'indépendance sentimentale se donne libre cours particulièrement dans les mariages « à la gaumine ». L'utilisation de ce stratagème a gagné la Nouvelle-France dès les premières années du XVIIIe siècle. Les conjoints, à qui pour une raison quelconque on refuse le droit de s'épouser, se rendent à l'église en secret, accompagnés de deux témoins, à l'heure de la messe célébrée par le curé de la paroisse. Au moment solennel de la consécration, ils déclarent à haute voix se prendre pour mari et femme sans autre cérémonie. Cette pratique devient tellement en vogue que l'évêque, appuyé cette fois par les autorités administratives puisque la plupart de ces mariages concernent des militaires, frappe d'excommunication les contractants de tels mariages. Certaines de ces liaisons causent du scandale et défraient la chronique mondaine et judiciaire.

Le mariage à la gaumine le plus spectaculaire oppose à deux grandes familles l'autorité ecclésiastique. Alexandre Joseph de Lestringan, sieur de Saint-Martin, capitaine de la marine et des gardes du château Saint-Louis, et son épouse, canadienne de naissance, Madeleine-Louise Juchereau de Saint-Denis, désirent marier leur fille Marie-Anne-Josette à un jeune officier nouvellement arrivé de France, Louis de Montéléon, fils de Paul, bouteiller du roi, natif de Paris. Ils s'adressent au grand vicaire, M. Charles Glandelet, qui leur dit qu'avant d'obtenir un permis de mariage, les futurs, « particulièrement les personnes arrivantes de France en ce pays doivent fournir des certificats authentiques comme quoi elles ne sont point mariées auparavant». Montéléon se considère insulté, lance des injures au grand vicaire et, encouragé par ses futurs beaux-parents, veut se jeter sur l'ecclésiastique pour le maltraiter, « ce qu'il aurait fait sans doute dans l'emportement où il estoit s'il n'en avoit esté empesché par lad. dame de Saint-Martin, laquelle le prit à hault de corps et l'arrêta». Le 7 janvier 1711 a lieu dans la petite église de Beauport, près de Québec, le mariage d'humbles artisans, Thomas Touchet et Geneviève Gagnier. M. de Montéléon accompagné de sa fiancée et de la mère de celle-ci assiste à la messe de mariage. Au moment de la consécration, « Montéléon interpella le curé de le marier avec ladite Damoiselle de Saint-Martin, et ensuite déclara tout hault qu'il prenoit pour femme ladite demoiselle. Et elle aussy d'un mesme ton de voix déclara qu'elle prenoit led. sieur de Montéléon pour son mary et qu'ils en prenoient tout le peuple qui estoit là assemblés à témoins». Grand scandale parmi la population de Beauport. Le curé se hâte de dresser un procès-verbal détaillé de l'événement, qu'il adresse à l'évêque et à l'intendant. Il y a étude du dossier, octroi d'une amende de vingt livres au bénéfice des pauvres de la paroisse, et le mariage est validé le 15 février suivant.

Les attraits des Canadiennes.

Dans l'esquisse de ce tableau de la vie amoureuse sous le régime français s'intègre tout naturellement Mme Péan, la grande flamme et l'inspiratrice de l'intendant Bigot. Un des premiers lieutenants de Bigot est Michel-Jean-Hughes Péan, qu'un chroniqueur de l'époque juge en ces termes : « Son mérite consistait dans les charmes de sa femme, qui trouva lieu de plaire à M. Bigot ; elle était jeune, sémillante, pleine d'esprit, d'un caractère assez doux et obligeant ; sa conversation était enjouée et amusante ; enfin, elle fixa l'intendant qui, tout le temps qu'il demeura en Canada, ne fut attaché qu'à elle et lui fit tant de bien qu'on envie sa fortune. Il allait régulièrement chez elle passer toutes ses soirées. Elle s'était fait une petite cour de personnes de son caractère... »

L'intendant Hocquart, à qui nous devons de connaître les piquantes aventures d'une autre jeune étourdie, Louise-Catherine André de Leigne, écrit des Canadiennes de son époque qu'elles « sont spirituelles, ce qui leur donne de la supériorité sur les hommes dans presque tous les états... Toutes aiment la parure et il n'y a pas de distinction de ce côté-là entre la femme d'un petit bourgeois et celle d'un gentilhomme ou d'un officier ». Moins jolies, moins spirituelles, moins coquettes, auraient-elles suscité autant de passion ?

Les Indiennes.

Plus nombreuses et plus romantiques aussi, du moins en apparence, sont les liaisons des Blancs, particulièrement les coureurs des bois et les militaires, avec les femmes indiennes. Bien peu savent résister aux tentations faciles qui s'offrent à eux, alors que toutes les règles de la morale et de l'humanité sont rejetées ou oubliées, pour obéir à celles de la diplomatie qui imposent l'obligation de partager la couche de l'épouse ou des filles du chef de la tribu, pour s'assurer l'amitié de ce dernier.

La fièvre de l'aventure et de la vie nomade s'empare vite des adolescents dont quelques-uns, poussés par l'atavisme, deviennent des aventuriers et des coureurs des bois incorrigibles.

Dans la région des grands lacs, château fort des coureurs des bois, où règne la vie commerciale intense du trafic des fourrures, des villages ne tardent pas à se former. Et comme ces villages comptent peu de femmes de race blanche, les coureurs des bois ne sont pas lents à s'allier à des Indiennes. Les missionnaires se hâtent, lorsqu'ils sont de passage dans la région, de régulariser ces unions, qui deviennent assez nombreuses pour que l'on songe à fonder des paroisses. Les conséquences de ces mariages ne tardent pas. Les enfants naissent, grandissent et augmentent vite la population des villages. Et les autorités constatent un jour que le produit de ces alliances n'est pas sur cette nouvelle race forte et virile rêvée par Champlain.

III. — LA VIE INTELLECTUELLE

Le niveau culturel du peuple.

Quatre générations se sont succédées de 1635, année de la mort de Champlain, jusqu'à la fin du régime français en 1763. Seule la première est vraiment d'éducation française. Telles sont l'emprise et l'originalité climatique de ce pays nouveau, que les générations qui suivent se détachent rapidement de l'ancien. Telle est pourtant aussi la qualité de ces émigrés de la première génération, que les suivantes en ont conservé les principales caractéristiques, dont la langue et les manières. Les artisans, laboureurs, gens de métiers de la première heure ne sont ni des illettrés, ni des ignorants. On a trop souvent dit qu'ils le furent, parce qu'on a découvert que nombre d'actes de notaires mentionnent que des témoins déclarent ne savoir écrire ni signer leur nom. Or, ceux qui signent ne sont ni des illettrés, ni des ignorants. On a trop souvent dit qu'ils le furent après la simple constatation, dans les actes notariés, de déclarations de témoins affirmant « ne savoir ni écrire ni signer leur nom ». Or, ceux qui signent les mêmes contrats sont aussi nombreux, et ceux qui « font leur marque », soit d'une croix, soit d'une marque distinctive et individuelle, ont, pour la plupart, appris autrefois l'alphabet. Souvent la gêne et la timidité, en présence de personnes instruites et distinguées, et aussi le fait qu'ils n'ont que rarement l'occasion de pratiquer l'écriture, forcent ces petites gens à déclarer leur ignorance, ce qui leur épargne l'humiliation d'un griffonnage malhabile à côté d'imposants paraphes. Le colon Jacques Aubuchon, à un acte de 1665, déclare « ne savoir écrire ni signer suivant l'ordonnance ». Il a pourtant signé d'une écriture bien lisible un an auparavant, et il signera plusieurs actes par la suite. D'autres, comme Pierre Dandonneau, Nicolas Dupuy, sont en proie aux mêmes sentiments de gêne lorsqu'il s'agit de tenir la plume entre leurs mains calleuses. Intimidés par la présence d'un consciencieux tabellion, ils ont commis d'honnêtes mensonges sans conséquence apparente. Mais les statistiques, elles, ne mentent pas. Pour la période de 1634 à 1680, qui concerne la première génération en Nouvelle-France, on a relevé environ huit cents signatures différentes de colons, alors que la population totale ne dépasse pas deux mille cinq cents habitants. Et dans ces huit cents signatures ne sont pas comprises celles des personnages importants qui, par leur état et leur condition, doivent savoir écrire, non plus que les signatures des religieux.

De nombreux témoignages nous renseignent sur le niveau d'éducation de la majorité de ces émigrés. Nous retiendrons celui du récollet Chrestien Leclerc, qui les a fréquentés, qui a vécu au milieu d'eux, et qui s'étonne « qu'une peuplade formée de personnes de toutes les provinces de France, de mœurs, de condition, d'intérêt, de génie si différents, et d'une manière de vie, coutumes, éducation si contraires, soit aussi accomplie qu'on le lui représentait avant qu'il puisse le constater lui-même. »

L'enseignement secondaire.

Dès 1635 se dessine l'acclimatation. Les habitants de Québec demandent aux jésuites d'instruire leurs enfants, et bâtissent l'école de leurs mains. Les religieux commencent à enseigner et s'étonnent de se voir « environnés de tant de jeunesse en ces commencements ». Quatre ans plus tard, les ursulines ouvrent leur premier couvent aux quelque quarante jeunes filles de l'endroit. En 1655, le cours classique est complet au collège de Québec : cours de lettres de cinq années, dont trois pour l'enseignement des lettres et de la grammaire, une pour les humanités et une pour la rhétorique. Le tout couronné par les deux années de philosophie destinées aux futurs religieux. Cet enseignement classique des jésuites dans leur collège, en plein pays de forêts, attire vite l'attention des observateurs. Le voyageur Lebeau parle avec enthousiasme des « jeux littéraires » qui s'y donnent et auxquels ne manquent pas d'assister et même de participer les gouverneurs. Le 2 juillet 1666 ont lieu les premières « disputes » de philosophie. « Toutes les puissances s'y trouvent, note le rédacteur d'une *Relation*. M. l'intendant y a argumenté très bien. M. Jolliet et M. de Francheville y ont très bien répondu de toute la logique. » Un des professeurs, le père Beschefer, peut écrire avec enthousiasme : « Nous avons Philosophie et sept écoliers qui ont soutenu des thèses. Jugez de là que Kébec est quelque chose de considérable ! » Or, on y compte à peine trois cents habitants, une cinquantaine de familles.

Le séminaire.

Pendant ce temps, l'évêque de Québec, Mgr de Laval, établit un petit et un grand séminaire, pour le recrutement d'un clergé indigène. Comme Champlain, il croit possible de franciser les Indiens, de leur inculquer, sur les bancs d'un collège, des notions de latin, d'histoire et de philosophie. Il est vite déçu. Un seul des premiers sujets qu'il a choisis s'intéressera vaguement à ces nouveautés, et encore est-ce parce qu'il est orphelin, qu'il peut manger à sa guise et dormir bien au chaud. Les cinq autres disparaissent, happés par la nostalgie des courses dans les bois. L'évêque de Québec consacre désormais ses efforts à l'éducation des enfants de ses compatriotes. Il modifie les règlements et la discipline qu'il rend plus sévères. Dès leur entrée, les enfants doivent se soumettre à une confession générale de leur vie. A l'avenir ils devront avoir un directeur spirituel qui les confessera chaque samedi. Ce soir-là, le jeu est remplacé par un examen de conscience. Chaque jour, les élèves doivent réciter individuellement l'office de la Sainte Vierge. Ceux qui ne savent pas lire suffisamment remplaceront l'office par la récitation d'un deuxième chapelet. En dehors des heures consacrées aux devoirs religieux, chacun doit s'appliquer à l'exercice d'un métier ou exécuter des travaux manuels pour le séminaire. Chaque élève a une chambre privée pour laquelle les parents doivent fournir la table, la chaise et le lit, seuls meubles acceptés.

La pénurie de professeurs oblige les élèves à suivre certains cours au collège des jésuites, et vice versa. La durée des études varie selon les dispositions intellectuelles des écoliers. Elle est ordinairement de cinq à sept années. En prenant connaissance des listes qui ont été conservées, on est frappé d'y relever la présence de commis, d'apprentis, même de soldats qui, dans leur pays, n'auraient jamais eu la possibilité de commencer des études classiques.

Les écoles techniques.

Encouragés par ces succès, les jésuites inaugurent des cours d'hydrographie et de mathématiques pour la formation professionnelle d'arpenteurs, de cartographes, de navigateurs et d'ouvriers du génie. Le cours normal est de deux ans, et des personnes dans la vingtaine et la trentaine, désireux d'avancement, ne dédaignent pas de s'y inscrire: « J'ai des élèves qui ont de la barbe au menton, à qui j'apprends la marine et les fortifications et autres choses de mathématiques... J'ai un de mes écoliers qui est pilote sur le navire qui va au Nord», note avec une évidente satisfaction le père de la Chauchetière, en 1694. Comme la navigation sur le fleuve Saint-Laurent est délicate et compliquée, les capitaines de vaisseau reçoivent des cours pratiques spéciaux, et leurs services seront précieux lors des attaques-surprises par mer contre Québec, et particulièrement au cours de la guerre de Sept Ans. Des pilotes expérimentés, forcés de conduire en amont du fleuve des navires ennemis, les dirigent facilement sur des récifs ou les laissent s'échouer. Ce cours d'hydrographie connaît dès le début un si grand succès que Talon rêve d'établir à Québec une véritable académie de Marine. Le plus célèbre élève de cet institut est sans doute Louis Jolliet, le grand découvreur, qui plus tard remplacera son propre professeur, Franquelin, comme hydrographe du roi en Nouvelle-France.

Tout en surveillant les progrès de son séminaire où il espère former surtout des prêtres coloniaux, Mgr de Laval perfectionne son école d'arts et métiers, destinée aux fils du peuple qui semblent inaptes aux études classiques mais qui, par atavisme ou par goût naturel, veulent tenter l'apprentissage d'un métier de base indispensable à la colonie. A leur intention il crée des bourses d'études, c'est-à-dire la gratuité du logement, de la nourriture et de l'enseignement du métier qu'ils auront volontairement choisi. Les arts comprennent particulièrement la peinture, la sculpture, la dorure, l'ébénisterie. Quant aux métiers, les jeunes gens pourront devenir menuisier, charpentier, couvreur, cordonnier, tailleur, maçon, taillandier, serrurier. On ajoute par la suite une section d'enseignement de l'agriculture.

L'enseignement à Montréal.

A Montréal, dès les premières années, le sulpicien Gabriel Souart se charge de l'instruction des garçons, pendant que la sœur Marguerite Bourgeois et ses compagnes enseignent aux filles « à lire », à écrire, à filer, les prières, les mœurs chrétiennes, à parler correctement et avec facilité, à se présenter avec grâce et se former aux mœurs honnêtes des plus sages et vertueuses chrétiennes qui vivent dans le monde ». Les leçons se donnent durant la belle saison, car la rudesse de l'hiver oblige les jeunes filles à demeurer dans leur famille de novembre à avril.

Le jésuite Chauchetière, que nous avons déjà rencontré à Québec, est en 1694 pro-régent à Montréal et il a « douze ou quinze écoliers ». De plus, il enseigne les mathématiques à des officiers des troupes.

Les « frères hospitaliers », qui sont aussi instituteurs, imitent à Montréal l'élan donné par Mgr de Laval à Québec. Un des buts principaux de cette communauté est, disent les lettres patentes royales, « de retirer les pauvres enfants orphelins, estropiés, vieillards, infirmes et autres nécessiteux mâles, pour y être logés, nourris et secourus dans leurs besoins, les occuper dans les ouvrages qui leur seront convenables, faire apprendre des métiers auxdits enfants et leur donner la meilleure éducation que faire se pourra». Cet institut, auquel toute une génération de jeunes Canadiens de la région de Montréal devra son éducation, échouera lamentablement, car ses directeurs, les frères Charron, sont de piètres administrateurs. Après leur départ, les habitants de Montréal sollicitent l'appui du roi pour l'établissement d'un collège tenu par les jésuites, comme à Québec : « Tout ce qu'il y a dans l'étendue du gouvernement de Montréal d'officiers de guerre, de bourgeois, de marchands et d'habitants, touchés très sensiblement de l'ignorance et de l'oisiveté de leurs enfants, ont recours à vous pour vous supplier de seconder leurs bonnes intentions, en leur procurant ce qu'il y a de plus capable de maintenir la jeunesse dans l'ordre.»

L'école de la vie canadienne.

Un quart de siècle après Raudot, l'intendant Hocquart constate que toute l'éducation que reçoivent la plupart des enfants d'officiers et de gentilshommes se borne à très peu de chose : « A peine savent-il lire et écrire; ils ignorent les premiers éléments de la géographie, de l'histoire, il serait bien à désirer qu'ils fussent plus instruits...» Telle est l'opinion de l'intendant. Il voudrait que la jeunesse canadienne soit instruite de la géographie et de l'histoire européenne, alors que lui-même ignore encore tout de l'histoire américaine. Ses connaissances de ce pays ne dépassent pas Québec et Montréal. On lui a parlé de Michillimakinac, du lac Ontario, du poste du Détroit. Il serait bien en peine de situer ces endroits. Les Canadiens, eux, le savent. L'orthographe de d'Iberville est pitoyable. Il écrit au son. Mais mieux que quiconque il connaît l'Amérique du Nord et l'a défendue, avec les méthodes que son instinct, plus que son instruction, lui inspire. L'explorateur Nicolas Perrot avoue qu'il a plus appris à vivre au milieu des Indiens et à courir les bois que sur les bancs de l'école. Jean Nicolet, qui possède à Québec une bibliothèque importante, n'est heureux qu'en forêt, lorsqu'il se nourrit de la civilisation indienne. Il suffit à ces hommes de quelques éléments de base. La vaste et riche nature complète leur éducation.

Un esprit nouveau se forme, dont les autorités officielles ne saisissent pas l'évolution. Ce qu'elles appellent indiscipline est en réalité une phase d'adaptation dont elles ne peuvent déceler les nuances. Outre l'enseignement fourni dans les capitales des trois gouvernements par l'évêque, les jésuites et les religieuses, il a suffi que dans les campagnes les instructeurs de la jeunesse, des notaires, des curés et des mères de famille un peu instruites sèment des éléments d'instruction et d'éducation à la française, pour que ces jeunes cerveaux complètent leur développement à la manière indigène, en se servant inconsciemment des ressources illimitées de leur pays.

Le théâtre.

D'autres facteurs ont contribué à nourrir le climat intellectuel. Certains jésuites sont plus que des missionnaires. Quelques hauts personnages de l'administration sont plus que des fonctionnaires. Les uns sont des savants déjà réputés en Europe. D'autres ont une culture littéraire remarquable.

L'explorateur Lescarbot est avocat, poète et auteur dramatique. Il est en Acadie en 1606, et sa passion du théâtre ne l'a pas quitté. Pour accueillir convenablement le gouverneur Poutrincourt, il ne trouve rien de mieux que de composer un divertissement allégorique, qui se passe à la fois sur terre et sur mer, et auquel il donne le nom de *Théâtre de Neptune*. Le spectacle émerveille les Indiens. Plusieurs d'ailleurs y participent comme figurants dans leurs costumes multicolores. Pour célébrer le premier anniversaire de la naissance du futur Louis XIV, le gouverneur Montmagny fait exécuter, en 1640, en l'honneur du dauphin, une pièce tragi-comique par des acteurs improvisés. Le rédacteur d'une *Relation* note qu'il n'aurait jamais cru trouver à Québec « un si gentil appareil et de si bons acteurs». Cette pièce est à coup sûr inédite et de composition récente. Est-elle l'œuvre d'un jésuite? C'est probable, d'où son inspiration religieuse et l'éloge qu'en font les *Relations*. On y voit l'âme d'un païen poursuivie par des démons, et ces derniers parlent la langue algonquine. Les Indiens sont tellement effrayés qu'ils se jettent spontanément dans les bras d'un acteur maigre et barbu, le notaire Martial Piraube, qui représente le Christ.

L'habitude se répand de créer des pièces d'inspiration indigène pour saluer un grand événement. L'arrivée du gouverneur d'Argenson, en 1648, est marquée de la représentation d'un drame en français, huron et algonquin. Le génie civilisé de la France et le génie des forêts s'affrontent en des dialogues naïfs et grandiloquents. On ne comprend rien aux dialectes indiens, mais les interprètes sont applaudis et on apprécie cette couleur locale. En 1646, on reçoit au collège des jésuites les premiers exemplaires du *Cid*, et immédiatement on s'occupe de le faire interpréter. En 1651, on présente *Héraclius*, quatre ans seulement après la création de la pièce à Paris. L'interdit lancé contre le *Tartuffe* de Molière a ses répercussions au Canada, et cela crée une scission entre l'évêque et le gouverneur. Pour avoir voulu passer outre à l'interdiction, le metteur en scène, Mareuil, est menacé d'excommunication, privé des sacrements et emprisonné. Cet incident toutefois n'empêche pas la représentation des autres œuvres des auteurs dramatiques du Grand Siècle, à mesure qu'elles font leur apparition.

Les sciences.

Les observations scientifiques contenues dans les récits de voyage de Jacques Cartier et de Champlain déjà avaient aiguisé la curiosité des savants européens. En 1632, nous sommes à l'époque où Galilée cherche à convaincre ses contemporains que la terre tourne sur elle-même. Théorie d'avant-garde qui, on le sait, n'est pas du goût des savants officiels de l'époque. Pour mériter le repos éternel, alors qu'il pourrait

confondre définitivement ses adversaires, Galilée se soumet
à une rétractation officielle, tout en bougonnant : « Et pourtant
elle tourne ! » Plus tard on lui donnera raison. Mais à l'époque
même des difficultés du savant Galilée, un pauvre et modeste
missionnaire, perdu au pays de Nouvelle-France, appuie
inconsciemment et naïvement sa conviction. Le jésuite Paul
Le Jeune, cantonné à Québec, rêve à la théorie de Galilée,
en regardant le firmament. Et il note sur une des feuilles du
journal quotidien qu'il destine à ses supérieurs en France et
qu'il appellera sa *Brièoe Relation* : « Je supputais l'autre jour
combien le soleil se lève plus tôt sur votre horizon que sur le
nôtre, et je trouvais que vous aviez le jour six heures et un
peu davantage plus tôt que nous. » L'année suivante, une
éclipse de lune lui enlève tout doute : « L'almanach disait
que cette éclipse devait arriver en France sur la minuit, et
nous la vîmes sur les six heures du soir. »

Une phrase anodine de la *Relation* qui concerne le pays des
Hurons et qui date de 1642 nous apprend que des savants
européens demandaient aux missionnaires de leur faire part
de leurs observations. Pour cela, il faut que les jésuites soient
eux-mêmes versés dans les questions scientifiques. L'un d'eux
écrit que « pour satisfaire au désir de quelques personnes qui
nous ont demandé quelques observations des éclipses que nous
remarquerions en ce pays, en voici une de lune fort remarquable, qui nous apparut le soir du quatorzième d'avril de
cette présente année 1642».

Du fond des pays indiens, quelque part sur une élévation
d'où ils peuvent apercevoir les cinq grands lacs qui forment
une véritable mer intérieure, à mille lieues de toute civilisation,
dans une solitude totale, des jésuites français, accompagnés
de quelques aventuriers originaires de leur pays et entourés
d'indigènes curieux et ébahis, observent des étoiles dans le
ciel avec des instruments de fortune qu'ils ont pu soustraire
à maints naufrages. Non contents du monde nouveau qu'ils
ont découvert, ils en cherchent et en trouvent d'autres, dans
l'immense firmament. Deux comètes se présentent qu'ils
peuvent un instant observer. Puis des doutes surgissent.

Quelques jours plus tard, l'un d'eux note consciencieusement : « Nous laissons tout exprès les observations faites le second, le sept, le onze, treize, quatorze et quinzième du même mois de janvier, le vent et le froid excessif ayant jeté le désordre dans nos instruments, et n'ayant pu les remettre avec toute l'exactitude nécessaire en ces rencontres. » Le grand tremblement de terre de 1663 a été l'objet de nombreuses discussions dans les milieux de l'époque, et les auteurs des *Relations* y consacrent plusieurs pages d'explications de haute portée scientifique. Plus tard, un phénomène parhélique apparu dans la région du lac Supérieur pendant l'hiver de 1670-1671 est décrit avec une remarquable clarté et beaucoup de précision.

La botanique.

Ce pays a aussi vite aiguisé la curiosité des botanistes. Jacques Cartier parle ici et là dans ses récits de certaines espèces floristiques inconnues en Europe. Il rapporte en France des spécimens que des botanistes amateurs de son équipage qualifient d'indigènes. Il est particulièrement frappé, pendant l'épidémie de scorbut du rude hiver 1535-1536, de l'énergique valeur médicinale d'un arbre, l'*annedda*, qu'un savant canadien, Jacques Rousseau, a identifié comme étant le cèdre blanc. Les descriptions des arbres et des fleurs du Nouveau Monde prennent plus d'ampleur encore avec le récit des voyages de Champlain et les chroniques des premiers voyageurs, Lescarbot et Sagard. Moins de trente ans après la fondation de Québec, le botaniste parisien Carrenti publie le *Canadensium plantarum historia*, recueil qui décrit une centaine d'espèces, et Rousseau en a identifié quarante-trois, dont trente-huit illustrées, qui font encore partie de la flore du Canada. Pierre Boucher, dans son ouvrage de propagande colonisatrice publié en 1664, fait grand état des essences forestières du pays qu'il décrit avec soin. Une Canadienne de naissance, Catherine-Gertrude Jérémie, fille de l'explorateur Noël Jérémie, née à Québec en 1664, envoie à des savants parisiens ses notes sur les secrets de la médecine indienne et fait parvenir des arbustes et des racines aux directeurs du Jardin des plantes de Paris. Charlevoix et Lafittau mentionnent à plusieurs reprises les plantes du Canada, et certaines de leurs notes originales ont retenu l'attention des savants européens.

Voici que deux médecins, Michel Sarrazin et Jean-François Gaultier, et un gouverneur, La Galissonnière, viennent s'intéresser de façon scientifique à la botanique du Nouveau Monde. Doué d'un tempérament de chercheur, Michel Sarrazin, au cours d'un premier séjour en Nouvelle-France, découvre un monde complètement nouveau. Il revient en 1697 avec le titre de médecin du roi. Mais la botanique l'intéresse plus que la médecine. Cette préférence inquiète sérieusement le Conseil supérieur, qui ordonne à son greffier de signaler que « le sieur Sarrazin a eu d'autres vues en revenant au Canada que celles de traiter les malades, s'appliquant beaucoup aux dissections des animaux rares qui sont en ce pays, ou à la recherche de plantes inconnues ; on a tout lieu de croire et de craindre qu'après qu'il se sera pleinement satisfait là-dessus, il s'en retourne en France ». Dédaignant l'incompréhension et les reproches du Conseil supérieur, Sarrazin continuera ses recherches. Il est bientôt nommé membre correspondant de l'Académie des sciences où Réaumur se charge de donner lecture de ses rapports. En dépit des craintes du Conseil, ce savant de mérite ne retournera pas en France. Il meurt à Québec en 1734, dans une obscure pauvreté. Les recherches les plus poussées de Michel Sarrazin, écrit Rousseau, portent sur les propriétés de l'érable, et sur une plante curieuse des tourbières, dont les feuilles étranges en forme de bouteille sont des pièges à insectes, et à laquelle Tournefort a donné le nom de *Sarracenia*.

Les bibliothèques.

Le nombre relativement élevé des bibliothèques privées témoigne également du souci de curiosité intellectuelle de cette élite. Tous les religieux, les curés, les hauts fonctionnaires possèdent un choix de livres personnels dont ils font bénéficier leurs amis. La bibliothèque du collège des jésuites à Québec est riche et variée, et sert de salle de lecture publique et de consultation d'ouvrages. En 1645, l'abbé Nicolet part en mission à l'île aux Oies, et dans ses bagages emporte deux livres que lui prêtent les jésuites. Le père Raffeix réclame en 1706 de la succession de l'hydrographe du roi Jean Deshaies quatre livres qu'il a quelque temps auparavant prêtés au défunt. Deshaies possédait lui-même d'ailleurs une bibliothèque considérable pour l'époque. Le presbytère Saint-Joseph, à la Pointe-de-Lévis, était comme un pied-à-terre où descendaient tous les missionnaires de la rive sud du Saint-Laurent avant de se rendre dans la capitale. Chaque visiteur empruntait son auteur favori ou un livre nouveau. Les colons eux-mêmes utilisaient les services de cette bibliothèque, puisque en 1740, le vicaire général, déplore la disparition de beaucoup d'ouvrages et demande aux marguilliers de les récupérer chez les paroissiens. Il est de bon ton que tous ceux qui savent lire, même dans les campagnes, possèdent quelques ouvrages de religion et d'histoire. On en trouve de grande valeur pour l'époque chez Antoine Desrosiers et Jacques Turcot qui sont tous deux devenus juges seigneuriaux après s'être instruits tant bien que mal, en dépit de leurs occupations journalières de colons. Sur son contrat de mariage en 1647, Desrosiers « fait sa croix » au bas de l'acte. Il semble donc illettré, ou du moins peu instruit. Quelques années plus tard on remarque sa signature bien lisible sur de nombreux actes notariés, et, à son décès, il laisse au nombre de ses biens quelques ouvrages de droit et d'histoire, qu'il cède à son gendre Turcot, entre autres la *Coutume de Paris* en deux tomes, l'*Ordonnance civile* et « six petits livres de divers auteurs ». Dans la bibliothèque d'un modeste notaire de campagne qui est aussi cultivateur, François Bigot, on trouve en 1710 un ouvrage relié intitulé *Le Parfait Notaire*, ce qui est normal chez un tabellion, mais l'inventaire signale aussi des ouvrages d'histoire générale « tous fort usés ». Or la mère de ce notaire était illettrée. Son père également. Mais ce dernier a été fermier de Pierre Boucher, et on peut croire

que le jeune Bigot partagea l'instruction que Boucher faisait
donner à ses propres enfants, et que son goût de l'étude et son
ambition lui permirent plus tard de devenir notaire royal. Enfin
signalons qu'à l'inventaire des biens de Jean Terme, habitant de l'île d'Orléans tué par un voisin jaloux, on note « huit
livres de plusieurs sortes fort usés».

Peter Kalm a observé en 1748 que le degré d'instruction du paysan canadien se compare avantageusement avec
celui du paysan français. C'est que les curés et les notables
des campagnes entendent, tout aussi bien que les citadins,
être avertis du mouvement des idées qui passionnent la France
et l'Europe. On a même trouvé trace à Montréal de deux
commerçants qui se disent libraires et, effectivement, vivent du
commerce des livres : Sanschagrin en 1741 et Baregeas en 1754.
En 1753, Mgr de Pontbriand obtient de la Cour dix-neuf cents
livres, la plupart ouvrages de piété et des biographies, qu'il fait
distribuer dans les campagnes « aux personnes qui peuvent
en bénéficier». Dans les dernières années du régime français,
on remarque particulièrement deux excellentes bibliothèques
privées contenant des classiques anciens et modernes, des biographies et des travaux sur l'histoire des peuples. Celle de
François Cugnet renferme plus de trois mille volumes. Louis-
Guillaume Verrier en a quatre mille.

Le « parler » canadien.

Les témoignages abondent sur la qualité du langage parlé
des Canadiens du régime français. Ces témoignages sont
ceux d'observateurs contemporains, généralement impar-
tiaux et auxquels on accorde de l'autorité en d'autres
domaines. « Nulle part ailleurs on ne parle plus purement
notre langue; on ne remarque aucun accent», affirme Charlevoix. L'historien Bacqueville de la Potherie note un fait
assez curieux : « Quoiqu'il y ait un mélange de presque toutes
les provinces de France, on ne saurait distinguer le parler d'aucune dans la langue des Canadiens.» Il ajoute qu'on parle
parfaitement bien, « sans aucun accent». D'Aleyrac est plus

explicite encore :« Il n'y a pas de patois en ce pays... Tous les Canadiens parlent un langage semblable au nôtre. Ils emploient, dans le langage courant, quelques termes empruntés au langage marin : amarrer pour attacher, haler pour tirer, non seulement un navire, mais n'importe quel objet. Ils ont forgé quelques mots, comme une tuque ou une fourole pour désigner un bonnet de laine rouge. Ils disent une poche pour un sac, un mantelet pour un casaquin sans pli, une rafale pour beaucoup de vent, de pluie ou de neige; tanné au lieu d'ennuyé; chômer pour ne manquer de rien; la relevée pour l'après-midi; chance pour bonheur; miette pour moment; paré pour être prêt à. L'expression la plus ordinaire est « de valeur » pour signifier qu'une chose est pénible à faire ou trop fâcheuse. Ils ont pris cette expression aux sauvages. » Ce en quoi d'Aleyrac se trompe, car les anciens dictionnaires mentionnent ce terme comme étant de l'excellent français des XVIᵉ et XVIIᵉ siècles.

On ne peut douter que les colons, venant de diverses provinces françaises, aient apporté les particularismes de leurs parlers régionaux. Mais les témoignages que nous venons de citer démontrent que tous parlent et comprennent la langue française ordinaire, celle qu'utilisent, lorsqu'ils mettent des dialogues dans la bouche de leurs héros, les écrivains du temps de Rabelais, de Montaigne et de Molière. Cet usage d'un langage populaire uniforme est confirmé par les dépositions des témoins lors des procès, dépositions consignées dans les archives des greffiers et des notaires de l'époque. Interrogé, lors d'un procès, sur le fait de savoir si un de ses compagnons a donné de l'eau-de-vie aux Indiens, le tailleur Nicolas Gaillou, qui se dit illettré, répond « avoir ouï dire par bruit commun que Martin Foisy, fermier du sieur de Bourjoly, aurait traité de la boisson aux sauvages, mais n'en a eu lui-même connaissance. Si quelqu'un l'a fait, ça été à son desçu ». Le notaire de la Tousche rédige en 1667 un contrat qui débute ainsi : « Concession *arentée* par Jean Le Moyne à François Frigon. » On cherche en vain le mot dans Littré, même dans Trévoux. Pourtant le poète Villon l'emploie :« Le jardin que maistre Pierre Bobignon m'arenta. » Ce ne sont que quelques exemples des savoureux archaïsmes qui sortent naturellement de la bouche des colons qui se souviennent du parler de leur province natale.

La langue écrite fournit également des observations étonnantes. Marie-Angélique Hamel est née dans une petite paroisse de la seigneurie de Deschambault vers 1700. Ses études ont été rudimentaires. Pourtant, à l'âge de cinquante ans, elle se souvient suffisamment de ses études pour écrire la lettre suivante, dont l'original est conservé aux archives de la province de Québec : « Monsieur et madame, comme mon fils est dans la volonté d'épouser mademoiselle votre fille et qu'il m'a dit avoir votre consentement, et comme je sais que mademoiselle est une honnête fille sortie de bonne famille, je lui donne mon consentement aussi bien que mon mari. Nous sommes contents tous les deux du choix que notre fils a fait, nous vous faisons mon mari et moi bien nos compliments, aussi bien qu'à mademoiselle votre fille, et je suis votre très humble servante. »

Le maintien de la culture française.

Tel est le niveau culturel de ce peuple après un demi-siècle d'existence. Il se maintiendra jusqu'à la fin du régime français, alors que les livres scolaires sont devenus très rares. Les professeurs sont obligés de transcrire à la main les pages des ouvrages qu'ils expliquent. Au couvent tenu par les ursulines à Trois-Rivières, il n'y a plus qu'une seule grammaire française. Elle est placée sur un pupitre au milieu de la salle. La page ouverte est retenue par une languette de bois poli. Chaque élève va à tour de rôle apprendre la leçon du jour, et seule la maîtresse doit tourner les pages du livre, respecté comme une relique précieuse.

L'instruction, surtout dans les campages, reste élémentaire et même fragmentaire. Elle est suffisante toutefois pour parer au danger prévu par les intendants et elle empêche les jeunes de s'indianiser. Elle se compare même avec l'instruction donnée en France, à l'époque de son rayonnement intellectuel intense.

D'après Taine, la France, à la veille de la Révolution, compte environ une école pour deux paroisses. La même proportion s'observe au Canada à la fin du régime français, et dans cette proportion nous ne tenons pas compte des leçons bénévoles données par les mères de familles instruites ou les notaires aux enfants de leur village. De 1693 à 1703, alors que la population de la ville de Québec s'élève à peine à quinze cents âmes, cent trente élèves sont inscrits au petit séminaire. A leur entrée, vingt-trois ont déjà des notions de latin, soixante-huit savent lire et écrire et huit seulement sont complètement illettrés.

L'adaptation rapide et sûre de ce peuple à un mode de vie qui lui est propre se reflète dans ses œuvres artisanales, dans les objets fabriqués de ses mains. C'est là que s'affirment surtout son merveilleux sens de l'équilibre, son goût sûr, son amour du beau. A l'origine de cette orientation, nous trouvons l'école dite « Ecole de Saint-Joachim », fondée sous l'inspiration de Mgr de Laval. C'est un modeste institut d'arts et métiers, mais on y enseigne tout : peinture, sculpture, orfèvrerie, dessins, menuiserie, cordonnerie, théologie, mathématiques, grec, latin. Petite université, en somme, où se recrée l'atmosphère du grand siècle classique français, atmosphère que les élèves adaptent tout naturellement aux besoins indigènes. On y trouve également des professeurs de mérite. Le frère Luc, un récollet, fut élève de Simon Vouet, à Paris, et ses compagnons de classe étaient Michard, Le Brun, Le Sueur, Le Nôtre. Lorsqu'il renonce au monde pour endosser la bure franciscaine, le frère Luc, malgré son vœu de pauvreté, conserve tout de même ses connaissances et son amour de l'art. L'école de Saint-Joachim a connu un rayonnement intense. Sa formule pédagogique, telle est l'opinion du spécialiste Gérard Morisset, « est pleine de sens social et pratique, large et souple, qui permet l'éclosion des talents, refrène la vanité individuelle, supprime la stérile hiérarchie des arts et assure l'orientation professionnelle des élèves ». Plus loin, Morisset apprécie les résultats : « En hommes sages et réfléchis, ces gens n'ont pas voulu édifier de grandes choses, ni imiter les autres; ils ont pris conscience de leur talent, de leurs forces, des matériaux dont ils disposaient, des conditions économiques dans lesquelles ils vivaient et, avec la logique paysanne, ils se sont contentés de bien faire de petites choses. »

Il entre une grande part de la sève la plus pure du sol de France dans l'enracinement de cette nouvelle nation. Il s'y mêle aussi un profond esprit religieux qui discipline sa croissance. Le mysticisme des premiers fondateurs vient rejoindre l'idée constante du danger au cours des années de terreur et façonne un esprit pratique et précieux. La plupart des gouverneurs et intendants reprendront la remarque de Hocquart : « Tous sont attachés à la religion. » Le voyageur Kalm note que les colons de la Nouvelle-France consacrent beaucoup plus de temps à la prière et au culte extérieur que les Anglais et les Hollandais des colonies britanniques. Il a été frappé du fait que les soldats du fort Saint-Frédéric se réunissent pour la prière matin et soir.

C'est donc tamisés par des préoccupations hautement spirituelles et religieuses que les instincts aborigènes s'infiltrent dans l'esprit de ce peuple qui se dissocie insensiblement de ses origines raciales. Vers 1700, alors que la première génération des Canadiens de naissance est en pleine vigueur, des observateurs cherchent déjà à analyser les étapes de sa singulière et rapide évolution. Ce phénomène physiologique séduit Bacqueville de la Potherie, Lebeau, d'Aleyrac et surtout Charlevoix, qui s'attarde à brosser un pénétrant tableau. A part la langue, dont ces gens ont gardé la pureté classique, Charlevoix note d'autres indices : l'esprit enjoué, les manières douces et polies sont communes à tous. « La rusticité, soit dans le langage soit dans les façons n'est même pas connue dans les campagnes les plus écartées. » Sa comparaison avec les Saxons qui ont colonisé les côtes du Sud n'est pas non plus défavorable : « Qui ne connaîtrait les deux colonies que par la manière de vivre, d'agir et de parler des colons ne balancerait pas à juger que la nôtre est plus florissante. » Puis l'écrivain en arrive à noter les traits caractéristiques : l'air qu'on respire dans ce vaste continent fortifie sans cesse un esprit d'indépendance et l'aversion pour un travail assidu et réglé, d'autant plus

que l'exemple et la fréquentation de ses habitants naturels, les
Indiens, « qui mettent tout leur bonheur dans la liberté et
l'indépendance», sont plus que suffisants pour former et
pétrir ce caractère. Tous les autres observateurs sérieux, au
cours des ans, comme Kalm, La Hontan, Bougainville, apprécient le peuple canadien de la même façon que Charlevoix
et presque dans les mêmes termes. Bougainville, homme
d'esprit, cultivé, membre de plusieurs sociétés savantes, qui
juge si sévèrement les officiers canadiens, n'a pour le peuple
que des éloges. Il observe — un demi-siècle après La Hontan —
que ces gens seraient scandalisés d'être appelés paysans.
« Ils sont en effet, écrit-il, d'une meilleure étoffe, ont plus
d'esprit, plus d'éducation que ceux de France.» A quoi cela
tient-il? « Cela vient de ce qu'ils ne paient aucun impôt, de
ce qu'ils ont droit d'aller à la chasse, à la pêche et de ce qu'ils
vivent dans une espèce d'indépendance.»

Toutes ces caractéristiques ont contribué à façonner ce
peuple qui, n'eussent été les événements de 1760, se préparait
à donner tout un continent à la France.

CONCLUSION

NOUS avons tâché de décrire sommairement l'évolution, ou si l'on veut, la transformation d'un peuple de pure origine française qui s'est enraciné dans une terre étrangère, à quatre mille kilomètres de sa mère patrie. Par la force des circonstances, en particulier le climat, l'étendue et le voisinage des indigènes, ce peuple s'est façonné un nouvel esprit. Mais il est resté français sous deux aspects essentiels : la langue et la religion. Et voici que, brusquement, le hasard de la conclusion d'une guerre le place sous la tutelle d'une nation qui n'est ni de même religion ni de même langue.

On est en droit de se demander quelle a été la réaction de la France, de l'Angleterre et du peuple conquis en face de ces événements : la capitulation de Québec en 1759, le traité de Paris en 1763.

Réaction de la France.

La réaction de la France, il faut l'avouer, manque d'élégance et de sérieux. C'est avec soulagement qu'elle abandonne la moitié de l'Amérique du Nord, car elle est lasse de la guerre. Économiquement et moralement, elle est épuisée. Déjà au cours de la guerre de Sept Ans, la Nouvelle-France est pour elle un fardeau trop lourd qu'elle a hâte de déposer. C'est spontanément que le ministre Berryer, lorsque Bougainville lui demande de toute urgence des secours pour le Canada, lance sa fameuse phrase qu'on pourrait croire empreinte de cynisme mais qui n'est que le cri d'un poignant désespoir : « Quand le feu est à la maison on ne doit pas chercher à sauver les écuries. »

L'élite française de l'époque donne le ton au désintéressement pour le Canada. Pierre Gaxotte a raison d'écrire que « non seulement les encyclopédistes ont méconnu la grande poussée coloniale qui était le fait dominant de leur siècle, non seulement ils n'en ont compris ni la raison ni la puissance, mais ils ont entravé l'expansion française de toutes leurs forces. Ils ont sans arrêt déprécié les colonies, calomnié les colons, ridiculisé leurs efforts et travesti leur œuvre». Le 3 octobre 1760, Voltaire adresse à Choiseul la supplique suivante : « Si j'osais, je vous conjurerais à genoux de débarrasser pour jamais du Canada le ministère de la France. Si vous le perdez, vous ne perdez presque rien; si vous voulez qu'on vous le rende, on ne vous rend qu'une cause éternelle de guerre et d'humiliations.» Deux ans plus tard, le 6 septembre, il revient à la charge : « Je suis comme le public, j'aime beaucoup mieux la paix que le Canada, et je crois que la France peut être heureuse sans Québec.» Choiseul lui-même déclare un jour que « la Corse présente un beaucoup plus grand intérêt que le Canada».

C'est dans cet état d'esprit qu'est signé le traité de Paris du 10 février 1763, lequel cède à l'Angleterre les deux pôles du monde futur : l'Inde et le Canada, en retour « des douceurs de la paix», comme le réclamait Voltaire et comme le spécifie le traité lui-même : « Il a plu au Tout-Puissant de répandre l'esprit d'union et de concorde sur les Princes dont les divisions ont porté le trouble dans les quatres parties du monde et de leur inspirer le dessein de faire succéder les douceurs de la paix aux malheurs d'une longue et sanglante guerre.» Les clauses du traité sont acceptées, malgré les protestations véhémentes des chambres de commerce des grandes villes de province : Bordeaux, Marseille, La Rochelle, Nantes, Dieppe. Pour clore définitivement cette page d'histoire, Louis XV accepte de marquer la signature du traité par la frappe d'une médaille commémorative.

Malgré cet état d'esprit qui donne réellement le ton d'une délivrance, Choiseul, qui pense en diplomate, croit toujours que le Canada sera rendu à la France. « Les Anglais ne garderont pas le Canada, écrit-il à son tour à Voltaire; je vous demande en grâce de ne pas juger la pièce avant d'avoir vu le dénouement, peut-être ne sommes-nous qu'au troisième acte. » Aussi les officiers français de retour dans leur pays reçoivent-ils l'ordre de demeurer en Touraine, en cas de rappel possible vers la colonie.

Les réactions de l'Angleterre.

Mais ces espoirs restent sans lendemain. Car une fois de plus l'Angleterre met en pratique sa fameuse doctrine : *What we have we hold* (Ce que nous tenons, nous le gardons).

Un petit groupe, dont le général Murray, partage toutefois l'opinion de Choiseul. Ils croient au retour possible du Canada à la France. « Si nous sommes sages, confie-t-il un jour au comte de Malartic, nous ne garderons pas ce pays. Il faut que la Nouvelle-Angleterre ait un frein à ronger, et nous lui en donnerons un qui l'occupera en ne gardant pas ce pays-ci. » Mais la plupart sont d'avis contraire et se préparent à traiter les habitants en sujets définitivement conquis et au surplus de religion « papiste ». D'ailleurs le Premier Ministre William Pitt met fin à toute idée de rétrocession en déclarant à la Chambre des communes que, depuis le traité de Paris, l'Angleterre est devenue la plus grande puissance et qu'elle deviendra plus forte encore, maintenant qu'elle a détrôné son principal adversaire. L'Angleterre gardera donc le Canada.

Une politesse de surface camoufle des intentions précises de domination et, à la longue, d'étouffement. A Québec le chanoine Briand, qui administre le diocèse en l'absence d'évêque (Mgr de Pontbriand est mort en 1759), reçoit l'ordre de prier à l'avenir au prône du dimanche « pour le roi George troisième, la reine Charlotte, Son Altesse royale la princesse douairière de Galles et pour toute la famille royale, suivant la formule ordinaire du rituel, en exprimant leurs noms ». Cet ordre s'accompagne de l'obligation pour tous les habitants, sauf les capitaines de milice, d'aller déposer leurs armes aux pieds du général chargé d'administrer leur gouvernement, et de prêter le serment d'allégeance.

La psychologie compréhensive de Suisses protestants mais de langue française, comme Haldimand et le secrétaire Bruyère, attachés à l'armée d'occupation, adoucit sensiblement le choc de cette période de transition.

La réaction des Canadiens.

Le chanoine Briand, qui est Français de naissance, se plie aux ordres officiels, car il connaît de vieille date les fluctuations de la guerre et les fantaisies des traités. Mais lorsque les habitants indépendants et fiers entendent prononcer, du haut de la chaire, des noms étrangers pour lesquels ils doivent implorer la protection divine, ils se renfrognent, haussent les épaules et ferment les yeux en signe de protestation silencieuse. A la sortie de l'église, ils maugréent contre le sort. « Personne ne peut m'empêcher de parler français à mon cheval quand je serai dans mon champ», déclare un habitant têtu. C'est la semence de la résistance passive, qui sera longue, tenace et invincible.

La rage au cœur, les Canadiens ont déposé les armes et prêté le serment d'allégeance à une nation qu'ils ont toujours combattue. Ils n'ont plus rien : pas d'animaux, pas de récoltes, pas d'espoir. Presque partout, dans les campagnes, les bâtiments de ferme ont été incendiés. Des fils d'à peu près toutes les familles sont morts à la guerre. Les chefs de la colonie sont repartis en France en même temps que les effectifs valides des armées. Les habitants restent seuls, définitivement seuls avec les prêtres issus de leurs rangs, qui ne les ont pas abandonnés.

Les premiers moments d'effarement passés, ils se remettent courageusement à la besogne. Et c'est ici qu'apparaît toute la force du système seigneurial tel qu'il a été appliqué dans ce pays. A ces gens qui ont tout perdu il reste leur terre qui leur appartient en propre. Comme les premiers colons, leurs ancêtres, ils reprennent confiance, après les années d'épreuve, et décident de survivre et de se grouper dans les seigneuries de leurs trois gouvernements. Ces quelque soixante mille habitants d'ascendance française se cantonnent dans ce petit coin du continent américain qui compte déjà plus d'un million d'Anglais. Personne ne pourra les en déloger.

Comme sous le régime français, ce peuple veut conserver ses libertés et les habitudes de vie que ce pays a formées.

SOURCES BIBLIOGRAPHIQUES

Une bibliographie complète et détaillée dépasserait les cadres de ce travail. Aussi, après avoir énuméré les récits et narrations de l'époque, où nous avons puisé la plupart de nos renseignements de base, nous nous bornerons à signaler les travaux relatifs à l'histoire générale du Canada français, aux biographies des personnages les plus marquants et à quelques études spéciales. Pour des renseignements plus précis les lecteurs intéressés pourront consulter le volume de Gustave Lanctôt, *L'Œuvre de la France en Amérique du Nord* (bibliographie sélective et critique), 188 pages, Éditions Fides, Montréal et Paris, 1951.

I. — *Récits, mémoires et narrations de l'époque*

Annales de l'Hôtel-Dieu de Montréal, par mère Marie Morin. Mémoires de la Société historique de Montréal, 1921.

Annales de l'Hôtel-Dieu de Québec (1636-1716), par les mères Juchereau et Duplessis, Québec, 1639.

Aventures militaires au XVIIIe siècle, par J.-B. d'Aleyrac, Paris, 1935.

Écrits spirituels et historiques, par mère Marie de l'Incarnation, Paris, 1929.

An historical journal of the campaigns in North America, for the years 1757, 1758, 1759 and 1760, par le capitaine John Knox, Londres, 1769.

Histoire de la colonie française en Canada, par Étienne-Michel Faillon, sulpicien. 3 vol. Paris, 1865-1866.

Histoire de l'Amérique septentrionale, par Bacqueville de la Potherie, Paris, 1722.

Histoire et description générale de la Nouvelle-France, par le père Charlevoix, jésuite, Paris, 1744.

Histoire véritable et naturelle des mœurs et productions du pays de la Nouvelle-France, par Pierre Boucher, Paris, 1664.

Journal des campagnes au Canada de 1755 à 1760, par le comte de Maurès de Malartic, Paris, 1890.

Le Journal des Jésuites. Publié d'après le manuscrit original par les abbés Laverdière et Casgrain, Québec, 1871.

Les Français en Amérique pendant la première moitié du XVIe siècle. Introduction de Ch.-A. Julien, Paris, 1946.

Les Relations des Jésuites. Textes originaux français, latin et italien, traduits en anglais avec notes explicatives par Reuben Gold Thwaites. 73 vol. Cleveland (Ohio), 1896-1901.

Les Voyages de Jacques Cartier. Texte français et anglais publié d'après l'original par les Archives publiques du Canada, Ottawa, 1924.

Les Voyages de Samuel Champlain. Choix de textes et notes de Hubert Deschamps, P.U.F., 1951. Excellente introduction.

Mémoires sur les mœurs, coutumes et religion des sauvages de l'Amérique septentrionale, par Nicolas Perrot, Leipzig et Paris, 1864.

Nouveaux voyages de M. le baron de La Hontan dans l'Amérique septentrionale. 2 vol., La Haye, 1703.

Œuvres de Champlain. Réunion des différentes relations de ses voyages. Publié par l'abbé C.-H. Laverdière, Université Laval. Québec, 1870.

Rapports de l'archiviste de la province de Québec (1921-1959). Lettres et rapports de plusieurs gouverneurs et intendants de la Nouvelle-France.

Voyage curieux et nouveau parmi les sauvages de l'Amérique septentrionale, par C. Le Beau, avocat, Amsterdam, 1738.

Voyages de Kalm en Amérique. Publié par la société historique de Montréal, 1880.

Voyages et Mémoires sur le Canada, par Louis Franquet. Publié par l'Institut canadien de Québec, 1889.

II. — *Ouvrages généraux sur l'histoire du Canada*

Plusieurs historiens ont écrit une *Histoire du Canada*, la plupart différentes les unes des autres de ton et d'esprit, mais qui donnent une vue d'ensemble de la suite des événements que chacun commente selon sa philosophie et son tempérament. Le premier en date et aussi en mérite est François-Xavier Garneau qui a voulu, par ce moyen, démolir l'affirmation du gouverneur Lord Durham à l'effet que les Canadiens français sont « un peuple sans histoire ». Étant donné les difficultés de recherches à son époque, Garneau est plutôt superficiel dans son étude du régime français. Les historiens modernes l'ont complété par le souci du détail.

BONNAULT (Claude de) : *Histoire du Canada français* (1534-1763), Paris, P. U. F. 1950.

BRUCHESI (Jean) : *Histoire du Canada*, Montréal, 1951.

FERLAND (J.-B.-A.) : *Cours d'histoire du Canada*, Québec, 1861-1865. 2 v.

GROULX (Lionel) : *Histoire du Canada français*, Montréal, 1952, 2 v.

LEMONNIER (Léon) : *Histoire du Canada français*, Paris, Hachette, 1949.

SULTE (Benjamin) : *Histoire des Canadiens-français*, Montréal 1882-1884, 8 v.

TESSIER (Albert) : *Neuve-France*, Québec, 1958, 2 v.

Des travaux plus scientifiques et plus approfondis sont en cours de publication, dont :

LANCTOT (Gustave) : *Histoire du Canada* Vol. parus : t. I (des origines à 1663); t. II (de 1663 à 1714).

TRUDEL (Marcel) : *Histoire du Canada*. T. 1 : « Les vaines tentatives ».

Signalons aussi au nombre des ouvrages fondamentaux pour la compréhension de l'histoire de ce pays :

JARAY (Gabriel-Louis) : *l'Empire français d'Amérique* (1534-1803), Paris, A. Colin. 1938.

JULIEN (Ch.-A.) : *Les Voyages des découvertes et les premiers établissements* (XVe et XVIe siècles), Paris, P. U. F., 1948.

III. — *Périodiques*

Bulletin des recherches historiques (mensuel) depuis 1895.

Cahiers de l'Académie canadienne française. (II. Histoire). Montréal, 1957.

Les Archives de Folklore (semestriel). Publication de l'université Laval, Québec.

Les Cahiers des Dix (depuis 1936). Montréal.

Mémoires de la Société généalogique canadienne française (depuis 1947), Montréal.

Revue d'Histoire de l'Amérique française (trimestriel) depuis 1947, Montréal.

CHAPITRE PREMIER

JOUVE (Père Odoric) : *Les Franciscains et le Canada : l'établissement de la foi* (1615-1629).

LEJEUNE : *Dictionnaire général du Canada.*

ANONYMES : *Relations des Jésuites.* (1632-1635).

DESCHAMPS (Hubert) : *Les Voyages de Samuel Champlain.*

CHAPITRE II

LANGLOIS (Georges) : *Histoire de la population canadienne française,* Montréal, 1935.

CAMBRAY (Alfred) : *Robert Giffard.*

LANCTOT (Gustave) : *Filles de joie ou filles du Roi* (étude sur l'émigration féminine en Nouvelle-France), Montréal, 1952.

MARION (Séraphin) : *Pierre Boucher.* Québec, 1927.

GERIN (Léon) : *Aux sources de notre histoire* (conditions économiques et sociales de la colonisation en Nouvelle-France), Montréal, 1946. *Le type économique et social des Canadiens,* Montréal, 1938.

BERNEVAL : *L'Émigration féminine,* dans *Bulletin des Rech. Hist.,* Québec, 1939 et 1940.

FILTEAU (Gérard) : *La Naissance d'une nation,* Montréal, 1937, 2 vol.

GROULX (Lionel) : *La Naissance d'une race,* Montréal, 1919.

PARKMAN (Francis) : *The old regime in Canada,* Boston, 1902.

RAMEAU DE SAINT-PÈRE : *La France aux Colonies,* A. Jouby, Paris, 1859.

ROY (J.-Edmond) : *Histoire de la seigneurie de Lauzon,* Lévis, 1897-1904, 5 vol.

SALONE (Emile) : *La Colonisation de la Nouvelle-France,* Librairie orientale et américaine, Paris, 1906.

TANGUAY (Cyprien) : *Dictionnaire généalogique des familles canadiennes,* Sénécal et fils, Montréal, 1871-1890, 7 vol.

DOUVILLE (Raymond) : *Les premiers seigneurs et colons de Sainte-Anne-de-la-Pérade* (1667-1681). — *Visages du vieux Trois-Rivières.*

AUGER (Roland-J.) : *La grande recrue de 1653,* Montréal, 1955.

MALCHELOSSE (Gérard) : *L'émigration des filles de la Nouvelle-France au XVIIᵉ siècle,* dans *Les Cahiers des Dix,* 1950.

ROY (J.-E.) et MALCHELOSSE (G.) : *Le régiment de Carignan,* Montréal, 1925.

CHAPITRE III

DESFONTAINES (P.) : *L'homme et l'hiver au Canada,* Gallimard, Paris, 1957.

ROUSSEAU (Jacques) : Divers articles de revue. (Ethnologue de grande classe, Rousseau a revécu, au cours de ses pérégrinations dans la forêt canadienne, l'existence des premiers colons et coureurs des bois.)

DESROSIERS (Léo-Paul) : *Commencements,* Montréal, 1939.

MORISSET (Gérard) : *Coup d'œil sur les arts en Nouvelle-France,* Québec 1942. — *L'architecture en Nouvelle-France,* Québec, 1949.

MASSICOTTE (E.-Z.) : Articles divers dans *B.R.H.*

BARBEAU (Marius) : *Maîtres artisans de chez nous.*

CHAPITRE IV

LANCTOT (Gustave) : *L'Administration de la Nouvelle-France*, Champion, Paris, 1929.

CHAPAIS (Thomas) : *Jean Talon, intendant de la Nouvelle-France (1665-1672)*, Québec, 1904.

DELALANDE (J.) : *Le Conseil souverain de la Nouvelle-France*, Québec, 1927.

DUSSIEUX (Louis-Etienne) : *Le Canada sous la domination française*, d'après les Archives de la marine et de la guerre, J. Lecoffre, Paris, 1862.

LORIN (Henri) : *Le Comte de Frontenac*. (Etude sur le Canada français à la fin du XVIIᵉ siècle.) A. Colin. Paris, 1895.

MUNRO (William Bennett) : *The seignorial system in Canada*, New York, 1907.

FREGAULT (Guy) : *Iberville le conquérant*, Montréal, 1944. — *Le grand marquis*, Montréal, 1952. — *La guerre de la conquête*, Montréal, 1955.

CHAPITRE V

ROY (P.-G.) : *La Ville de Québec sous le régime français*, 2 vol.

TESSIER (Mgr Albert) : *Trois-Rivières (1534-1934)*.

THÉRIAULT (Yvon) : *Trois-Rivières, ville de reflets*. Trois-Rivières, 1954.

SEGUIN (Robert-Lionel) : *L'Équipement de la ferme canadienne aux XVIIᵉ et XVIIIᵉ siècles*, Montréal, 1959.

CHARLAND (Thomas-Marie) : *Histoire de Saint-François-du-Lac*, Ottawa, 1942.

MAURAULT (Olivier) : *Montréal en 1742*, dans *Les Cahiers des Dix*, 1942.

ANONYME : *Les Annales des Ursulines de Trois-Rivières*.

COUILLARD-DESPRES : *Histoire de Sorel*, Montréal, 1926.

CHAPITRE VI

CASGRAIN (Henri-Raymond) : *Une Paroisse canadienne au XVIIᵉ siècle*, Québec, 1880. — *L'Eglise du Canada depuis Mgr de Laval jusqu'à la conquête*, Québec, 1911-1914, 4 vol.

GOYAU (Georges) : *Une Épopée mystique : les origines religieuses du Canada*, Ed. Spes, Paris, 1934.

ROCHEMONTEIX (Père C. de) : *Les Jésuites et la Nouvelle-France au XVIIᵉ siècle*.

TRUDEL (Marcel) : *L'Église canadienne sous le régime militaire, 1756-1759*, Québec, 1756-1759, 2 vol.

POULIOT (Léon) : *Etude sur les Relations des Jésuites*, Montréal, 1940.

BIRON (Hervé) : *Grandeurs et misères de l'Église trifluvienne*, Trois-Rivières, 1947.

GAILLARD DE CHAMPRIX : *Monseigneur de Montmorency-Laval*.

A. GOSSELIN : *Vie de Monseigneur de Laval*.

R. P. d'HÉRONVILLE : *Missions des Jésuites au Canada*.

ABBÉ CASGRAIN : *Une paroisse canadienne au XVIIᵉ siècle*.

CHAPITRE VII

GIRAUD (Marcel) : *Le Métis canadien*, Institut d'ethnologie, université de Paris, 1945.

CALDWELL (Norman Ward) : *The French in the Mississipi Valley (1740-1750)*, University of Illinois Press, 1941.

OUDARD (Georges) : *Vieille Amérique, La Louisiane au temps des Français*. Plon, Paris, 1931.

HUBERT-ROBERT (Régine) : *L'Épopée de la fourrure*, Montréal, 1945.

DELANGLEZ (Jean) : *Louis Jolliet, vie et voyages (1645-1700)*, Montréal, 1950.

NUTE (Grace Lee): *Caesars of the wilderness* (Radisson et Des Groseilliers), New York, 1943.

MALCHELOSSE (Gérard): *Les coureurs des bois au XVIIe siècle*, dans *Les Cahiers des Dix*, 1941. — *Un gentilhomme coureur des bois : Daniel Greysolen sieur du Lhut*, dans *Les Cahiers des Dix*, 1951.

BROUILLETTE (Benoît): *La pénétration du continent américain par les Canadiens français*, Montréal, 1939.

GROULX (Lionel): *Notre grande aventure.* (L'empire français en Amérique du Nord.) Montréal, 1958.

MARION (S.): *Relations des voyageurs français en N.-F. au XVIIe siècle*, Paris, 1923.

CHAPITRE VIII

FAUTEUX (Noël): *Essai sur l'industrie au Canada sous le régime français*, Québec, 1927, 2 vol.

ARCHIVES DU CANADA : Correspondance générale. — Rapports de l'archiviste du Québec. — Lettres des intendants Talon et Hocquart. — Lettres de Colbert aux intendants.

TESSIER (Albert): *Les Forges Saint-Maurice*, 1952.

LÉTOURNEAU (Firmin) : *Histoire de l'Agriculture*, 1959.

JULIEN (Ch.-André) : *Les Français en Amérique*, C.D.U., Paris.

BLANCHARD (Raoul) : *La province de Québec*, Paris.

SÉGUIN (R.-L.) : *L'équipement de la ferme canadienne.*

SALONE : *La Colonisation de la Nouvelle-France.*

CHAPITRE IX

MARIE DE L'INCARNATION : Lettres diverses.

SAGARD : *Le Grand Voyage au pays des Hurons.* — Procès-verbaux des grands voyers (Arch. de la P. de Québec).

ROY (P.-G.) : *Le Baron de Portneuf*, dans *Les Cahiers des Dix*, 1949 et 1950.

TESSIER (Albert) : *Ceux qui firent notre pays.*

CHAPITRE X

FRÉGAULT (Guy) : *La Civilisation de la Nouvelle - France.* (1713-1744), Montréal, 1944. — *François Bigot, administrateur français*, Montréal, 1948.

ROY (Pierre-Georges) : *La Ville de Québec sous le régime français.*

GROULX (Lionel) : *l'Enseignement français au Canada*, t. I, Montréal, 1934.

ANONYME : *L'Hôtel-Dieu, premier hôpital de Montréal,* d'après les annales manuscrites, Montréal, 1942.

GOSSELIN (Abbé A.) : *L'Instruction au Canada sous le régime français* (1635-1760), Québec, 1911.

HAMELIN (Jean) : *Économie et société en Nouvelle-France*, Québec, 1960.

ROQUEBRUNE (R. de) : *Les Canadiens d'autrefois*, Montréal, 1961.

TABLE DES MATIÈRES

CHAPITRE IV

CHAPITRE V

CHAPITRE VI

LA VIE QUOTIDIENNE

ANTIQUITÉ

LA VIE QUOTIDIENNE EN EGYPTE
par Pierre Montet.

LA VIE QUOTIDIENNE A BABY-
LONE ET EN ASSYRIE
par G. Conteneau.

LA VIE QUOTIDIENNE DANS L'INDE
ANCIENNE
par J. Auboyer.

LA VIE QUOTIDIENNE AU TEMPS
D'HOMERE
par Emile Mireaux, de l'Institut.

LA VIE QUOTIDIENNE EN GRECE
AU SIECLE DE PERICLES
par R. Flacelière.

LA VIE QUOTIDIENNE CHEZ LES
ETRUSQUES
par J. Heurgon.

LA VIE QUOTIDIENNE A ROME
par Jérôme Carcopino, de
l'Académie française.

LA VIE QUOTIDIENNE A POMPEI
par Robert Etienne.

LA VIE QUOTIDIENNE A CAR-
THAGE
par G. et C. Charles-Picard.

LA VIE QUOTIDIENNE EN PALES-
TINE AU TEMPS DE JESUS
par Daniel-Rops, de l'Académie
française.

LA VIE QUOTIDIENNE EN GAULE
par Paul-Marie Duval.

LA VIE QUOTIDIENNE EN GAULE
AU TEMPS DES MEROVINGIENS
par Charles Lelong.

MOYEN AGE

LA VIE QUOTIDIENNE AU TEMPS
DE SAINT LOUIS
par Edmond Faral, de l'Institut.

LA VIE QUOTIDIENNE AU TEMPS
DE JEANNE D'ARC
par Marcelin Defourneaux.

LA VIE QUOTIDIENNE DES MU-
SULMANS AU MOYEN AGE (DU
Xe AU XIIIe SIECLE)
par Aly Mazahéri.

LA VIE QUOTIDIENNE A BYZANCE
AU SIECLE DES COMNENES
par Gérard Walter.

LA VIE QUOTIDIENNE DES AZTE-
QUES A LA VEILLE DE LA
CONQUETE ESPAGNOLE
par Jacques Soustelle.

ÉPOQUE CONTEMPORAINE

a) en France

Achevé d'imprimer
en avril mil neuf cent quatre-vingt-deux
sur les presses de l'Imprimerie Gagné Ltée
Louiseville - Montréal - Canada

Dépôt légal: 2e trimestre 1982

ISBN 2.89112.015.9